4차산업혁명
법과 정책

2024

4차산업혁명융합법학회

박영사

Artificial Intelligence·
Big Data·
Cyber Security
Law Review

2024

Fourth Industrial Revolution
Convergence Law Association

박영사

차 례

일반논문

생성형 AI와 개인정보 보호*

손형섭**

챗지피티(ChatGPT)가 2023년 3월에 공개된 이후, 생성형(generative) 인공지능이 우리 삶의 많은 것을 바꾸게 될 것으로 예상된다. 그런데 인공지능이 발전해도 우리는 헌법이 보장하는 인간의 존엄과 행복추구권(헌법 제10조)과 사생활의 비밀과 자유(제17조)를 보장해야 하며 이를 보장하기 위한 권리로 개인정보 자기통제권을 보장해야 한다.

소셜 미디어 플랫폼, 검색 엔진, 온라인 마켓플레이스를 통해 수집된 개인 데이터는 상업적 또는 정치적 목적으로 사용될 수 있는 엄청난 양의 데이터를 만들어냈다. 이 데이터를 처리하기 위해 AI 알고리즘을 사용하면 이 데이터가 어떻게 사용되는지, 누가 이에 액세스할 수 있는지, 오용이 개인의 개인정보보호에 어떤 영향을 미칠 수 있는지에 대한 우려가 제기된다. 일단 개인정보의 침해로 발생한 금융, 행정, 그리고 본인의 목소리와 얼굴을 도용한 범죄에 직면하게 되면 문제가 심각하다.

인공지능분야의 개인정보 처리의 원칙을 정하기 위하여 개인정보보호위원회는 2021년 인공지능 개인정보보호 자율점검표는 개인정보 취급의 기획·설계에서 개인정보 수집, 그리고 개인정보 이용·제공, 개인정보 보관·파기, AI 서비스 관리·감독, AI 서비스 이용자 보호 및 피해구제, 개인정보 자율보호 활동, AI 윤리 점검의 단계로 진행된다. 생성형 인공지능에 프롬프트로 개인정보를 입력 혹은 개인정보를 추출할 때 발생하는 개인정보 문제 중 ① 전과를 제공하는 경우, ② 명예훼손적, 모욕적 데이터 제공, ③ 부정확한 개인정보 제공, ④ 알려지지 않은 비밀, 프라이버시 공개하게 되면 이를 출력 정지청구, 삭제청구, 정정청구를 할 수 있도록 해야 하며, 나아가 타인의 개인정보의 제공에 대하여도 개인이 해당 결과값의 문제를 제기할 수 있는 타인을 위한 이의제기 절차도 검토해볼 필요가 있다.

---

* 이 논문은 2024년 5월 4일 4차산업혁명융합법학회의 국제법정책포럼에서 발표한 것을 기반으로 작성한 것임.
** 경성대학교 법정대학 부교수(법학박사).

I. 들어가며

인공지능이 우리 사회 곳곳에서 영향을 미치기 시작했다. 챗지피티 (ChatGPT)가 2023년 3월에 공개된 이후, 생성형(generative) 인공지능이 우리 삶의 많은 것을 바꾸게 될 것으로 사람들이 인정하게 되었다. 이제 21세기는 인공지능이 사회 여러 분야에 활용되는 이른바 인공지능의 시대가 될 것이다. 그렇게 되면 기계가 인간의 인지를 대신하고, 사물이 인간을 통하지 않고 다른 사물과 직접 커뮤니케이션하고 자동적으로 의사결정(Automated Decision-Making)과 실행을 할 수 있다 이에 따른 인간 삶과 문명 변화를 정확히 이해·예측·대응하는 것은 이 시대 우리 모두의 과제이다.

공상과학 영화에서는 인공지능이 인간을 뛰어 넘어 인간을 지배하는 이야기가 나오기도 한다. 인공지능에 발전이 필요하다고 각 기업과 국가가 열을 올리고 있지만, 한편으로 인공지능에 의한 인간지배, 인간성의 상실 등에 대한 불안도 커져가고 있다. 따라서 신뢰할 수 있는 인공지능이 되어야 한다는 주장과 같이 인공지능의 윤리가 강조되었고 이후에는 인공지능에 관한 법제 제정을 유럽을 필두로 각국이 검토하고 있다. 인공지능이 우리를 지배하게 된다는 상상만으로 우리는 공포를 느끼게 된다. 결국, 인공지능에 대해 일정한 법적 규제가 필요하다는 논의를 하게 된다.

AI가 우리 삶을 풍요롭게 할 수 있는 방법은 폭넓으며 효율성 향상 및 비용 절감, 의료 및 연구 분야의 엄청난 개선, 차량 안전성 향상, 일반적인 편의성 등은 AI가 약속하는 일부에 불과하다. 그러나 다른 신기술과 마찬가지로 AI의 기회는 사회와 법률에 대한 다양한 과제를 수반한다. "인공지능(AI) 기술은 시리(Siri), 알렉사(Alexa) 같은 가상 비서부터 자율주행 로봇까지 점점 더 보편화되다가, 생성형(generative) 인공지능의 등장했다. 인공지능이 가공하고 제공하는 많은 정보에는 개인정보가 포함되어 있고 이에 대하여 어떠한 보호와 대책이 있는지는 인공지능의 활용과 발전에 기본적인 전제조건이 되었다. 개인정보의 적정한 보호와 취급이 전제되지 않으면 인공지능의 활용과 발전은 한계에 직면하게 될 수 있다.

이미 인공지능 시스템은 우리 삶의 한 요소가 되어 우리는 음성 인식, 자연어 처리, 예측 분석을 포함한 기술을 활용하고 있다. 인공지능(AI)은 공상과학 소설의 한계를 넘어 오늘날 많은 기업에서 사용하는 현대 기술 솔루션이 되었다. 의료부터 금융까지 다양한 부문으로의 신속한 통합은 우리가 데이터와 상호 작용하고 의사 결정을 내리는 방식을 변화시키고 있다.

그러나 미국의 조직에서 인공지능(AI), 머신러닝(ML) 도구를 더 많이 채택하지 못하게 만드는 요인이 무엇인지 묻는 질문에 29%는 윤리적 및 법적 문제를 언급했고, 34%는 보안 문제를 꼽았다. 이러한 혁신으로 인해 AI와 개인정보 보호라는 시급한 우려가 제기되었다.[1]

인공지능의 발전에도 우리는 헌법이 보장하는 인간의 존엄과 행복추구권(헌법 제10조)과 사생활의 비밀과 자유(제17조)를 장해야 하며 이를 보장하이 위한 권리로 개인정보 자기통제권을 보장해야 한다. 헌법재판소는 이를 개인정보자기결정권이라는 독일식 용어를 사용하여 "자기정보에 대한 통제권으로 자신에 관한 정보가 언제 누구에게 어느 범위까지 알려지고 또 이용되도록 할 것인지를 그 정보주체가 스스로 통제하고 결정할 수 있는 권리이며, 정보주체가 개인정보의 공개와 이용에 관하여 스스로 통제하고 결정할 권리를 말한다.[2]"고 설명하고 있다.[3]

특히 헌법 제10조에서 도출되는 인격권으로부터 개인데이터, 음성권, 초상권이 보장되는데 이를 활용하려는 인공지능과의 규범 설정이 필요한 상황이다. 인공지능의 시대에 종래 개인정보보호의 개념과 범위를 바꾸어야 한다는 목소리도 없지 않았지만, 헌법적인 가치를 보장하면서 그 한도 내에서 인공지능의 활용이 가능하다. 따라서 AI 개인정보보호를 보장하려면 데이터가 매우 가치 있는 시대에 기술 혁신과 개인정보보호 사이의 균형을 모색해야 한다.

1) AI and Privacy: Safeguarding Data in the Age of Artificial Intelligence, https://www.digitalocean.com/resources/article/ai-and-privacy (2024. 5. 31.)
2) 헌법재판소 2005. 5. 26. 99헌마513, 주민등록법 제17조의8 등 위헌확인(기각).
3) 성낙인, 『헌법학』, 법문사(2023), 1389쪽.

Ⅱ. 인공지능의 개념과 활용

1. 인공지능과 생성형 인공지능의 정의

2023년 출시된 생성형 인공지능의 전사회적인 영향으로 인공지능에 관한 법의 필요성을 더욱 높아졌다. 이미 유럽연합(이하 EU로 표기)의 인공지능 법(AI Act)은 2021년 초안아 발의된 이후 2023년 12월까지 종래 안으로 되어 있는 것이 협의되어 2024년 3월 13일 유럽의회에서 승인이 되었고, 이후 EU의 디지털 부문 담당의 장관급 회의를 거쳐 최종 승인되었다. 이 EU의 인공지능법에서는 제3조 정의 규정에서 "인공지능 시스템(AI system)이란 부속서 1에 명시된 기법과 방식 중 한 가지 이상을 적용하여 개발된 것으로 인간의 정한 목적을 위해 콘텐츠, 예측, 추천 또는 주변 환경에 영향을 미치는 결정 등의 산출물을 만들어 내는 소프트웨어를 의미한다."고 규정했다. 그리고 AI 시스템을 직접 도는 위탁하여 개발하는 자연인이나 법인, 공공기관, 관청, 기타 기관 등을 제공자로 규정하고(Article 3. (1)), 자신의 권한으로 인공지능 시스템을 이용하는 자연인이나 법인, 공공 기관, 관청, 기타 기간을 활용자로 규정하였다.

한편, 한국에서는 2024년 5월까지 인공지능 법이 만들어지지는 않았다. 이미 21대 국회에서도 몇 건의 의원입법이 제출된 바 있고, 이중 2023년 8월에 안철수 의원이 대표 발의한 '인공지능 책임 및 규제법안'에서는 제2조 정의에서 ""인공지능"이란 학습, 지각, 판단, 자연언어의 이해 등 인간이 가진 지적 능력을 전자적 방법으로 구현하기 위한 소프트웨어를 말한다."고 정의했다. 비교적 간단한 정의이지만 이것으로 다양한 인공지능의 개념을 포섭하려 했다. 2024년 5월 30일 개원한 대한민국 제22대 국회에서는 개원 익일인 31일에도 '인공지능 산업 육성 및 신뢰 확보에 관한 법률안'이 제출되었고, 여기서는 제2조 정의에서 "인공지능"이란 자율성을 가지고 외부의 환경 또는 입력에 적용하여 학습, 추론, 지각, 판단, 언어의 이해 등 인간이 가진 지적 능력을 전자적 방법으로 구현한 것을 말한다고 규정했다. 여기서 생성형 인공지능은 제2조 5호에서 "글, 소리, 그림, 영상 등의 결과물을 다양한 자율성의 수준에서 생성하도록 만들어진 인공지능을 말한다."[4]라고 규정했다.

기타 관련 법안에서 알고리즘의 정의는 "문제의 해결, 업무의 수행 또는 장비·장치·기기 등의 운용을 위하여 기술(記述)된 연산, 규칙과 절차, 명령 또는 논리의 집합으로 이루어진 체계"로 정의했다. 그리고 인공지능기술을 "인공지능을 구현하기 위하여 필요한 하드웨어 기술 또는 그것을 시스템적으로 지원하는 소프트웨어 기술 또는 그 활용 기술"로 정의했다.

인공지능 자체를 정의하는 것이 쉽지 않은 과제였지만 일단 인간이 정한 목적을 전자적인 방법으로 구현하여 특정 산출물을 생산하는 소프트웨어로 규정했다. 이러한 개념은 논의를 거쳐 대한민국의 인공지능법에서 인공지능의 개념이 정해질 것으로 보인다.

그러나 가장 단순하게 인공지능(AI)은 인간이 일반적으로 수행하는 작업을 수행할 수 있는 프로그램을 만드는 것을 목표로 하는 컴퓨터 과학의 하위 분야이다. 이러한 작업은 지능적인 것으로 간주될 수 있으며 시각적 및 청각적 인식, 학습 및 적응, 추론, 패턴 인식 및 의사 결정이 포함된다. 'AI'는 기계 학습, 예측 분석, 자연어 처리 및 로봇 공학을 포함한 관련 기술 및 기술 모음을 설명하는 포괄적인 용어로 사용된다.[5]

나아가, 인공 일반지능(AGI: Artificial General Intelligence)의 개념은 여러 분야에 걸친 지능 수준의 인공지능을 의미한다. 좁은 인공지능(Narrow AI)과 일반 인공지능(General AI)의 차이는 자연계의 예를 들면 그 의미를 명백히 알수 있다. 예를 들어 벌은 벌집을 만드는 방법을 알고, 개미는 둥지를 만드는 방법을 알고 있다. 둘 다 제한된 지적 행동만 수행할 수 있는 좁은 인공지능의 예이다.

그러나, 인간은 다양한 영역에 걸쳐 지능을 가질 수 있는 능력을 갖고 있

---

4) 안철수의원 대표발의(의안번호 2200053), 2024. 5. 31. '인공지능 산업 육성 및 신뢰 확보에 관한 법률안'.
5) AI and Privacy: Safeguarding Data in the Age of Artificial Intelligence, https://www.digitalocean.com/resources/article/ai-and-privacy (2024. 5. 31.)

으며, 경험과 관찰을 통해 새로운 분야의 지능을 학습할 수 있다. 강 인공지능(Strong AI)은 인간처럼 생각하고 행동하는 것을 상정한다. 이에 대비되는 것이 현재 상용되고 있는 일정 지적영역에 한정하여 합리적으로 지적활동을 할 수 있는 인공지능이 약 인공지능(Weak AI)이다.

AGI 개념은 조금 더 언어처리, 자동추론, 학습, 지식 표현 영역을 중심으로 인간처럼 행동하는 시스템을 말한다. 이를 바탕으로 인공 초지능은 일반적으로 인간의 지능 수준을 뛰어넘는 AI로 간주된다.[6]

2. 생성형 인공지능의 활용

SNS 정보 등을 인공지능에 이용하여 광고시장에서 타게팅 광고를 보내는 기업인 애드 테크(Ad-Tech)는 글로벌한 거대 시장을 형성하고 있다.[7] 인공지능은 채용시장에서도 기존의 성과가 좋은 임직원의 자기소개서나 데이터를 추출하여 신규 입사지원자의 서류 전형에 적용하거나 안면인식 기술을 이용하여 입사지원자를 평가하는 방식 등으로 채용절차를 진행하기도 한다. 금융분야이서도 부정행위를 탐지하는 기술이나 신용평가에서 인공지능이 활용된다.[8] 의료분야, 공공분야에서 범죄통계 분석이나 대중교통 분석 시스템을 통해 사회적 편익을 증가시키고 있다.[9]

개인정보보호에 영향을 미치는 몇 가지 AI 데이터 수집 방법의 예로는 웹 스크래핑(Web scraping)이 있고 이는 AI는 웹사이트에서 자동으로 데이터를 수집해 방대한 양의 정보를 축적할 수 있다. 이 데이터 중 일부는 공개되어 있지만 웹 스크래핑은 잠재적으로 사용자 동의 없이 개인정보를 캡처할 수

---

6) 이 주제에 대한 저명한 작가인 Nick Bostrom은 초지능을 "과학적 창의성, 일반적인 지혜 및 사회적 기술을 포함하여 거의 모든 분야에서 최고의 인간 두뇌보다 훨씬 똑똑한 지능"으로 정의한다. Office of the Victorian Information Commissioner, Artificial Intelligence and Privacy – Issues and Challenges, https://ovic.vic.gov.au/privacy/resources–for–organisations/artificial–intelligence–and–privacy–issues–and–challenges/ (2024. 5. 31.)
7) 김도엽, 『인공지능에서의 개인정보 보호 고려사항』, 네이버 프라이버시 백서, 2022, 83쪽.
8) 김도엽, 위의 백서, 84쪽.
9) 김도엽, 위의 백서, 85쪽.

도 있다. 생체 인식 데이터(Biometric data)는 안면인식, 지문인식 및 기타 생체인식 기술을 사용하는 AI 시스템은 개인정보를 침해하여 개인 고유의 민감한 데이터를 수집할 수 있으며, 손상될 경우 대체할 수 없다.

IoT 장치(IoT devices)는 사물인터넷(IoT)에 연결된 장치는 집, 직장, 공공장소의 실시간 데이터를 AI 시스템에 제공한다. 이 데이터는 우리의 일상생활에 대한 세부적인 정보를 공개하여 우리의 습관과 행동에 대한 지속적인 정보 흐름을 생성할 수 있다.

소셜 미디어 모니터링(Social media monitoring) 기법으로 AI 알고리즘은 종종 명시적인 사용자 인식이나 동의 없이 소셜 미디어 활동을 분석하여 인구통계학적 정보, 선호도, 심지어 감정 상태까지 캡처할 수 있다.[10]

이러한 방법이 개인정보 보호에 미치는 영향은 광범위하다. 이는 무단 감시, 신원 도용 및 익명성 상실로 이어질 수 있다. AI 기술이 일상생활에 더욱 통합됨에 따라 데이터 수집을 투명하고 안전하게 보장하고 개인이 자신의 개인정보에 대한 통제권을 유지하는 것이 점점 더 중요해지고 있다. 특히 생성형 AI의 상용화로 이러한 개인정보 침해 문제는 정치인이나 방송인이 아닌 일반인에게도 적용되는 문제가 되고 있다.

Ⅲ. 생성형 인공지능의 개인정보 이슈

1. 글로벌 공통 이슈

결국 인공지능은, 자율성을 가지고 외부의 환경 또는 입력에 적응하여 학습, 추론, 지각, 판단, 언어의 이해 등 인간이 가진 지적 능력을 전자적 방법으로 구현한 것으로 특히 생성형 인공지능은 인공지능의 전자적 방법으로 글, 소리, 그림, 영상 등의 결과물을 다양한 자율성의 수준에서 생성하도록 하고 있다.

---

10) AI and Privacy: Safeguarding Data in the Age of Artificial Intelligence. https://www.digitalocean.com/resources/article/ai-and-privacy (2025. 5. 31.)

그런데, 이러한 인공지능(AI)이 계속 발전하면서 개인정보 보호에 관한 수많은 우려가 제기되고 있다. 개인의 데이터는 물론 초상권, 음성권 등이 침해될 수 있다. 이를 통해 관련된 인격권이 침해될 수 있다. 연계인 아이돌의 얼굴 사진을 활용한 딥페이크 포르노는 해당 인격권을 침해함을 넘어 심각한 범죄로 처벌과 단속이 시급한 상황이다. 나아가 AI 시스템은 학습하고 예측하기 위해 대량의 개인 데이터에 의존하는 경우가 많으며, 이는 그러한 데이터의 수집, 처리 및 저장에 대한 우려를 불러일으킨다.11)

또한, AI의 등장은 종래 개인정보 보호 권리에 큰 영향을 미쳤다. AI를 통해 조직은 전례 없는 속도로 엄청난 양의 데이터를 수집, 저장 및 처리할 수 있다. 데이터 처리에 AI 알고리즘을 사용하면 새로운 개인정보 보호 문제가 대두된다. AI와 관련된 주요 개인정보보호 문제 중 하나는 AI가 개인의 개인정보보호 권리에 영향을 미칠 가능성이 있다.12)

2023년 미국 스타트업 투자의 25% 이상이 AI 전문 기업에 집중되었다. 이러한 AI의 물결은 데이터 처리, 분석 및 예측 모델링 분야에서 전례 없는 기능을 가져왔다. 그러나 AI는 기존 데이터 처리와는 달리 복잡하고 다면적인 개인정보보호 문제를 야기한다. 데이터의 양과 다양성. AI 시스템은 기존 시스템보다 기하급수적으로 더 많은 데이터를 소화하고 분석할 수 있어 개인 데이터 노출 위험이 높아진다. 예측 분석. AI는 패턴 인식과 예측 모델링을 통해 개인의 지식이나 동의 없이도 개인의 행동과 선호도를 추론할 수 있다. 불투명한 의사결정. AI 알고리즘은 투명한 추론 없이 사람들의 삶에 영향을 미치는 결정을 내릴 수 있어 개인정보침해를 추적하거나 이에 대한 대응을 어렵게 만든다. 데이터 보안. AI가 효과적으로 작동하는 데 필요한 대규모 데이터 세트는 사이버 위협의 매력적인 표적이며 위험을 증폭시킨다.13)

---

11) THE ECONOIC TIMES, pr 25, 2023, AI and Privacy: The privacy concerns surrounding AI, its potential impact on personal data
12) Ronak Nagar, The Impact of AI on Privacy and Data Protection Laws 2023. 6. 5. https://www.linkedin.com/pulse/impact−ai−privacy−data−protection−laws−ronak−nagar (2024. 5. 31.)
13) https://www.digitalocean.com/resources/article/ai−and−privacy (2024. 5. 31.)

AI는 의료 기록, 성적 지향, 종교적 신념과 같은 민감한 정보를 포함하여 개인이나 집단을 식별하는 데 사용할 수 있는 데이터에서 정보를 추론할 수 있는 능력을 갖추고 있다. 예측 분석을 위해 AI를 사용하는 것은 개인정보 보호 권리가 침해될 수 있는 영역이다. 감시 및 추적에 사용되는 안면 인식 기술의 출현으로 인해 개인정보보호 및 이러한 애플리케이션에서의 AI 사용에 대한 의문이 제기되었다. 더욱이 AI 알고리즘 사용의 투명성이 부족하고 설명 가능성이 부족하여 개인이 자신의 데이터가 조직에서 어떻게 사용되는지 이해하기 어렵게 되었다. AI 알고리즘의 이러한 명확성 부족으로 인해 설명할 수 없는 AI 도구의 결정을 기반으로 개인이 기회를 거부당할 수 있다는 우려가 제기되었다.[14]

소셜 미디어 플랫폼, 검색 엔진, 온라인 마켓플레이스를 통해 수집된 개인 데이터는 상업적 또는 정치적 목적으로 사용될 수 있는 엄청난 양의 데이터를 만들어냈다. 이 데이터를 처리하기 위해 AI 알고리즘을 사용하면 이 데이터가 어떻게 사용되는지, 누가 이에 액세스할 수 있는지, 오용이 개인의 개인정보보호에 어떤 영향을 미칠 수 있는지에 대한 우려가 제기된다.

광고, 개인화, 추천 시스템에 AI를 사용하면 데이터 프라이버시 위험도 발생한다. 이러한 애플리케이션에 사용되는 알고리즘은 방대한 양의 사용자 데이터를 수집한 후 특정 제품이나 콘텐츠로 사용자를 타겟팅하는 데 사용된다. 이 타겟팅은 개인의 온라인 행동을 기반으로 하며 관심사, 탐색 습관 및 기타 개인 선호도를 나타내며 AI가 개인정보보호 및 데이터 보호법에 미치는 영향을 더욱 강조할 수밖에 없다.

이미 인공지능의 시대가 도래하기 전에 인터넷 플랫폼 경제에서도 개인정보의 유출, 가짜 계정의 범람, 연예인의 사진 도용, 개인의 허위 계정과 사진 등이 만연되었다. 그런데 양면 시장인 플랫폼에서는 그러한 상태를 방치해 왔다. 그런데 인공지능으로 그러한 조작이 더욱 정교해지고 교묘해지니 문제가 더 심각해졌다.

사람들, 특히 젊은이나 '디지털 원주민'이 자신의 정보 프라이버시에 대해

---

14) Id.

덜 우려하고 있다는 가정은 합리적으로 예상되는 정보사용의 2차 목적이 상당히 광범위할 것이라는 생각을 촉발할 수 있다. 그러나 보스턴 컨설팅 그룹(Boston Consulting Group)은 대부분의 국가에서 소비자의 75%에게 개인정보보호가 여전히 가장 큰 문제로 남아 있으며 18~24세 연령층은 이전 세대에 비해 약간 덜 조심스럽다는 사실을 발견했다.[15] 이는 사람들이 기본적으로 기술이 보편화되면서 자신의 개인정보가 어떻게 사용되는지에 대한 관심이 줄어들기 때문이다. AI가 자신의 원하지 않게 개인정보를 사용하면 결국 자신이 합리적으로 예상하지 못한 금융, 행정, 그리고 본인의 목소리와 얼굴을 도용한 범죄에 직면하게 될 우려가 있다.

2. 한국에서 정보수집 · 제공 이슈

한국에서 인공지능은 공개된 개인정보를 활용하여 학습데이터로 활용할 수 있다. 하지만 이러한 학습데이터 수집을 위한 법규와 온라인사이트의 약관 변경과 저작권 이슈문제 해결이 필요하다.

종래 개인정보 보호의 원칙인 OECD 프라이버시 8원칙은 제1원칙으로 최소수집의 원칙을 두었고 이는 개인정보 보호법 제3조 제1항 목적 제한의 원칙으로 수용되었다. 이에 따르면 개인정보를 최소한도로 수집하고, 사생활 침해를 최소화하도록 하며 개인정보의 익명처리화 하도록 하고 있다.[16] 목적 제한의 원칙도 법에서는 개인정보처라지가 개인정보의 처리 목적이 명확히 하고, 목적 내에서 최소한의 개인정보만을 적법하고 정당하게 수집하도록 하고 있다. 또한 이용 제한의 원칙은 법 제3조 제2항에 목적 범위 내에서 적법하게 처리, 목적 외 활용을 금지하는 조항을 두었다. 투명성의 원칙은 GDPR 전문 제58항에서 대중 또는 정보주체를 대상으로 한 통지는 간결하

---

15) Office of the Victorian Information Commissioner, Artificial Intelligence and Privacy – Issues and Challenges, https://ovic.vic.gov.au/privacy/resources−for−organisations/artificial−intelligence−and−privacy−issues−and−challenges/ (2024. 5. 31.)

16) 보안뉴스, 2023. 9. 7., 대세로 떠오르는 '생성형 AI', 개인정보는 어떻게 보호해야 할까. https://m.boannews.com/html/detail.html?idx=121107 (2024. 5. 31.)

고, 이용과 이해가 쉽고 명확한 언어를 사용해야 한다고 강조했다.

그런데 인공지능 학습데이터는 인터넷 서핑 기록, SNS 활동 분석, 스마트폰과 스마트패드 등 IoT기기 등 다양한 경로와 출처로 데이터를 수집하게 된다. 나아가 AI는 개인이 직접 제공하지 않은, 파생되거나 추론된 데이터가 활용되는 경우도 다수 있다.17) 따라서 인공지능 투명성의 원칙을 설정하여 대중 또는 정보주체를 대상으로 한 통지를 간결하게 하고 이해가 쉽고 명확하고 쉬운 언어로 필요한 경우에는 시각화된 기법으로 정보 주체에게 쉽게 파악하도록 하는 것이 필요하다. 따라서 종래 사전 동의를 기반으로 한 개인정보 처리는 인공지능의 활용에서는 상당한 제한이 발생한다.

2021년 1월 인공지능 챗봇 이루다는 대화자와의 채팅 중에 예기치 못한 인종차별, 혐오표현을 사용하였고, 개인정보와 은행 계좌정보와 같은 금융정보를 제공하는 문제점이 있어서 일시 사용이 중지된 바 있다. 챗봇에 사용된 대화 데이터가 개인정보 수집 제공 동의를 충분히 받지 않았다는 문제가 제기되었고, 실명을 자동화 비식별처리하도록 했으나 비식별처리되지 않은 개인정보 존재하는 문제가 발생했던 것이다. 정보 수집 단계에서 개인정보 침해우려 검토 및 보호책임자 등 사전 검토가 필요했는데 이것이 충분하지 않았다는 비판이 제기되었다.

3. AI 알고리즘 설명요구권

생성형 인공지능이 개인에 대하여 평가 예측을 할 때 어떠한 알고리즘으로 의사결정을 하였는지 설명해줄 것을 요구하는 권리가 EU의 GDPR을 필두고 국내 개인정보보호법에서도 인정되고 있다. GDPR에서는 '프로파일링(Profiling)'을 개인의 심리적, 행동적 특성을 분석해 특정 상황이나 영역에서 행동을 예상하는 것이라고 설명하며, GDPR 제22조 '프로파일링 등 자동화된 개별 의사결정'에서 개인정보 주체는 프로파일링 등 본인에 관한 법적 효력을 초래하거나 이와 유사하게 본인에게 중대한 영향을 미치는 자동화된

---

17) 보안뉴스, 위의 기사.

처리에만 의존하는 결정의 적용을 받지 않을 권리가 있다고 명시돼 있다.[18]

주식거래 등 투자행위에서, 실제 로봇 어드바이저를 통한 거래시 알고리즘 등 기술 관련 오류로 인해 발생한 손해에 대해서는 책임소재와 분배에 관한 규정을 바탕으로 손해배상금 지급을 담보하는 보험 및 피해구제 기금의 설립도 투자자 보호를 위한 효과적인 방안이 될 수 있다.

따라서 국내에서도 신용정보법 제36조의2(자동화평가결과에 대한 설명 및 이의제기 등)에서 알고리즘 설명요구권 규정, 개인정보 보호법 개정안에 알고리즘 설명요구권 규정을 두게 되었다.

4. 해킹 · 보안 등 이슈

AI와 관련된 주요 개인정보보호 문제는 데이터 침해 및 개인정보에 대한 무단 액세스 가능성이다. 너무 많은 데이터가 수집되고 처리되면 해킹이나 기타 보안 위반을 통해 잘못된 사람의 손에 들어갈 위험이 있다.

또 다른 우려는 감시 및 모니터링 목적으로 AI를 사용하는 것이다. 예를 들어, 얼굴 인식 기술은 법 집행 기관에서 용의자를 식별하고 공공 장소에서 개인을 추적하는 데 사용되었다. 이는 개인정보보호 권리와 이러한 기술을 남용할 가능성에 대한 의문을 제기되었다.

Ⅳ. 개인정보 보호 대책

1. 인공지능의 개인정보 점검

대한민국에서는 2021년 초까지 윤리가이드라인 부재했으며 2017년 지능

---

18) 다만, 개인정보 주체와 개인정보처리자 간 계약을 체결 또는 이행하는 데 필요한 경우, 개인정보처리자에 적용되며 개인정보 주체의 권리와 자유 및 정당한 이익을 보호하기 위한 적절한 조치를 규정하는 EU 또는 회원국 법률이 허용하는 경우, 개인정보 주체의 명백한 동의에 근거할 때는 이에 해당하지 않는다. 보안뉴스, 2023. 9. 7., 앞의 기사.

정보사회 윤리가이드라인: 공공성, 책무성, 통제성, 투명성 4대 원칙, 개발자
공급자 사용자를 위한 세부 지침 제시하고 기본권 및 윤리 원칙을 구체화
한 요청했다. 여기서 ① 인간의 주체성과 감독, ② 기술적인 견고성과 안전,
③ 개인 정보 보호 및 데이터 거버넌스, ④ 투명성, ⑤ 다양성, 차별 금지
및 공정, ⑥ 사회적 및 환경 복지, ⑦ 책임·AI 윤리와 정책 연구 필요를 강
조했다. 민·형사적 법적 기준 제시 필요함을 인식했다. 이후 인공지능에 대
한 권리장전의 선포 등 다양한 노력을 하고 2024년 현재는 인공지능법제의
입안을 위한 의원발의 법안이 국회에 상정 중이다. 인공지능분야의 개인정
보 처리의 원칙을 정하기 위하여 개인정보보호위원회는 2021년 인공지능 개
인정보보호 자율점검표를 발표했다. 여기서는 인공지능 관련 개인정보를 정
보주체의 동의, 가명처리 등 적법한 방법으로 개인정보를 수집하여 예측 가
능하고 허용된 목적 범위에서 이용하고 안전하게 관리하는 것을 목표로 하
고 있다.[19] 이 자율점검표는 개인정보 취급의 기획·설계에서 개인정보 수
집, 그리고 개인정보 이용·제공, 개인정보 보관·파기, AI 서비스 관리·감
독, AI 서비스 이용자 보호 및 피해구제, 개인정보 자율보호 활동, AI 윤리
점검의 단계로 진행된다.[20]

2. 개인정보의 수집 대책

인공지능의 데이터에 개인정보로 개인의 자기정보의 주요 통제 대상이 되
는 주민등록번호, 신용카드번호 등 주요 개인정보가 포함되는 것을 막도록
해야 한다. 이미 2024년 개인정보보호위원회는 "오픈에이아이, 구글, 메타는
온라인 에스엔에스(SNS) 같은 개인정보 집적 사이트를 인공지능 모델 학습
에서 배제하고, 학습데이터 내 중복 및 유해 콘텐츠 제거조치와 인공지능 모
델이 개인정보를 답변하지 않도록 하는 조치는 적용하고 있으나, 학습데이
터에서 주민등록번호 등 주요 식별정보를 사전 제거하는 조치가 충분하지

---

19) 개인정보보호위원회, 인공지능(AI) 개인정보보호 자율점검표 (2021. 5. 31.), 3쪽.
20) 개인정보보호위원회, 위 점검표, 8쪽.

않은 것으로 확인"했다.[21] AI가 개인 데이터를 수집할 때 해당 데이터의 수집, 사용 및 처리가 개인정보 보호법을 준수하는지 확인하는 것이 중요하다.

많은 AI 기술, 특히 머신러닝의 본질은 알고리즘을 훈련하고 테스트하기 위해 엄청난 양의 데이터를 수집하는 데 의존한다. 이렇게 많은 양의 데이터를 수집하는 것은 AI의 발전에 도움이 될 수 있지만, 수집 제한 원칙에 정면으로 반대할 수도 있다. IoT 장치, 스마트폰 및 웹 추적의 기술 발전은 AI 시스템에 공급되는 데이터가 사람들이 의식적으로 요청하는 사람에게 자신의 개인정보를 제공하는 전통적인 거래에서는 수집되지 않는 경우가 많다는 것을 의미한다.

실제로 많은 개인이 종종 자신의 장치에서 자신에 대해 수집되어 AI 시스템의 입력 데이터로 사용되는 정보의 양을 완전히 인식하지 못한다. 이는 개인정보수집을 제한하는 것이 AI 기술 및 이를 지원하기 위해 데이터를 수집하는 장치의 기능과 호환되지 않기 때문에 상당한 수준의 갈등을 야기하지만, 그러한 방대한 양의 정보를 수집하면 내재된 개인정보보호 위험이 발생한다.[22]

전술한 2022년 12월 스캐터랩이 출시한 AI챗봇 이루다는 이용자들 채팅을 목적으로 연애 분석 앱 '연애의 과학'과 '텍스트앳'으로 이용자들 카톡 대화를 수집해 챗봇 인공지능을 학습시킴으로써 탄생했다. 그러나 개보위는 개인정보가 수집 목적 범위를 벗어났다는 이유로 과징금 부과했다. 여기서 악성 이용자들의 성희롱 발언, 이루다의 혐오발언, 개인정보 유출 등이 쟁점이 되었다. 역시 이루다의 학습데이터 가명처리, 선정적 공격적 편향적 어뷰징에 대응할 시스템 갖출 필요가 있었다. 그리고 정치, 신조, 종교 등 민감한 정보 취급에 대한 규정과 기술적 대응이 필요했다. 그리고 개인정보의 적

---

21) 한겨레, 2024. 4. 28. AI가 카드·여권 정보 훔쳐봤다…'인간지능'이 답변 검토까지 개인정보보호위원회, 네이버 등 6개 사업자 거대언어모델(LLM) 실태점검. https://www.hani.co.kr/arti/economy/economy_general/1134230.html

22) Office of the Victorian Information Commissioner, Artificial Intelligence and Privacy — Issues and Challenges, https://ovic.vic.gov.au/privacy/resources—for—organisations/artificial—intelligence—and—privacy—issues—and—challenges/ (2024. 5. 31.).

정한 처리가 문제 되었다는 것을 알 수 있다.

인공지능 시스템 내에서 가명정보의 안전한 처리와 재식별 위험이 없도록 알고리즘이 설정되고 관리되어야 한다. 이루다 사건과 같은 문제가 발생하지 않도록 학습데이터의 관리, 그리고 출력값에서 법과 윤리 원칙을 지키는 것이 중요하다. 물론 사전에 학습데이터의 이용 동의 절차도 진행되어야 한다.

수집 목적에 대한 설명을 제공하는 것(일반적으로 수집 공지를 통해)은 대부분의 조직이 목적 명시 원칙을 준수하는 방법이다. 처음에 수집된 것 이상의 데이터에서 의미를 추출하는 AI의 능력은 이 원칙에 대한 중요한 도전이 된다.

어떤 경우에는 조직이 미래에 AI가 정보를 어떻게 사용할지 미리 알 수 없을 수도 있다. '만약'을 시도하기 위해 지나치게 광범위한 수집 알림 및 개인정보보호 정책을 사용하여 '만일의 경우' 필요한 것 이상으로 과도한 데이터 수집의 위험이 있다. 이러한 종류의 관행을 통해 조직은 개인정보보호 의무에 대한 기술적 준수를 주장할 수 있지만 이는 솔직하지 못하고 수집 제한 원칙의 기본 목표와 일치하지 않는다. 또한 이는 개인이 자신의 개인정보에 대해 의미 있는 통제권을 행사할 수 있는 능력을 약화시킨다.[23]

반대로, AI를 활용하면 개인이 자신의 개인정보가 사용되는 방식에 대한 선호도를 지정할 수 있는 능력을 향상할 수 있다. 예를 들어, 사용자의 개인정보보호 선호도를 학습하고 다양한 개인에 대해 수집된 데이터에 서로 다른 조건을 적용할 수 있는 서비스를 상상하는 것은 무리가 아니다.[24] 이러한 방식으로 AI는 정보 개인정보 보호법의 투명성, 동의 및 합리적인 기대 목표를 현재의 통지 및 동의 모델보다 훨씬 효과적으로 충족할 수 있는 잠재력을 가진 개별화되고 선호도 기반 모델을 구축하는 데 중추적인 역할을 할 수 있다.

---

23) Id.
24) Id.

3. 개인정보 이용제한 대책

수집된 개인정보는 이용 제한 원칙에 따라 개인정보가 수집된 목적으로만 사용되도록 노력한다. 일반적으로 조직은 개인이 '합리적으로 기대하는' 2차 목적으로 개인정보를 사용하는 것도 허용된다. 이는 AI 시스템의 입력 데이터로 사용되는 정보가 많은 경우 개인이 그 결과를 알 수 없다는 점을 고려할 때 '합리적으로 예상되는 2차 목적'으로 간주될 수 있는지에 대한 의문을 제기한다. AI가 인간이 예측하지 못한 데이터의 패턴과 관계를 강조할 수 있는 것처럼 해당 정보의 새로운 잠재적 용도를 밝힐 수도 있다. 위의 목적 명시 문제와 결합하면 조직에서는 AI 기술을 사용할 때 개인정보가 수집된 목적으로만 사용되는지 확인하기 어려울 가능성이 높다. 기본적으로는 각국의 개인정보 보호법에 따라 이용을 제한하는 정책을 사용하는 것이 타당하다.

앞으로 AI와 개인정보보호에 대한 우리의 이해는 정보 개인정보보호의 수집 측면에서 정보를 획득한 후 윤리적이고 책임감 있게 처리되도록 보장하는 안전장치를 강조하는 방향으로 초점이 바뀔 수 있다.[25] 데이터 수집 기술이 보편화됨에 따라 데이터 수집을 통제하거나 제한하려는 시도는 점점 더 어려워질 가능성이 높다. 따라서 수집된 데이터보다 '윤리적 데이터 관리'에 중점을 두는 것이 선택 사항으로 자리 잡았다. 이를 위해서는 올바른 거버넌스 관행을 통한 투명성과 책임에 대한 진정한 헌신이 필요하다.[26]

4. 위법한 개인정보 제공 대책

생성형 인공지능에 프롬프트로 개인정보를 입력 혹은 개인정보를 추출할 때 개인정보 문제가 발생할 수 있는데 기본적으로 개인정보를 입력할 때 유의할 필요가 있다. 그리고 생성형 AI가 개인정보를 출력하는 정보에서 ① 전과를 제공하는 경우, ② 명예훼손적, 모욕적 데이터 제공, ③ 부정확한 개인

---

25) Id.
26) Id.

정보 제공, ④ 알려지지 않은 비밀, 프라이버시 공개하게 되면 문제가 발생한다. 이 경우 출력을 정지청구를 할 수 있는가가 문제 된다.

그런데 보유개인데이터가 아니고 개인적인 출력 정보에 대하여 정정, 이용정지 등 청구를 할 수 없는 경우가 많게 된다. 또한 프롬프트와 질문에 따라 출력하는 정보도 매번 다르게 되어 그 문제가 법적인 증거확보가 용이하지 않다.[27] 하지만 위와 같은 정보가 제공되면 이를 근거로 개인정보의 위법, 부당한 수집 및 부적절한 제공으로 관련 회사에 개인정보 학습데이터의 삭제, 수정을 요구할 수 있도록 해야 할 것이다.

종래 개인정보 주체에게는 ① 정보를 제공받을 권리 ② 정보 접근권 ③ 정정권·삭제권·정보처리 제한권 ④ 반대권 등 네 가지 권리가 인정될 수 있다. 인공지능의 결과물에 대해서도 프롬프트를 통하여 일정한 개인정보가 추출된 경우에 이에 대하여 학습데이터 정보제공권, 문제 정보 정정권·삭제권·정보처리 제한권 등의 구현될 수 있도록 해야 할 것이다.

따라서 인공지능 시스템에서 어느 개인의 프라이버시 정보가 갑자기 제공되거나, 오류정보가 제공되지 않도록 인공지능 제작, 관리자가 투명한 상태를 유지해야 하지만 문제에 대한 정정청구 등이 제기되면 이에 대하여 정정할 수 있는 시스템과 알고리즘을 만들어 두어야 할 것이다. 또한 전술한 생성형 인공지능이 개인에 대한 ① 전과를 제공하는 경우, ② 명예훼손적, 모욕적 데이터 제공, ③ 부정확한 개인정보 제공, ④ 알려지지 않은 비밀, 프라이버시 공개하게 되는 경우에 본인이 이를 확인하고 정보 정정권·삭제권·정보처리 제한권을 행사할 수 있어야 하며, 타인이 확인한 경우에도 이러한 문제 정보를 본인에게 통보하거나 직접 인공지능에게 문제 정보임을 고지할 수 있도록 검토해야 한다. 프롬프트에 의한 일회적인 정보제공에서 제공되는 위와 같은 위법한 개인정보 제공에 대하여 타인도 그 정보의 위법성과 부적합성을 통보할 수 있는 시스템을 구축해 둘 필요가 있다.[28]

---

27) 「ChatGPT」利用で個人情報保護法に触れる危うさ, 2023. 7. 21. https://toyokeizai.net/articles/-/687830?page=3

28) 관련 기술로 2000년에 MIT 연구팀은 위키피디아의 내용을 수정하는 자동 텍스트 생성 시스템(ATGS)을 만들어 문법 오류, 오래된 데이터의 업데이트, 사실관계 체크 등

정부는 안전하고 공정한 AI 개발에 대한 약속이 기술 진보와 균형을 이룰 수 있는 환경을 조성하는 데 중요한 역할을 한다. 과도하거나 부적절하거나 잘못 배치된 규제는 채택을 늦출 수 있으므로 올바른 균형을 유지하려면 협의적이고 학제간 접근 방식이 필요하다.[29]

AI 시스템이 막대한 양의 개인정보를 처리함에 따라 유용성과 침해 사이의 경계가 점점 모호해지고 있다. AI 비즈니스 도구를 사용하거나 자체 개발하는 기업은 민감한 정보를 보호하는 것과 기술 역량을 극대화하는 것 사이에서 신중하게 균형을 맞춰야 한다. 기업이 고려해야 할 위험, 과제 및 완화 전략을 검토하면서 AI 개인정보 보호의 다각적인 문제를 자세히 살펴보아야 한다. 기계 학습 모델을 쉽게 구축하고 배포할 수 있도록 설계된 최첨단 클라우드 플랫폼을 사용하여 AI 개발 수준을 높일 필요가 있으며 강력한 GPU, 원활한 협업 도구, 확장 가능한 인프라를 활용하여 AI 프로젝트를 가속화해야 한다.

5. 타인의 개인정보를 사용한 허위영상·음성물

딥페이크포르노에 대해서는 AI생성콘텐츠 표시 의무화를 하는 방안을 담은 정보통신망법 개정안이 국회에서 논의된 바 있다. 현재는 성폭력범죄처벌법에서 딥페이크음란물을 제재할 규정을 두고 있다. 동법 제14조의2(허위영상물등의 반포등) "① 반포등을 할 목적으로 사람의 얼굴·신체 또는 음성을 대상으로 한 촬영물·영상물 또는 음성물(이하 이 조에서 "영상물등"이라 한다)을 영상물등의 대상자의 의사에 반하여 성적 욕망 또는 수치심을 유발할 수 있는 형태로 편집·합성 또는 가공(이하 이 조에서 "편집등"이라한다)한 자는 5년 이하의 징역 또는 5천만원 이하의 벌금에 처한다. ② 제1항에 따른

을 자동으로 하는 시스템을 선보이기도 했다.

29) 또한 AI의 진정한 과제를 해결하지 못한다. 기존 정보 보호 프레임워크를 활용하고 기존 개념을 재구성하는 것은 AI 구축, 사용 및 규제의 핵심 구성 요소가 될 된다. https://ovic.vic.gov.au/privacy/resources-for-organisations/artificial-intelligence-and-privacy-issues-and-challenges/

편집물·합성물·가공물(이하 이 항에서 "편집물등"이라 한다) 또는 복제물(복제물의 복제물을 포함한다. 이하 이 항에서 같다)을 반포등을한 자 또는 제1항의 편집등을 할 당시에는 영상물등의 대상자의 의사에 반하지 아니한 경우에도 사후에 그 편집물등 또는 복제물을 영상물등의 대상자의 의사에 반하여 반포등을 한 자는 5년 이하의 징역 또는 5천만원 이하의 벌금에 처한다. ③ 영리를 목적으로 영상물등의 대상자의 의사에 반하여 정보통신망을 이용하여 제2항의 죄를 범한 자는 7년 이하의 징역에 처한다. ④ 상습으로 제1항부터 제3항까지의 죄를 범한 때에는 그 죄에 정한 형의 2분의 1까지 가중한다. 따라서 딥페이크 포르노는 편집, 합성, 가공하거나 이를 반포한다는 형사처벌 할 수 있다." 그리고 공직선거법 등에서도 딥페이크에 대하여 개별적인 대처를 하고 있다.

인공지능으로 타인의 음성파일을 만들어 부당하거나 불법하게 사용하는 경우에도 프라이버시 침해를 넘어 형사처벌 규정을 둘 수 있도록 검토해야 한다.

6. 개인정보 보호제도

인공지능(AI)의 발전은 조직과 개인이 데이터와 상호 작용하는 방식을 크게 변화시켰다. AI의 기술 발전으로 인해 전 세계의 데이터 보호 규정이 크게 바뀌었다. 그렇지만 종래 데이터보호법제의 개념이 완전히 바뀌거나 그 법제의 가치가 무색해지지는 않았다. 여전히 디지털 시대에 데이터 보호는 중요한 관심사이며 2018년에 도입된 EU의 일반 데이터 보호 규정(GDPR)은 진화하는 디지털 환경에 맞춰 데이터 보호 규정이 어떻게 개정되었는지 보여주는 훌륭한 예이기도 했다. GDPR은 개인의 권리를 강화하고 데이터 처리의 투명성을 높이는 것이다. GDPR은 잊혀질 권리, 데이터 이동성, 개인 데이터에 접근할 수 있는 권리 등 데이터 보호를 강화하는 여러 조치를 도입했다.[30]

---

30) Gai Sheer and Ariela Benchouch, The privacy paradox with AI. https://www.

대한민국의 개인정보 보호법도 인공지능을 고려하여 여러 가지 개정조항이 만들어 졌다. 디지털 개인정보 보호 문제는 개인과 연결될 수 있는 디지털 데이터의 수집, 저장 및 처리를 중심으로 이루어진다. 인터넷과 소셜 미디어의 등장으로 디지털 개인정보보호가 중요한 관심사가 되었다. 방대한 양의 데이터를 처리하는 데 AI를 사용하면 디지털 개인정보 보호 문제가 더욱 복잡해진다.[31]

한편, 생성 AI가 제공한 개인정보를 믿고 법률행위를 한 사람은 ① 법적으로 면책되지 않기 때문에 ② 스스로 검토 후 판단하여 행동할 책임이 있다는 것을 유의해야 한다.

개정 개인정보 보호법은 이동형 영상정보처리기기 운영 기준 마련(제25조의2)을 정비하며 인공지능을 전제로 한 개인정보 보호 시스템을 고려했다. AI 개인정보 보호는 인공 지능 시스템에 의한 개인정보의 윤리적 수집, 저장 및 사용을 중심으로 한 일련의 관행의 상호 경쟁이다. 인공지능과 개인정보 보호 사이에는 충분한 긴장관계가 있으며, 사람의 개인정보 보호와 효과적이고 인간에게 이롭고 신뢰할 수 있는 인공지능의 활용이 가능하도록 법과 제도적 고려는 계속되어야 한다.

V. 맺으며

우리는 이미 빅데이터의 세계에 살고 있으며, AI를 통한 컴퓨팅 능력의 확장은 정보 프라이버시의 환경을 급격하게 변화시킬 것이다. AI를 활용한 IoT 장치와 스마트 시티 기술을 통한 연결된 삶은 보다 역동적인 자원 사용, 효율성 향상, 생활 수준 향상 등 풍부한 잠재적 이점을 약속한다. AI 기술이 의료, 사법 제도, 정부 서비스에 접목되면 그 가능성과 위험성이 커진다. 그러나 종래 많은 기술과 마찬가지로 AI는 개인정보보호를 이해하고 보호하는 방법에 대한 사회적, 기술적, 법적 문제를 제시한다.

---

reuters.com/legal/legalindustry/privacy−paradox−with−ai−2023−10−31/(20
  24. 5. 31.)
31) Id.

개인정보 보호는 새로운 기술을 개발, 사용 및 규제하는 방법에 대한 윤리적 선택을 위한 중요한 프레임워크를 제공한다. 또한, 이는 우리의 정체성을 조정하고, 자아감을 개발하고, 언론 및 결사의 자유를 포함한 기타 중요한 권리를 실현하는 방법에 계속해서 필수적인 요소가 될 것이다. AI가 제기한 개인정보보호 이슈에 필요한 답변을 해내는 것이 AI의 장기적인 성공에 필수적이다.[32]

AI는 데이터 보호 규정에 큰 영향을 미치고 디지털 개인정보보호에 대한 우려를 강화했다. 방대한 양의 데이터를 처리하는 데 AI가 사용되면서 개인의 개인정보보호 권리를 포함한 개인정보보호 권리에 대한 우려가 높아졌다. AI와 데이터 처리의 이점 사이의 균형을 유지하고 개인의 개인정보보호 권리를 보호하는 것이 중요하다. 기술이 계속 발전함에 따라 데이터 보호법은 개인정보보호 권리를 효과적으로 보호하기 위해 이러한 발전을 따라잡아야 한다. 그러기 위해서는 생성형 인공지능의 특성과 기술변화를 잘 검토하면서도 생성형 인공지능에 학습데이터에 개인정보가 부당하게 활용되는 것을 개인정보 보호법에 따라 규제해야 한다.

그리고 생성형 인공지능에 프롬프트로 개인정보를 입력 혹은 개인정보를 추출할 때 발생하는 개인정보 문제 중 ① 전과를 제공하는 경우, ② 명예훼손적, 모욕적 데이터 제공, ③ 부정확한 개인정보 제공, ④ 알려지지 않은 비밀, 프라이버시를 공개하게 되면 이를 출력 정지청구·삭제청구·정정청구를 할 수 있도록 해야 하며, 나아가 타인의 개인정보의 제공에 대하여도 개인이 해당 결과값의 문제를 제기할 수 있는 이의 통보 시스템을 검토하여 구현시킬 필요가 있다.

• 주제어: 챗지피티, 생성형 인공지능, 개인정보 자기통제권, 개인정보 보호법, 개인정보의 무단 제공, 인공지능 제공정보 정지청구

---

32) Ronak Nagar, The Impact of AI on Privacy and Data Protection Laws 2023. 6. 5.

참고문헌

1. 국내문헌
개인정보보호위원회, 인공지능(AI) 개인정보보호 자율점검표 (2021. 5. 31.)
김도엽, 『인공지능에서의 개인정보 보호 고려사항』, 네이버 프라이버시 백서, 2022
성낙인, 『헌법학』, 법문사(2023)
NIA 한국정보화진흥원, 『인공지능 윤리 가이드라인 - 일본과 EU 사례를 중심으로』,
　　2019 - 1.
AI 네트워크 사회를 향한 컨퍼런스, 국제 토론을 위한 AI R& D가이드라인 초안
　　(2017. 7. 28.)
보안뉴스, 2023. 9. 7., 대세로 떠오르는 '생성형 AI', 개인정보는 어떻게 보호해야 할까
　　https://m.boannews.com/html/detail.html?idx = 121107 (2024. 5. 31.)
한겨레, 2024. 4. 28. AI가 카드·여권 정보 훔쳐봤다…'인간지능'이 답변 검토까지
　　개인정보보호위원회, 네이버 등 6개 사업자 거대언어모델(LLM) 실태점검
한국규제학회, AI시대 규제패러다임 전환과 미래지향 법제도 정립방안 연구, 방송통
　　신정책연구, 2020 - 0 - 01396, 과학기술정보통신부, 2021. 2.

2. 해외문헌
AI Ryan Calo, Robotics and the Lessons of Cyberlaw, 103 Cal. L. Rev. 513,
　　538 - 545 (2015)
AI and Privacy: Safeguarding Data in the Age of Artificial Intelligence,
　　https://www.digitalocean.com/resources/article/ai - and - privacy (2024. 5. 31.)
Gai Sheer and Ariela Benchouch, The privacy paradox with AI
https://www.reuters.com/legal/legalindustry/privacy - paradox - with - ai - 2023
　　- 10 - 31/(2024. 5. 31.)
OECD, Principles on AI (Recommendation of the Council on Artificial
　　Intelligence) 2019.
Office of the Victorian Information Commissioner, Artificial Intelligence and
　　Privacy － Issues and Challenges,
https://ovic.vic.gov.au/privacy/resources - for - organisations/artificial - intellige
　　nce - and - privacy - issues - and - challenges/ (2024. 5. 31.)
Ronak Nagar, The Impact of AI on Privacy and Data Protection Laws 2023.
　　6. 5. https://www.linkedin.com/pulse/impact - ai - privacy - data - protection -
　　laws - ronak - nagar (2024. 5. 31.)

THE ECONOIC TIMES, pr 25, 2023, AI and Privacy: The privacy concerns surrounding AI, its potential impact on personal data
https://www.digitalocean.com/resources/article/ai－and－privacy (2024. 5. 31.)
人間中心のAI 社会原則 (統合イノベーション戦略推進会議決定), Cabinet Office of Japan, Social Principles of Human－Centric AI (Mar. 29, 2019)
山本 龍彦, 『AIと憲法』, 法学館憲法研究所 (2018)
「ChatGPT」利用で個人情報保護法に触れる危うさ, 2023. 7. 21. https://toyokeizai.net/articles/－/687830?page＝3

[Abstract]

A study on Generative AI and Privacy*

Son, Hyeung Seob**

Since ChatGPT was released in March 2023, people have come to recognize that generative AI will change many aspects of our lives. However, even with the development of AI, we must protect the human dignity and right to pursue happiness (Article 10 of the Constitution) and the confidentiality and freedom of private life (Article 17) guaranteed by the Constitution, and to protect these rights, we must guarantee the right to self-control of personal information.

Personal data collected through social media platforms, search engines, and online marketplaces has created a huge amount of data that can be used for commercial or political purposes. The use of AI algorithms to process this data raises concerns about how this data is used, who can access it, and what impact misuse can have on individuals' privacy. However, once we face the financial, administrative, and even criminal cases involving theft of our voices and faces, the problem becomes serious.

In order to establish the principles of personal information processing in the field of artificial intelligence, the Personal Information Protection Commission's 2021 AI Personal Information Protection Self-Checklist proceeds in stages from personal information handling planning and design to personal information collection, personal information use and provision, personal information storage and destruction, AI service management and supervision, AI service user protection and damage relief, personal information self-protection activities, and AI ethics inspection. Among the personal information issues that occur when entering or extracting personal information as a prompt in generative artificial intelligence, ① providing criminal records, ② providing defamatory or insulting data, ③ providing inaccurate personal information, ④ disclosing unknown secrets or privacy, it is necessary to allow a request to stop printing, request deletion, or request correction. Furthermore, it is necessary to review the procedure for filing an objection for others who can raise issues with the results of the provision of personal information of others.

---

* This work was supported by the National Research Foundation of Korea Grant funded by the Korean Government(NRF－2023K2A9A1A01098484).
** Professor of Kyungsung University. Ph.D in Law(The University of Tokyo).

• Key Words: ChatGPT, generative AI, right to self-control of personal information, personal information protection Act, unauthorized collection of personal data, claim for providing of AI

침익적 행정작용에서
인공지능기술의 활용 문제*

김민규**

과거 민간 부문에서 사용되던 인공지능기술은 최근에는 공공 영역으로도 확산되고 있다. 공공 영역에서는 아직 데이터 분석과 민원 상담 서비스에 사용되지만, 경찰행정법상의 목적 달성을 위한 AI 기술의 본격적인 활용 또한 모색되고 있다. 특히, 안면인식과 같은 생체정보를 활용한 AI 기술은 효율적으로 개인을 식별하고 군중 속 특정인을 찾는 데 사용된다. 그러나 아직은 법적 근거와 원칙이 부족하기 때문에 이러한 파괴적 인공지능 기술의 사용은 신중한 접근이 필요하다.

법적 규제는 신기술이 사회에 미치는 영향을 확인하는 중요한 과정이다. 공공 영역에서 AI 기술을 활용할 때는 국민의 기본권 침해 가능성 때문에 치밀한 법적 근거 마련과 활용 원칙 수립이 필요하다. 그렇기 때문에 현 단계에서는 별도의 인공지능관련 법률이 없어 개인정보 보호법에 따라 생체정보 보호를 강화하는 법적·제도적 장치를 마련하는 우회로가 필수적이다.

EU는 2024년 3월 인공지능법을 승인해 AI 기술의 리스크에 따라 4단계로 구분하고 활용 범위와 절차적 준수사항을 명확히 했다. 이는 인공지능의 큰 틀에서 개별 기술들에 대한 구체적인 규제를 의미하며, 우리도 막연한 인공지능규제보다는 기술적 구분을 통한 규제의 방향성을 지녀야 한다.

AI 기술에 대한 규제 방안으로는 민간기업의 자율규제가 있지만, 이는 법적 규제를 피하는 수단이 되지 않도록 규제된 자율규제가 필요하고, 이러한 자율규제는 공공기관과의 협의를 통해 결정되어야 한다. 또한, AI 기술에 대한 법적 규제는 절차적 통제를 강화하는 방향으로 나아가고, 예를 들어 AI 기술의 사회적 안정성, 기술 허용성, 개인정보 침해 정도 등을 종합적으로 평가하는 '인공지능 영향평가' 제도를 도입을 고려할 수 있다. AI 기술에 대한

---

* 이 글은 저자의 고려대학교 박사학위논문 "안면인식기술의 경찰법적 활용에 관한 연구 (2023)"의 일부를 발췌·보완한 것이다.
** 고려대학교 정보보호대학원 연구교수, 법학박사

법적 논의는 이제 구체적이고 절차적인 정당성을 확보하는 방향으로 전환해야 한다. 이를 통해 AI 기술의 활용에 따른 다양한 문제를 효과적으로 해결할 수 있을 것으로 기대한다.

Ⅰ. 서론

인공지능(이하 AI)기술은 오늘날 우리 생활의 일부가 되었다. 종래 민간을 중심으로 AI기술의 개발과 활용이 이루어졌으나 최근에는 기술의 활용범위가 공공영역으로까지 지속적으로 확산되고 있다. 현재 공공영역에서 AI기술은 주로 데이터 분석, 챗봇(민원상담)서비스와 같이 아직 AI기술이라 말하기 어려운 수준의 간단한 서비스들이 활용되고 있다. 하지만 점차 '공공의 안녕'과 '사회질서의 유지'와 같은 경찰행정법상의 목적달성을 위해 AI기술의 활용이 본격적으로 모색되고 있다.

특히 안면인식과 같이 생체정보를 활용한 AI기술은 인간에게 가장 중요한 민감정보에 해당하는 얼굴을 활용해 개인의 신원을 확인하고, 군중 속의 특정인을 탐색하기 위한 목적으로 활용된다. 보통 특정인의 탐색을 위해서는 방대한 양의 CCTV 자료를 눈으로 직접 확인해야 한다. 그러나 얼굴·행동의 인식기술은 이미 수집된 얼굴이나 신체정보에서 도출된 특징점을 근거로 특정인을 빠르게 식별하는 것이 가능하다. 이로 인해 사용자는 훨씬 효율적으로 인력과 시간의 관리가 가능하다. 하지만 이러한 장점에도 불구하고 아직 우리 사회에서 활용되고 있는 다양한 AI기술은 그 활용에 있어서 법적 근거나 활용원칙 등 아직 우리 법체계에서 명확하게 부합하지 않은 부분이 많다. 그렇기 때문에 침익적 행정작용 특히 '예방적 경찰활동'에 AI기술을 활용하는 것은 매우 신중한 접근이 필요하다.

법적 규제는 혁신을 저해하는 결정적 요소로 꼽히지만 법은 우리가 신기술과 조우하는 과정에서 과학기술이 사회에 파괴적인지 아닌지를 확인하는 마지막 관문이다. 그렇기 때문에 적어도 공공영역에서 AI기술을 활용하고자

한다면 더욱이 그것이 국민의 기본권을 침해하는 등의 위험요소가 있다면, 기술촉진을 위해 성급히 규제를 완화하기보다는 치밀한 숙고의 과정을 거쳐 법적 근거를 마련하고 기술의 활용원칙을 수립하는 과정(절차)을 필요로 한다. 「개인정보 보호법」에 따른 법리를 바탕으로 불변의 영속성을 지닌 인간의 생체정보를 보다 견고하고 두텁게 보호하기 위해서는 법적, 제도적 장치의 마련은 선택이 아닌 필수의 문제이다. 이제 AI기술의 활용으로 야기되는 사생활 침해, 기본권 침해 등의 문제해결을 위한 논의를 본격화해야 한다.

II. AI기술의 활용문제 및 관련 유럽 인공지능법(안면인식 기술 사례를 중심으로)

1. 우리나라에서의 활용사례

안면인식기술의 구체적 활용 사례로 먼저 경찰청에서는 CCTV를 비롯해 블랙박스 등의 영상장비를 활용해 범죄현장에서 수집된 용의자의 얼굴정보와 9대 주요범죄자의 정보의 데이터베이스를 비교 및 검색하여 용의자의 신원을 신속히 확인할 수 있는 '범죄예방 3D얼굴인식시스템'을 개발하여 운영·관리하고 있다. 이 시스템에는 약 20만 건 이상의 안면인식정보가 수집되어 있으며, 2024년까지는 실시간으로 촬영되는 CCTV와 연계하여 안면이 인식될 수 있도록 추진 중에 있다.[1][2]

법무부는 만 7세 이상의 대한민국 국민과 17세 이상 모든 등록외국인을 대상으로 지문과 얼굴정보 등의 생체정보를 통해 자동출입국심사서비스 (SES)를 운영하고 있다.[3]

행정안전부는 2027년까지는 모든 지방자치단체의 CCTV를 지능형 CCTV

---

1) 매일경제, 14만 범죄자 얼굴 3D로 저장…CCTV 찍히면 즉각 대조 가능, 2017.03.06. (https://www.mk.co.kr/news/society/7735606)
2) 이 시스템의 법적 근거로는 「개인정보 보호법」 제15조 제1항 제3호, 「형사소송법」 제196조, 「경찰관 직무집행법」 제2조, 「과학수사 기본규칙」 제18조 등이 있다.
3) 법무부 홈페이지, 법무정책서비스 자동출입국심사서비스(https://www.moj.go.kr/moj /193/subview.do - 방문일: 2023.05.05.)

로 전환할 예정이라고 밝힌 바 있고,[4] 각 지방자치단체는 범죄예방, 교통관리 및 통제, 불법주정차 단속 등 다양한 목적에서 활용되던 CCTV를 더욱 효율적으로 관리하기 위해 통합 관제·관리하는 'CCTV 통합관제센터'를 설치하고 있다.[5] 다만 명확한 법적 근거가 마련되어 있지 않음에도 불구하고 업무협약의 체결 과정에서 사건·사고 관련 영상데이터의 열람 및 반출 등 「개인정보 보호법」상의 개인정보관리자의 역할까지 경찰이 함께 담당하고 있다는 점이다.[6] 개인정보보호위원회는 당초의 수집목적의 범위를 넘어서는 개인정보를 이용하거나 특히 범죄 등의 수사를 위해 경찰에 법적 근거 없이 영상 데이터를 제공하는 CCTV관제센터 운영은 인권침해라 결정한 바 있으며,[7] 국회입법조사처에서도 CCTV관제센터에서의 수집정보에 관한 개인정보처리자는 CCTV관제를 담당하는 책임자임에도 불구하고, 경찰이 실질적 이용자로서 역할을 하는 것은 법적 근거가 없다고 지적하고 있다.[8]

그 외에도 인천, 안산시 등 지자체에서 운영하는 어린이집에서 CCTV를 활용해 아동학대를 예방하고자 하는 '안심 보육 어린이집' 사업이 추진되는 등[9] 범죄예방을 목적으로 안면·행동인식기술은 점차 널리 활용될 것으로 예상된다.

---

4) 행정안전부, "지능형 CCTV로 범죄·재난 관리" …법적 근거 올해 마련 [정책현장+], 2023.05.23(https://www.mois.go.kr/video/bbs/type019/commonSelectBoardArticle.do?bbsId=BBSMSTR_000000000255&nttId=100509)

5) 행정안전부와 한국정보화진흥원의 '통합관제센터 구축 가이드라인'에서는 통합관제센터 구축을 위해 다양한 법적 근거를 제시하고 있다. 특히 통합관제센터의 경우 「개인정보 보호법」을 비롯해 범죄예방과 같은 치안목적 외에도 교통단속 등의 목적에 따라 「도로교통법」, 아동보호 및 학교폭력 예방을 위한 「아동복지법」과 「학교폭력예방 및 대책에 관한 법률」, 그 외에 「산림보호법」, 「관광진흥법」 등 15개의 법규명령과 행정규칙을 설치 등에 관한 근거 법률로 제시하고 있다(행정안전부·한국정보화진흥원, 통합관제센터 구축 가이드라인－1권 통합관제센터구축 추진전략－, 2011, 6면 이하).

6) 김민·이호중·장여경·조지훈, 「경찰 등 법집행기관의 얼굴인식 감시기술 사용과 인권 문제, 이슈리포트 <정보인권> 2020－12 통권 제10호, 정보인권연구소, 8면.

7) 개인정보보호위원회 제1소위원회 심의·의결 제2022－113－028호(철도특별사법경찰대의 범죄수사를 위한 대전광역시 보유 CCTV 영상정보 제공 요청에 관한 건)

8) 최미경·최정민, 「CCTV 통합관제센터 운영실태 및 개선방안, 국회입법조사처 입법·정책보고서」 제29호, 국회입법조사처, 2019, 44면 이하.

9) 매일노동뉴스, AI가 어린이집 교사 표정 보고 아동학대 감지?, 2021.12.02(https://www.labortoday.co.kr/news/articleView.html?idxno=206193)

2. 유럽연합의 안면인식 관련 입법 방향(유럽 인공지능법)

유럽은 개인정보보호에 관한 회원국들이 공동으로 의사결정과정을 진행하고 있고, AI에 관한 첫 번째 규제 프레임워크로 'AI법'이 제정되었다.[10] 이전에도 AI나 AI 관련 기술에 대해서는 가이드라인 등을 통해 적극적으로 의견을 제시하였지만, 동법률의 제정은 AI에 관한 세계 최초의 입법화 시도로서 평가받는다. 유럽집행위원회는 2021년 4월 21일, 유럽의회에서는 AI법안을 발의하였으며,[11] 2023년 12월 유럽의회에서 회원국 간의 합의를 거쳐[12], 2024년 3월 통과되었다.

동법에서 AI기술은 활용 정도에 따라 위험성이 상이하기 때문에 AI의 위험도를 수용불가한 위험(unacceptable risk), 높은 위험(high risk), 제한된 위험(limited risk), 낮은 위험(minimal risk)의 4단계로 구분한다.[13]

특히 안면인식 기술은 감시 시스템에 해당하는 기술로 '법집행을 위한 생체인식 모니터링 시스템'과 함께 위의 4단계 중 '고위험의 AI 기술'에 해당한다. 실시간의 원격 생체정보기반 식별(real-time remote biometric identification)은 법집행 등의 목적을 위해 공공장소에서 실시간으로 원격의 생체정보기반 식별시스템을 사용하는 것을 말한다. 이 경우 '실시간'이라 함은 생체정보를 발견하거나 비교, 식별하는 것 모두 상당한 지연 없이 이루어지는 시스템을 의미한다(법 제3조 제36호 및 제37호). 다만 동 법 제5조에 제1항 (d)에서는 법집행을 목적으로 공개적으로 접근 가능한 공간에서 '실시간'으로 원격 생체인식시스템의 사용을 허용하는 경우가 있다. 허용되는 경우는 (i) 실종아

---

10) 고학수·임용·박상철, 「유럽연합 인공지능법안의 개요 및 대응방안」, DAIG, 2021년 제2호, 11면 이하.
11) European Commission, COM/2021/206final, Brussels, 21.4.2021.
12) European Council, Artificial intelligence act: Council and Parliament strike a deal on the first rules for AI in the world, 9.12.2023(https://www.consilium.europa.eu/en/press/press-releases/2023/12/09/artificial-intelligence-act-council-and-parliament-strike-a-deal-on-the-first-worldwide-rules-for-ai/)
13) Kop, 「EU Artificial Intelligence Act: The European Approach to AI」, Stanford-Vienna Transatlantic Technology Law Forum, Transatlantic Antitrust and IPR Developments, Stanford University, Issue No. 2/2021, p.3.

동을 포함한 특정 잠재적 범죄 피해자에 대한 표적 수색 (ii) 자연인의 생명 또는 신체적 안전에 대한 구체적이고 실질적이며 임박한 위협 또는 테러 공격의 예방 (iii) 회원국들에서 해당 회원국의 법률에 따라 3년 이상의 형에 해당하는 자를 구금 또는 구금명령으로 처벌할 수 있는 형사 범죄의 가해자 또는 용의자의 탐지, 현지화, 식별 또는 기소를 목적으로 필요한 경우에 한하여 예외적으로 AI기술이 활용될 수 있으며, 안면인식기술 또한 이러한 예외적 허용범위에서 활용이 가능하다. 아울러 위의 3가지 경우에 해당한다고 하더라도 실시간 원격 생체인식시스템의 활용을 위해서는 동 시스템의 사용이 없을 때 발생하는 피해의 심각성이나 가능성 및 규모뿐만 아니라 관련된 모든 사람의 권리와 자유를 위한 시스템의 사용의 결과, 특히 그러한 결과의 심각성, 가능성, 규모 등에 관한 비례적인 안전조치나 조건을 충분한 고려하고 준수할 필요가 있다(동법 제5조 제2항). 또한 해당 회원국의 사법부 등의 사전승인을 받아야 하며, 급박한 경우에는 사후승인을 받아야 한다(동법 제5조 제3항). 다만 실시간으로 원격 생체정보기반 식별시스템의 사용을 금지하는 경우는 공공장소에서 법집행 목적으로 실시간으로 일반적 사용을 금지한다.

3. 안면인식기술 활용의 문제점

(1) 설치에 관한 법적 근거의 미비(지능형·인공지능CCTV의 법적 문제)

현재 지능형·AI CCTV는 「개인정보 보호법」 등의 법률에 근거한 일반 CCTV와 달리 CCTV의 설치 및 운영에 관한 명확한 법적 근거가 마련되어 있지 않다. 일반 CCTV는 사람이나 사물의 영상을 촬영하는 역할로서 '폐쇄회로 텔레비전'과, 유·무선망을 통하여 전송하는 장치로서 '네트워크 카메라'를 구분하고 있으나,14) 아직 지능형·AI CCTV를 기존 법체계에서 어떠한 범주에 넣어야 하는지는 불명확하다. 더욱이 이미 화면의 전환 및 이동, 녹

---

14) 한민경·박현호·C.W.R Webester·Robert Carr, 「범죄예방 목적의 공공 CCTV 운영 실태 및 개선방안 연구」, 한국형사정책연구원, 2018, 11면 참조.

음기능의 사용, 음성송출 등의 다양한 역할을 하는 지능형·AI CCTV는 이미 「개인정보 보호법」에서의 '고정형·이동형 영상정보처리기기'의 목적과 활용범위를 벗어나 있다.[15] 그럼에도 불구하고 일반 CCTV의 설치 및 운영에 관한 규정을[16] 그 이상의 기능을 수행하는 지능형·AI CCTV의 사용(혹은 일반 CCTV에 AI기능을 탑재하는), 더 나아가 국민의 안면·행동 등을 인식하는 기술을 활용하기 위한 근거로 보기에는 무리가 있다. 또한 설치·운영과는 별개로 위험예방, 질서유지 작용을 위한 개별법상의 근거규정을 활용한다고 하더라도 한계가 발생한다. 이처럼 지능형·AI CCTV가 갖고 있는 본질적인 기계적·기술적 특징을 현행「개인정보 보호법」에는 충분히 반영이 되어 있지 않고 있기 때문에 새로운 기술개발에 대한 법적용의 한계에 직면하게 된다. 기능적으로 상이한 지능형·AI CCTV를 일반 CCTV와 동일하게 판단하고 취급하게 되면, 예상치 못한 문제에 직면할 수 있다. 국민 정서상 일반 CCTV의 활용의 경우에도 설치단계에서부터 감시 당사자로의 공감대 형성 등 여러 단계에서 많은 문제점들이 발생하고 있다.[17]

　더욱이 「개인정보 보호법」 제25조 제1항은 법령에서 구체적으로 허용하고 있는 6가지 사유를 제외하고는 공개된 장소에 영상정보처리기기를 설치·운영하여서는 안 된다고 규정하고 있고, 동법 제3장 제1절 등에서는

---

15) 「개인정보 보호법」 제25조 제5항에서는 '고정형 영상정보처리기기의 운영자는 고정형 영상정보처리기기의 설치 목적과 다른 목적으로 고정형 영상정보처리기기를 임의로 조작하거나 다른 곳을 비춰서는 아니 되며, 녹음기능은 사용할 수 없다.'고 규정하고 있다. 아울러 동법 제72조 제1호에서는 제25조 제5항을 위반하여 영상정보처리기기의 설치 목적과 다른 목적으로 영상정보처리기기를 임의로 조작하거나 다른 곳을 비추는 자 또는 녹음을 사용한 자에 대하여는 3년 이하의 징역 또는 3천만원 이하의 벌금에 처하도록 규정하고 있다. 다만 이는 고정형 영상정보처리기기에 해당하는 것으로 동법 제25조의2에 규정된 이동형 영상정보처리기기에 관하여는 녹음 금지에 관한 별도의 규정을 두고 있지 않다.
16) 일반 CCTV설치에 관하여는 일반적으로 「개인정보 보호법」에 규정되어 있지만, 「노인장기요양보호법」 제33조의2, 「초·중등교육법」 제30조의8 제2항 제2호 등 개별 법률에서 CCTV의 설치에 관한 별도의 규정을 두고 있다.
17) 시사저널, [단독] LH, 세종시 봉안리 부적절한 장소 CCTV 설치 '물의'…시민들 "사생활 노출 우려", 2022.06.09(https://www.sisajournal.com/news/articleView.html?idxno=240114), 아시아경제, "앗, 저기 CCTV가 지켜보고 있네"…'사회문제 해결사' vs '빅브라더', 2021.06.16(https://www.asiae.co.kr/article/2021060813413208201)

개인정보의 수집, 이용, 제공 등에 관한 규정을 두고 있다. 그중 동법 제15조에서는 개인정보의 수집·이용과 관련하여, "개인정보처리자는 정보주체의 동의를 받거나, 법률에 특별한 규정이 있거나 법령상 소관 업무의 수행을 위하여 불가피한 경우" 등 동조 제1항의 6가지 사유에 해당하는 경우 개인정보를 수집할 수 있으며, 그 수집 목적의 범위에서 이용할 수 있다고 규정하고 있다. 대부분 CCTV의 가장 큰 목적은 범죄 등의 위험상황을 예방하기 위한 보조적 수단이다. 그러나 이러한 지능형·AI CCTV에 관한 명확한 법적 근거가 마련되지 않은 상황에서 「개인정보 보호법」상의 일반규정을 적용한다거나 개별 법률에서의 설치에 관한 근거규정을 통해 직무규범으로까지 유추·확대 적용하는 것은 법치국가의 기본원칙과 충돌할 수 있으므로, 지능형·AI CCTV는 설치에 대한 법적 근거와 활용 목적에 따른 명확한 근거를 따로 마련해야 한다.

(2) 설치 및 활용에 따른 기본권 침해의 문제

지능형·AI CCTV의 설치 및 활용에 관한 법적 근거의 부재가 문제시 되는 것은 안면인식기술의 활용이 국민의 기본권을 심각하게 침해할 우려가 있음에도 불구하고 법적 근거가 마련되어 있지 않기 때문이다. 「개인정보 보호법」에서 일반 CCTV의 카메라 각도, 녹음 등의 기능을 임의적으로 사용하지 못하도록 하는 것은 국민의 프라이버시에 대한 침해의 우려가 있기 때문이다.[18] 일반 CCTV에 비하여 지능형·AI CCTV는 더욱 많은 정보를 수집하고 분석할 수 있다는 점에서 기본권의 침해 정도는 훨씬 크다. 또한 단순히 정보의 수집을 넘어 ―기존의 일반 CCTV가 정보의 수집역할에만 국한된 것에 비하여― 지능형·AI CCTV를 통해서는 정보를 식별하고, 위험도의 분석, 상황의 예측 작업을 병행한다. 그리고 이러한 AI의 평가를 바탕으로 정보의 '프로파일링(분류)'이 이루어지는 경우에는 정보주체가 자신의 정보처리를 명확히 알 수 없기 때문에 '정보의 자기결정권' 등 기본권에 대한 침해

---

18) 김학신, 「범죄예방을 위한 경찰의 CCTV 활용과 기본권 보호에 관한 연구」, 2008-09 책임연구보고서, 치안정책연구소, 2008, 67면.

의 범위가 훨씬 커진다고 할 수 있다. 아직 안면인식기술과 AI CCTV의 활용이 보편화되지 않아 축적된 판례, 구체적인 피해 사례 등은 아직 존재하지 않으나, 해외의 활용사례와 연구를 통해 안면인식기술을 통해 침해될 수 있는 기본권에 관하여 많은 우려가 있는 것도 사실이다.

안면인식기술과 관련하여 침해가 예상되는 기본권은 개별 영역에 따라 다소 상이하게 나타난다. 그중 가장 대표적으로 언급되는 것은 '정보의 자기결정권' 침해 가능성에 관한 문제이다. 안면인식기술의 활용을 위한 정보의 수집은 다양한 형태로 이루어지지만 이 과정에서 정보수집과 분석, 유통은 매우 불분명하다. 이에 「개인정보 보호법」에서 정보의 삭제 등과 같은 정보주체의 권리는 부여되어 있으나, 정보의 접근방법에 관하여는 여전히 불투명한 상황에서 더 공공기관에 의한 정보의 수집·활용은 정보자기결정권의 심대한 침해를 의미한다.

두 번째로 프라이버시권 침해이다. 지능형·AI CCTV에 국한된 것은 아니지만 앞서 검토한 바와 같이 CCTV와 프라이버시의 문제는 매우 밀접하게 연관되어 있다. 다만 지능형·AI CCTV는 AI을 통해 유통되는 정보의 양이 매우 크고, 더욱이 정보주체에게 가장 영속성이 강한 얼굴이라는 생체정보를 직접적으로 활용하고자 하는 경우에는 기존 CCTV에서의 프라이버시권 침해 문제와는 전혀 다른 양상의 더욱 복잡한 문제들이 발생할 우려가 크다.

세 번째로 집회·시위의 자유의 침해이다. 최근 중국과 러시아 등에서는 집회·시위의 제한을 목적으로 안면인식기술이 활용되고 있어 논란이 되고 있다. 반정부인사를 지하철역 등에서 안면인식기술로 사전에 확인하고 특정지역으로의 이동을 제한하거나 구금하는 등의 조치를 취한 바 있는데, 현실적으로 드론, 바디캠 등의 다양한 촬영장비와 AI을 통한 신속한 개인의 식별은 집회·시위의 자유를 제한할 수 있다.

그 외에도 아동학대예방을 위한 보육시설 내 AI CCTV설치는 보육교사의 교육권을 침해할 수 있으며, 아동학대 방지라는 명분에도 불구하고 보육교사 등의 근로감시와 같은 기본권 충돌의 문제도 발생하게 된다.

Ⅲ. 안면인식기술의 활용과 경찰법적 문제

1. 안면인식기술 활용의 방향성

리스크사회에서 위험개념의 변화는 안면인식기술의 활용에 있어 두 가지 의미를 제시한다. 우선 빠르게 개발되고 있는 과학기술, 특히 AI기술은 인간보다 빠르고 정확한 판단과 인간이 모두 파악하기 힘든 부분까지도 분석하고 예측하는 효용성이다. 또한 인간의 인지와 감각을 뛰어 넘는 전자적 도구는 경찰의 위험예방을 위한 수단으로서 기술을 통해 현대사회의 복잡·다양한 위험상황에 대해 보다 정밀한 분석을 바탕으로 능동적 대처를 가능하도록 한다. 이러한 측면에서 안면인식기술의 활용과 AI CCTV와 같은 정보수집의 도구를 적절히 활용하는 것은 위험예방을 담당하는 경찰기관, 일반행정기관 모두에게 적극적으로 권장될 필요가 있다. 이러한 방향성을 기본 전제로 안면인식기술의 활용은 기술적 문제(오류, 편향성 등의)와 국민의 기본권 침해문제를 어떻게 해결할 수 있을 것인지 해결방안도 함께 모색해야 한다. 구체적으로는 안면인식기술이 갖는 많은 장점과 효용성에도 불구하고 과연 어떠한 경우에, 어느 범위까지 안면인식기술의 사용이 허용될 수 있는지 구체적으로 유형화하기 위한 검토가 필요하다. 특히 범죄 등의 구체적 위험상황의 발생이 아닌 예방적 경찰활동에는 보다 엄격한 기준과 법률적 수권에 따라 경찰작용이 이루어져야 한다. 이에 '공공의 안녕'과 같은 경찰상의 목적 달성이라는 사회적 필요에 의해 안면인식기술을 활용하는 것이 불가피하다면 더욱 명확하게 활용에 관한 법적 근거를 마련하고, 정보주체인 국민이 자신의 얼굴정보가 어떻게 활용되는 것인지 그 범위가 합당한 수준에서 이루어지는 방향으로 기술의 활용과 법적 정비가 함께 이루어져야 한다.

2. 안면인식기술의 활용과 법치국가 원리

(1) 안면인식기술의 활용에 따른 법 현실

안면인식기술의 활용은 '과학기술의 혁신'과 '국민의 기본권 보호', 법치국가원리는 다양하게 충돌한다. 이러한 혼란의 첫 번째 이유는 기술개발과 진흥·촉진이라는 신념이 더욱 강조되기 때문이다.[19] 이에 반해 반대편의 법적 문제는 충분히 고려하지 않는다. 정부의 정책기조 및 입법부의 입법기조를 보면 기술 발전을 촉진하기 위한 규제완화의 측면이 더욱 강조되고 있다.

두 번째로 '안면인식기술의 도입 및 활용의 속도'에 비해 '입법의 속도'가 충분히 뒷받침 되지 못한다. 오늘도 새로운 과학기술은 하루가 다르게 개발되고, 이를 보완한 기술적 업그레이드도 지속적으로 이루어지고 있지만 제도적 뒷받침을 위한 입법은 과학기술의 발전 속도를 따라가지 못한다.[20] 이는 전통적으로 지속되어 온 과학기술과 법제 간의 충돌문제로 법제도는 항상 사후 규제적 관점만 머물러야 하는 것인지에 대한 본질적 의문을 제기한다.

세 번째 이유는 '안면인식기술 등의 AI기술 대한 법학적 접근의 어려움'이다. 어떤 과학기술이 개발되고 이를 통해 발생하는 다양한 법적 문제를 사전에 모두 파악하기는 현실적으로 불가능하다. 더욱이 과학기술 자체를 법학적 기준으로 재단하기에도 현실적으로 매우 어려운 측면이 있고, 생명공학의 경우 인간에게 미치는 복잡한 역학관계를 법률적으로 이해하고 파악하기도 어렵다.[21] 이와 같이 매우 빠르게 발전하는 과학기술로 인하여 오늘날의 법치국가 원리는 커다란 도전에 직면하고 있다. 안면인식기술의 적절한 활용과 최소한의 권익침해라는 균형점을 찾기 위해 법치국가 원리는 여전히 핵심적 가치로서 도입과 활용에 있어서도 적극적으로 고려되어야 한다.

---

19) 강경근, 「과학기술시대에서의 기본권과 법제」, 법제논단 제561호, 법제처, 2009, 6-7면.
20) 박소영, 「한 눈에 살펴보는 과학기술 최신 입법 동향과 과제「, KISTEP Issue Weekly, 통권 제237호, 한국과학기술기획평가원, 2018, 3면.
21) 강경근, 앞의 글, 7-8면.

(2) 안면인식기술의 활용에 따른 법치국가 원리의 침해가능성

얼굴이라는 매우 중요한 생체정보를 활용한 안면인식기술은 정보의 수집과 비교·분석 등의 작업 자체가 스스로가 매우 직접적이고 정보주체의 기본권 침해가 매우 큰 행정작용이다.[22] 그럼에도 불구하고 국민의 안전을 위협하는 다양한 잠재적 위험요소들로 인하여, '공공의 안녕'과 '사회질서의 유지'라는 경찰법상의 기본목적 수행을 위해 안면인식기술은 명확한 법적 근거가 마련되어 있지 않음에도 경찰청과 지방자치단체들에서 활용이 모색되고 있다. 그리고 대부분은 안면정보를 수집하는 도구로서 'AI CCTV'를 활용하는데, 현행 「개인정보 보호법」에는 이러한 기기에 관해서는 별도로 규정이 마련되어 있지 않다. 하지만 기존 일반 CCTV 규정을 법적 근거로 제시한다거나, 「경찰관 직무집행법」 제2조 제7호 '그 밖에 공공의 안녕과 질서유지'와 같은 경찰권 발동에 관한 일반적 수권조항을 유추·확대 해석하는 방법으로 법적 근거의 부재문제를 해결하고 있다. 하지만 이는 법치국가원리와는 배치된다. 특히, 대표적 침익적 행정에 해당하는 경찰행정법 분야에서 이러한 행정법적 기본원칙이 준수되지 않는 것은 매우 우려스러운 상황이다.

AI기술의 활용에 있어, 법치국가원리의 경시현상은 특히 '긴급한 필요'에 의해 더욱 강화된다. 지난 2001년 9월 미국에서의 테러로 촉발된 테러방지법 제정 열풍 그리고 2020년 Covid-19 상황에서의 문제[23]와 같이 피해의 정도나 범위가 큰 경우에는 경찰권 발동에 따른 법치국가원리의 경시 현상은 더욱 두드러진다. 물론 그 피해와 효력이 미치는 범위가 광범위하고 긴급성을 요하는 경우에는 예방경찰작용에 의한 선제적 조치로서 다소 법치국가원리에 부합하지 않더라도, 경찰권의 발동이 용인되고 사후적 검토를 통해 문제를 해결하는 것이 합리적이다. 적어도 '손해의 예상'과 '긴급한 필요'라는 당위성이 예상되는 경우까지 법치국가 원리의 엄격한 요건을 적용하는

22) 송기복·조진형, 「한국 경찰의 인공지능(AI) 정책에 관한 제언-프랑스의 정책을 중심으로 본-」, 경찰학논총 vol.15, no.1, 원광대학교 경찰학연구소, 2020, 251면 이하.
23) 임현, 「감염병 위기에 대한 국가의 역할과 행정법의 대응」, 공법연구 제51집 제2호, 한국공법학회, 2022, 2면 이하.

것은 지나친 경찰권 발동의 제한이기 때문이다. 통상 경찰법이론에서 논의 되는 경찰책임의 예외로서 경찰긴급권의 법리가 여기에 적용될 수 있다.[24]

(3) 법률유보 원칙과의 관계

법치국가원리의 기본 구성요소로서 법률유보의 원칙은 헌법 제10조 제2 문의 규정과 판례[25] 등을 통해 인정되고 있으며, 2021년 제정된 「행정기본 법」 제8조에서는 '법치행정의 원칙'을 천명함으로써, 법률유보에 대한 명확 한 근거가 마련되었다. 하지만 아직 명확한 법적 근거나 원칙 없이 활용이 모색되는 안면인식기술을 비롯해 「개인정보 보호법」상 규정된 영상정보처리 기기의 범위를 초과함에도 불구하고 안면정보를 수집하기 위한 도구로서 활 용되는 AI CCTV도 현행 법체계 하에서는 모두 그 활용이 제한될 수밖에 없 다. 현행 일반 CCTV와 같이 특정한 장소와 목적에 따라 제한적으로 정보주 체의 얼굴정보를 수집하는 것은 가능하지만 공공장소 등에서 무차별적으로 개인의 안면정보 등의 생체정보를 수집하는 것은 별도의 근거규정을 마련함 으로써, 기술의 활용이 일정 수준 사회적 합의에 이르기까지는 다소 엄격히 예외적 허용을 할 필요가 있다.

3. 리스크사회에서 예방적 경찰작용

(1) 안면인식기술의 예방경찰적 활용(목적적 접근)

경찰법 이론의 발전은 사회의 발전과 맞물려 새로운 현상들에 의해 과거 경찰법 이론의 적용이 한계 상황을 맞이하면, 이를 극복하는 과정을 반복하 며 발전해 왔다. 이 과정에서 위험방지를 위한 경찰작용은 구체적 위험이 존 재하는 경우에만 경찰권의 발동요건으로 허용되어야 하지만,[26] 현대사회는 사회적 위험에 대해서는 보다 선제적으로 공권력이 개입할 것을 요구한다.

---

24) 손재영, 경찰법(제5판): 경찰법의 기본체계와 이론적 기초, 박영사, 2021, 85면.
25) 헌재 1992. 4. 28. 90헌바24, 판례집 4, 225, 230.
26) 서정범·김연태·이기춘, 경찰법상 위험개념의 변화에 관한 법적 고찰, 경찰작용의 Paradigm Shift – 사법경찰에서 행정경찰로, 경찰법연구(제3판), 세창출판사, 2018., 251면.

이와 같이 구체적인 위험의 발생 이전 단계에서의 경찰권 발동을 경찰법에서는 예방경찰작용이라 한다. 지난 2001년을 계기로 국가의 활동모델은 자유주의적 법치국가에서 예방국가적 모델로 변화되었다.[27] 이 무렵부터 국민의 기본권 침해 논란에도 불구하고 전 세계적으로 정보활동의 법적 근거를 마련하기 위한 테러방지법과 같은 입법이 유행처럼 번졌다. 예방경찰의 주요 활동은 정보경찰의 영역과 상당부분 유사한 측면이 있어 경찰법상 작용의 근거로는 「경찰관 직무집행법」 제8조의2 정보수집에 관한 규정이 제시된다.

경찰이라는 개념과 역할 자체가 제도적 의미의 경찰기관(경찰행정기관)뿐만 아니라 실질적 의미의 경찰기관(일반행정기관 등)에서도 일상적으로 활용되고 있어,[28] 지방자치단체의 CCTV관제센터도 '공공의 안녕'과 '사회의 질서유지'를 위한 경찰작용을 수행한다. 이러한 관점에서 AI CCTV를 통한 안면인식기술 활용은 예방경찰적 활동으로서의 행정경찰작용으로 볼 수 있고, 기술적 생소함에도 불구하고 종래의 법리와 판례 등을 통해 그 활용성이 충분히 모색될 수 있다. 다만 문제는 이러한 예방경찰활동은 어떠한 위해나 손해의 발생 이전 단계에서 개입하기 때문에 시의적으로 명확한 법적 근거를 마련하기가 어렵고, 경찰권을 발동하는 경우에 집행에 대한 명확성을 담보하기 어려워 항상 과도한 공권력의 개입이라는 비판에 직면한다.

(2) 예방경찰작용을 통한 경찰개념의 재확대(조직적 접근)

현대사회에서 위험예방은 비단 행정조직법적 구분에 따른 행정청으로서의 경찰행정기관뿐만 아니라 그 밖의 다른 행정기관에게도 함께 맡겨지고 있다. 위험예방 등 공공의 안녕을 위한 경찰활동의 이원체계는 경찰법 이론에서는 분리체계(Trennungssystem)라 한다. 독일 바이에른·노르트라인－베스트팔렌 주와 우리의 법체계가 이러한 분리체계에 따라 경찰개념을 파악하고 있다.[29]

---

27) 구형근, 「독일경찰법상 예방경찰적 정보수집활동의 통제법리에 관한 고찰」, 토지공법연구 제69집, 한국토지공법학회, 2015, 331면.
28) 김용주, 「정보경찰작용에 대한 행정법적 쟁점과 과제」, 홍익법학 제22권 제3호, 홍익대학교 법학연구소, 2021, 477면 이하.

그렇다면 오늘날 일반행정기관의 질서유지행정과 경찰기관의 위험예방활동이 그 역할과 기능에 있어 상당부분 중첩됨으로써, 양쪽의 경계가 모호해지는 현상이 빈번하게 발생하고 있다. 이에 따라 교과서적 개념 구분만으로는 양자의 특성이 명확히 구분되지 않는다. 경찰법 체계하에서 위험예방을 위한 조치는 조직적·제도적 의미의 경찰행정청뿐만 아니라 실질적 의미의 일반행정기관 또한 위험예방에 관한 주무행정기관으로서 경찰업무를 함께 담당하게 되었다. 그리고 그러한 역할은 일반행정기관의 경우 '특별사법경찰제도' 등을 활용해 관련 제도의 운영에 관한 법적 근거를 마련하고 경찰업무를 담당한다. 그 외에도 치안유지, 산불예방, 시설경비 등을 위해 개별 지방자치단체나 주무행정기관은 CCTV를 설치해 위험예방 등의 역할을 수행하고 있다. 물론 예견되는 위험이 실제 사건으로 발생하는 경우 경찰, 검찰 등의 제도적 의미의 경찰행정기관을 통해 사법집행이 이루어지지만, 단순히 예방차원의 노력은 경찰행정청뿐만 아니라 일반행정기관을 통해서도 광범위하게 이루어지고 있는 추세임은 명확하다. 이러한 측면에서 안면인식기술의 경찰행정기관, 일반행정기관에서의 보편적 활용은 예방경찰적 측면에서 분명한 경찰법적 작용으로서의 정당성을 갖는다. 또한 최근 안면인식기술을 시스템으로 활용하는 경우 꼭 경찰 혹은 사법적 지식을 지닌 경찰관이 아니더라도, 일반 행정기관에서도 사법적 판단에 대한 충분한 도구로 활용될 수 있다. 실제로 실질적 의미의 경찰개념의 확장은 이미 세계 2차 대전이 끝나고 경찰력이 강했던 독일, 일본 등의 국가들을 시작으로 그 권한의 이전이 시작되었다. 특히 위생·건축·산업·경제 등 다양한 분야에서 권한이 이전되었다(현재의 특별사법경찰제도와 같이). 이러한 역사에 비추어 오늘날 다양한 행정업무 그중에서도 공공의 안녕과 질서유지를 위한 경찰목적의 행정이 일반행정기관에서 진행된다고 하여 크게 문제될 것은 아니다. 하지만 그동안 오랜 경찰법 체계를 갖춰오며 시행착오를 거쳐 온 경찰행정청과 이러한 내용의 깊이 없이 일반행정청이 동일한 경찰목적을 달성하면서 발생하는 다양한 문제점들은 해결되어야 할 과제라 할 수 있다. 다만 오늘날 일반행정기관

---

29) 서정범·김연태·이기춘, 경찰행정법의 대상으로서의 경찰의 개념, 앞의 책, 70면.

에서 안면인식기술을 활용하는 것이 그 목적이 위험예방 등으로 명확한 경우에는 경찰법상의 적용을 받기 때문에 경찰행정기관, 일반행정기관의 구분 없이 기술활용은 정당성을 취득할 수 있다고 본다.

(3) 리스크사회에서 예방경찰적 정보수집에 관한 기본권 관계의 논의(합법성적 접근)

리스크사회에서 예방적 경찰활동은 주로 정보수집활동이다. 이러한 상황에서 경찰기관이 효과적인 위험예방을 위해서 광범위한 정보수집활동은 어쩌면 불가피한 측면이 있다. 하지만 이러한 정보수집활동은 종래의 위험개념에 따르면 여전히 위험의 '사전적인 영역(Vorfeld)'에 있다. 오늘날 경찰권의 발동은 사회적 변화 양상을 감안한다고 하더라도 전통적 경찰법 이론에 비추어 위험방지의 범위를 벗어난 '위험의 사전예방' 단계에서의 경찰권 발동을 어떻게 정당화 할 수 있을 것인지 고민이 집중된다. 그리고 다른 한편으로는 경찰권 개입을 적극적으로 요구하는 시대적 상황에 부합하기 위한 방법론도 함께 모색해야 하는 이중적 어려움에 처해 있다.

오늘날 위험예방을 위해 경찰기관에게 요구되는 적극적인 조치와 관련하여 법치국가적 해결방법은 독일의 「통신비밀보호법」 제5조 제1항과 같이 개별 법률에서 경찰작용에 대한 명확한 법적 근거를 마련하는 것이다. 동법에서는 '범죄수사를 위한 통신 제한조치의 허가요건'을 규정하고 있다. 이는 명확히 발생한 범죄사건 외에도 범죄의 예방을 위한 사전적 증거수집을 법률적으로 허가한 규정이다.

하지만 안면인식기술의 활용을 위한 법적 근거의 마련에 있어서 세세하게 입법이 될 수 없는 상황이라고 한다면, 개별법적 논의에 앞서 헌법적 차원의 논거를 먼저 확인할 필요가 있다. 우리 헌법에서 '안전권(Grundrecht auf Sicherheit)'에 관한 명확한 근거는 찾아볼 수 없다. 하지만 '안전'에 대한 권리는 헌법상 명문으로 규정되어 있지 않더라도 불문의 '기본권'으로 인정된다.[30] 안전과 예방이라는 개념의 불명확성으로 인해 국민의 '안전에 대한 기

---

30) 이부하, 「생명·신체 등 안전권에 대한 헌법적 고찰」, 법과 정책 제25집 제2호, 제주

본권'은 개인정보보호에 관한 중요한 헌법적 가치인 '정보의 자기결정권 (Recht auf informationnelle Selbstbestimmung)'과 반대되는 개념으로 발전한 다.[31] 다시 말해, 국민의 안전을 위해 경찰의 정보활동은 합법성을 부여받는 반면 국민 개개인의 정보의 자기결정권은 상대적으로 침해를 받게 된다. 이 는 또한 '위험예방'이라는 경찰목적 앞에 상호 충돌하는 기본권의 문제로 확 대된다. 이러한 기본권 간의 경합을 단순히 공익(위험예방을 위한 안전권 우선) 과 사익(정보의 자기결정권)의 충돌 문제로만 보기에는 많은 어려움이 있다. 그 이유는 공익과 사익의 충돌에 있어서 이미 우리 판례에서는 보호규범인 처분의 근거 규정 또는 관련 규정에서 사익보호성을 확대하는 방식으로 원 고적격인 법률상의 이익을 확대하여 왔기 때문이다.[32]

이와 같이 기본권 관계는 복잡하게 연결되는데, 안면인식기술의 활용 사 례를 보면 우선 국민의 안전보장과 개인정보의 침해라는 국가와 국민 간의 기본권 충돌 문제가 발생하며, 일반적인 범죄와 같이 타인에 의한 법익의 침 해가 발생하는 상황에서도 국가는 국민의 피해를 예방하기 위한 '기본권보 호의무로서의 조치'도 발생된다. 이러한 복잡한 법률관계를 명확히 해소하는 것이 선행되어야 한다. 이를 위해 우선 헌법적 차원의 우선순위를 판단하고, 그에 수반된 후속조치로서 개별법에서 근거규정의 마련 그리고 이러한 규정 이 다소 일반·추상적으로 마련된 경우에 이를 상세히 구체화 할 수 있는 운 영규칙 등의 원칙을 순차적으로 마련할 필요가 있다.

결국 국민의 기본권 보장과 행사는 사회적 안전이 충분히 확보된 이후에 가능한 것으로, 국가에 의한 안전보장이 없다면 개인의 기본권 향유 또한 이 루어지지 않는다는 점을 명확히 할 필요가 있다. 이러한 사실상의 강제력으 로 인해 우리 사회에서 안면인식기술을 활용한 경찰의 정보활동은 불가피한 측면이 있기 때문에 경찰국가 혹은 감시사회로의 회귀를 방지하기 위해서는

대학교 법과정책연구원, 2019, 119면.
31) Denninger, "Freiheit durch Sicherheit? — Wie viel Schutz der inneren Sicherheit verlangt und verträgt das deutsche Grundgesetz?", KJ 2002, S. 472 ff.
32) 정종철, 「행정활동으로서의 공익과 사익」, 법학논총 vol.33, no.1, 통권 64호, 국민대 학교 법학연구소, 2020, 172면 이하.

안면인식기술의 활용에 앞서 3단계 법치국가적 원칙의 수립(헌법적 근거 마련-
개별법령에서의 근거 마련-세부적인 운영원칙 수립) 목표를 명확히 하고 추가적
으로 투명한 정보공개와 국민피해에 대한 절차적·소송법적 구제수단의 마
련이 함께 추진될 필요가 있다.

Ⅳ. 인공지능기술의 활용을 위한 개선 방안(결론)

1. 숲을 볼 것인가? 나무를 볼 것인가?(인공지능 규제의 방향성)

우리 사회에서 인공지능은 오늘날 매우 친숙한 존재가 되었다. 아직 기술
적 이해가 대중적인 것은 아니라고 하더라도, 적어도 그 개념, 존재에 관해
우리가 인공지능 사회의 초입에 있음을 부인하기는 어렵다.

다만 제법 익숙해졌다고 생각되나 "인공지능"이라는 존재는 아직 우리에게
많은 의문부호를 던져주고 있다. 뭔가 좋은 것은 알겠고, 그것이 나에게 꽤나
유용한 도구라는 것도 알겠지만 그게 내 삶의 어디에서부터 어디까지 영향을
미칠지는 아직 불분명하기 때문에 이러한 의문은 더욱 깊어질 수밖에 없다.

현재까지 우리사회에 등장한 인공지능이 갖는 다양한 한계(차별, 편향, 과
도한 개인정보의 침해 등)는 불가피한 측면이 있다고 하더라도 과학기술은 시
간을 거듭함에 따라 점차 진보·발전하기 때문에 인공지능 기술이 갖는 한계
는 기술자들의 손에 맡겨 두고 우리는 법체계를 비롯한 사회시스템이 이러
한 변화양상에 대해 충분한 대비가 되어 있는지를 살펴볼 필요가 있다.

지금의 상황에서 인공지능에 관한 법적 논의는 이러한 불명확성에서 출발
한다. 인공지능은 어느 하나의 특정 기술에 국한되지 않고, 과학기술의 모든
영역에 접목이 가능하다. 이런 파급력으로 인해 회기가 종료된 21대를 포함
하여 국회에서도 인공지능 관련된 무수한 입법들이 쏟아졌으며, 꽤나 의미
있는 다수의 법안들이 발의된 것도 사실이나, 아직 구체적인 성과를 보이지
못하고 있다.

반면 우리의 상황과는 달리 EU에서는 "인공지능법"이 오랜 논의와 숙고

끝에 2024년 3월 최종 승인되며, 인공지능에 관한 국제적·법적 헤게모니를 가져갈 수 있게 되었다.[33] 개인적으로 EU의 인공지능법을 바라보며, 가장 관심 있게 살펴보는 부분은 인공지능에 관한 법적 문제를 바라보는 관점이 숲에서 나무로 바뀌었다는 점이다. 인공지능이라는 것은 어느 하나의 기술에만 국한되는 것이 아니기 때문에 인공지능이라는 큰 틀의 논의를 전제로 한다. 하지만 인공지능이라는 큰 숲에 가려 그 속 나무들의 특성 하나 하나를 살피지 못한다면, 그 숲은 건강한 생태계를 갖기 어렵다.

EU 인공지능법안에서는 인공지능을 활용하는 과학기술에 대해 리스크의 정도에 따라 4단계로 구분함으로써 그 활용에 있어서 범위와 절차적 준수사항 등을 명확히 하고 있다. 이러한 점에서 EU 인공지능법은 이제 인공지능이라는 법적인 관점과 문제를 숲(인공지능 개념 전체)이 아닌 나무(개별 기술들에 대한 접근)를 보고자 하는 시점의 전환이라고 생각한다. 이에 우리의 논의 방향도 이제는 인공지능이라는 개념론적 규제방식이 아닌 개별 과학기술에 초점을 맞추고 보다 세세히 살펴 개별·구체적인 규제방식으로 추진될 필요가 있다. 인공지능이라는 큰 틀에서 종합적인 규제를 하는 것이 개별 과학기술들에 대한 충분한 성장을 저해하는 역효과로 나타날 수 있다.

2. 현재의 과학기술로 미래의 인공지능을 판단해서는 안 된다

미국의 인공지능 기반 재범 확률 예측 프로그램 '콤파스'의 예에서도 그렇지만 오늘날 소개 및 활용되는 대부분의 인공지능 기술은 기술의 초기단계이거나 테스트 형식의 프로토 타입으로 완전한 형태의 기술구현은 아니라 할 수 있다. 개인적인 경험이나 과학기술자들과의 대화에서 현재 인공지능에서 발생하는 다양한 문제들은 기술적 업그레이드나 데이터, 오류의 수정

---

33) 이 점에 있어서 EU는 인공지능과 디지털전환 등 첨단기술 분야에서 규범력을 앞세워 진영을 넘어선 실리외교를 추구하는 제도적 발판을 마련함과 동시에 미중 등 인공지능 기술 주도극들과의 벌어진 기술력이라는 하드파워의 격차를 인공지능 규제력이라는 소프트파워를 통해 좁혀 나가는 계기를 마련한 것으로 평가된다(윤정현·조은정, EU '인공지능 규제법(AI Act)' 통과의 의미와 시사점, 이슈브리프 527호, 국가안보전략연구원, 2024.03).

을 통해 얼마든지 개선이 가능하다고 한다. 이에 지금 발생하는 인공지능의 다양한 문제(편향성, 오인식 등)로 인해 과도한 오해가 발생하고 이로 인해 과도한 정책방향의 설정, 규제입법으로 이어지는 것은 결코 과학기술의 진흥을 위해서도 긍정적이지 않은 현상이라 하고 있다.

분명한 점은 인공지능 과학기술은 앞으로 국가의 경제적·산업적 측면에서 무한한 성장동력이기 때문에 현재의 입법안, 정책 논의 등은 규제보다는 분명 성장에 초점이 맞추어져 있는 것으로 보인다. 또한 이러한 측면에서 많은 연구자들이 인공지능, 플랫폼 등의 디지털 분야의 규제에 관하여는 연성규범, 자율규제 등의 방향으로 논의를 진행하고 있다. 국가나 행정목적의 달성을 위해 우리 사회를 지배하는 과학기술을, 우리가 법으로 지배함으로써 (법률)우위에 서겠다는 사고는 분명 사리에 맞지 않다. 다만 다소 과격히 말해 선언적 규정에 불과한 여러 자율규제방안이 얼마나 실효성을 발휘할 수 있을지에 대해서는 의문이 있기 때문이다. 결국 과학기술의 개발을 주도하는 민간기업은 자율규제를 통해 법적 규제를 피하면서도, 여러 법률안 들에서도 처벌 규정 등은 별도로 마련되지 않아 책임소재에 관하여는 면죄부를 얻는 셈이 될 수 있기 때문이다.

독일 연방헌법재판소의 재판관이자 공법학자인 호프만−림 교수는 자율구조화, 자율적 규칙, 회사의 자율규제, 규제된 자율규제, 혼합규제, 공공기관에 의한 규제, 기술규제로 인공지능 규제방식 다양하게 구분을 하고 있다.[34] 물론 우리의 자율규제도 기업이 독단적으로 수립하는 것이 아닌 관할 행정기관과 충분한 협의와 소통을 통해 결정되는 것이지만 인공지능 문제에 관하여는 '규제된 자율규제'라는 보다 명확한 규제방향을 설정할 필요가 있다.

이에 전체적인 규제의 방향은 인공지능기본법 등의 제정을 통해 EU 인공지능법과 같이 인공지능 기술의 기준을 명확히 설정하고, 하위 법령 혹은 재량준칙 등을 통해 그 기술의 허용·활용성을 다루도록 하는 입법방향을 가져갈 필요가 있다.

---

34) 정남철, 행정의 디지털 전환에 따른 인공지능 규제의 최근 동향과 시사점−인공지능에 대한 인격권 보호의 문제를 겸하여−, 미디어와 인격권 제9권 제2호, 언론중재위원회, 2023. 08, 17면.

3. 기술에 대한 규제보다 절차적 통제방안으로

통상 행정법에서 다루는 다양한 문제들은 처음부터 답이 정해져 있지 않아 이미 수립된 행정법질서를 바탕으로 실체적 진실, 사실관계 등을 구체적으로 따져 문제를 해결해 왔다. 이러한 추상성을 내재한 상태에서 행정력의 집행은 절차적 통제를 강화함으로써 민주적 정당성, 법치국가적 정당성을 확보할 수 있다.

인공지능에 관한 문제도 어쩌면 과학기술에 대한 전문성이 부족한 입법자가 인공지능에 관한 문제를 판단하기보다는 문제해결 과정과 과학기술의 승인절차 단계에서 절차적 통제를 강화함으로써 문제해결을 보다 명확화 할 수 있다.

이러한 절차적 통제방안은 EU와 미국 등의 해외 사례들을 참고해 그 내용을 구체화 할 수 있다. EU는 특히 높은 리스크의 인공지능에 해당하는 경우, 그 리스크를 관리하기 위한 시스템을 구축해야 한다(EU 인공지능법 제9조 위험 관리 시스템). 이러한 시스템하에서는 인공지능 기술에 대한 조사-관찰-평가-관리-통제로 이어지는 일련의 절차적 통제를 마련하고 있다.

이에 인공지능기술에 대한 영향평가 같은 제도를 적극적으로 도입할 필요가 있다. 기술개발자들도 자신이 개발한 기술이 사회에서 잘 활용될 수 있을지, 어떤 규제사항이 있는지 알기 어렵다고 한다. '개인정보 보호법' 제33조의 개인정보 영향평가에 관한 규정을 마련하고 있는데, 많은 인공지능기술들이 개인정보를 필요로 하기 때문에 이 규정의 직접 대상이 될 수 있으나, 현재 개인정보 보호법상의 개인정보 영향평가는 개인정보의 활용에 문제의 초점이 맞추어진 만큼, 이와 유사한 사실상 체계화된 행정 절차로서의 법적 인증절차(AI 신뢰성 단체표준과 같은 기술적 안정성에 대한 인증절차와는 별도로)로서 '인공지능 영향평가'제도를 적극 활용하고 의무화함으로써 특정 인공지능 기술에 대한 사회적 안정성, 기술의 허용성, 개인정보의 침해 정도 등을 종합적으로 평가할 수 있는 기관의 설립 등도 고려해 볼 수 있다.

무엇보다 중요한 것은 이제 인공지능에 관한 법적 논의는 한 단계 도약이

필요하다는 점이다. 종래의 연구를 통해 인공지능에 대한 법적 정의 등의 일
반론이 구체화된 만큼 이제는 후속 논의로서 인공지능 기술에 대한 절차적
정당성을 확보하기 위한 방향으로 논의를 전환할 필요가 있다.

* 주제어: 인공지능, 인공지능에 의한 침익적 행정, 안면인식, EU 인공지능법, 인공지능
  규제

참고문헌

단행본

손재영, 경찰법(제5판): 경찰법의 기본체계와 이론적 기초, 박영사, 2021.

서정범·김연태·이기춘, 경찰법상 위험개념의 변화에 관한 법적 고찰, 경찰작용의 Paradigm Shift – 사법경찰에서 행정경찰로, 경찰법연구(제3판), 세창출판사, 2018.

서정범·김연태·이기춘, 경찰행정법의 대상으로서의 경찰의 개념, 경찰법연구(제3판), 세창출판사, 2018.

논문

강경근, 「과학기술시대에서의 기본권과 법제」, 법제논단 제561호, 법제처, 2009.

고학수·임용·박상철, 「유럽연합 인공지능법안의 개요 및 대응방안」, DAIG, 2021년 제2호.

구형근, 「독일경찰법상 예방경찰적 정보수집활동의 통제법리에 관한 고찰」, 토지공법연구 제69집, 한국토지공법학회, 2015

김용주, 「정보경찰작용에 대한 행정법적 쟁점과 과제」, 홍익법학 제22권 제3호, 홍익대학교 법학연구소, 2021

김학신, 「범죄예방을 위한 경찰의 CCTV 활용과 기본권 보호에 관한 연구」, 2008–09 책임연구보고서, 치안정책연구소, 박소영, 「한 눈에 살펴보는 과학기술 최신 입법 동향과 과제「, KISTEP Issue Weekly, 통권 제237호, 한국과학기술기획평가원, 2018.

송기복·조진형, 「한국 경찰의 인공지능(AI) 정책에 관한 제언 – 프랑스의 정책을 중심으로 본 – 」, 경찰학논총 vol.15, no.1, 원광대학교 경찰학연구소, 2020.

윤정현·조은정, EU '인공지능 규제법(AI Act)' 통과의 의미와 시사점, 이슈브리프 527호, 국가안보전략연구원, 2024.03.

임현, 「감염병 위기에 대한 국가의 역할과 행정법의 대응」, 공법연구 제51집 제2호, 한국공법학회, 2022.

이부하, 「생명·신체 등 안전권에 대한 헌법적 고찰」, 법과 정책 제25집 제2호, 제주대학교 법과정책연구원, 2019.

정남철, 행정의 디지털 전환에 따른 인공지능 규제의 최근 동향과 시사점 – 인공지능에 대한 인격권 보호의 문제를 겸하여 – , 미디어와 인격권 제9권 제2호, 언론중재위원회, 2023.

정종철, 「행정활동으로서의 공익과 사익」, 법학논총 vol.33, no.1, 통권 64호, 국민대학교 법학연구소, 2020.

한민경·박현호·C.W.R Webester·Robert Carr, 「범죄예방 목적의 공공 CCTV 운영 실태 및 개선방안 연구」, 한국형사정책연구원, 2018.

연구보고서
김민·이호중·장여경·조지훈, 「경찰 등 법집행기관의 얼굴인식 감시기술 사용과 인권 문제, 이슈리포트 <정보인권>」 2020-12 통권 제10호, 정보인권연구소.
최미경·최정민, 「CCTV 통합관제센터 운영실태 및 개선방안, 국회입법조사처 입법·정책보고서」 제29호, 국회입법조사처, 2019.

공공기관 단행본
행정안전부·한국정보화진흥원, 통합관제센터 구축 가이드라인-1권 통합관제센터구축 추진전략-, 2011.

언론보도
매일경제, 14만 범죄자 얼굴 3D로 저장…CCTV찍히면 즉각 대조 가능, 2017.03.06. (https://www.mk.co.kr/news/society/7735606)

보도자료
매일노동뉴스, AI가 어린이집 교사 표정 보고 아동학대 감지?, 2021.12.02(https://www.labortoday.co.kr/news/articleView.html?idxno=206193)
법무부 홈페이지, 법무정책서비스 자동출입국심사서비스(https://www.moj.go.kr/moj/193/subview.do – 방문일: 2023.05.05.)
시사저널, [단독] LH, 세종시 봉안리 부적절한 장소 CCTV 설치 '물의'…시민들 "사생활 노출 우려", 2022.06.09(https://www.sisajournal.com/news/articleView.html?idxno=240114), 아시아경제, "앗, 저기 CCTV가 지켜보고 있네"…'사회문제 해결사' vs '빅브라더', 2021.06.16(https://www.asiae.co.kr/article/2021060813413208201)
행정안전부, "지능형 CCTV로 범죄·재난 관리"…법적 근거 올해 마련 [정책현장+], 2023.05.23(https://www.mois.go.kr/video/bbs/type019/commonSelectBoardArticle.do?bbsId=BBSMSTR_000000000255&nttId=100509)

판례 등
개인정보보호위원회 제1소위원회 심의·의결 제2022-113-028호(철도특별사법경찰대의 범죄수사를 위한 대전광역시 보유 CCTV 영상정보 제공 요청에 관한 건)
헌재 1992. 4. 28. 90헌바24, 판례집 4, 225, 230

해외 자료 – 논문

Kop, 「EU Artificial Intelligence Act: The European Approach to AI」, Stanford
 – Vienna Transatlantic Technology Law Forum, Transatlantic Antitrust and
 IPR Developments, Stanford University, Issue No. 2/2021

Denninger, "Freiheit durch Sicherheit?—Wie viel Schutz der inneren Sicherheit
 verlangt und verträgt das deutsche Grundgesetz?", KJ 2002

해외 자료 – 인터넷 자료 등

European Commission, COM/2021/206final, Brussels, 21.4.2021.

European Council, Artificial intelligence act: Council and Parliament strike a
 deal on the first rules for AI in the world, 9.12.2023(https://www.consilium.
 europa.eu/en/press/press−releases/2023/12/09/artificial−intelligence−act−
 council−and−parliament−strike−a−deal−on−the−first−worldwide−rul
 es−for−ai/)

[Abstract]

The problem of using artificial intelligence technology in invasive administrative actions

KIM, MIN KYU*

Artificial intelligence(AI) technology has become a part of our lives today. Traditionally, the development and use of AI technology has been centered around the private sector, but recently, the scope of use of the technology has continued to spread to the public sector. Currently, in the public sector, AI technology is mainly used for simple services that are difficult to call AI technology yet, such as data analysis and Chatbot (civil complaint counseling) services. However, the use of AI technology is gradually being explored in earnest to achieve the purposes of the Police Administrative Act, such as 'public well-being' and 'maintenance of social order'.

In particular, AI technology that uses biometric information, such as facial recognition, is used to confirm an individual's identity by using the face, which is the most important sensitive information for humans, and to search for specific people in the crowd. Usually, in order to search for a specific person, a huge amount of CCTV data must be viewed directly. However, face and behavior recognition technology makes it possible to quickly identify a specific person based on features derived from already collected face or body information. This allows users to manage manpower and time much more efficiently. However, despite these advantages, the various AI technologies that are still being used in our society have many aspects that are not yet clearly in compliance with our legal system, such as the legal basis and principles for their use. Therefore, the use of AI technology for invasive administrative actions, especially 'preventive police activities', requires a very cautious approach.

Legal regulations are considered a critical factor that hinders innovation, but the law is the final gateway to confirming whether science and technology are destructive to society when we encounter new technologies. Therefore, if you want to use AI technology at least in the public sector, and if there is a risk factor such as violating

---

* Research Professor, Dr. Jur., Graduate School of Information Security, Korea University the basic rights of the people, you should go through a process of careful deliberation to establish a legal basis and develop a legal basis for the technology rather than hastily relaxing regulations to promote the technology. A process (procedure) for establishing utilization principles is required. In order to more firmly and thoroughly protect human biometric information, which has immutable and permanent properties, based on the legal principles of the Personal Information Protection Act, the establishment of legal and institutional mechanisms is not an option but a necessity. Now is the time to begin discussions on resolving problems such as invasion of privacy and violation of basic rights caused by the use of AI technology.

• Key Words: artificial intelligence, intrusive enforcement, facial recognition, eu artificial intelligence law, artificial intelligence regulation

4차산업과 노동가치설 그리고 불평등

박윤석 *

　　4차산업혁명에서 인공지능, 빅데이터 등 기술의 중요성이 커짐에 따라 지식재산권의 역할이 더욱 중요해지고 있다. 인공지능 기술은 방대한 인간 노동과 창작 활동에서 비롯된 데이터에 기반하고 있어 인공지능과 빅데이터의 경제적 가치는 인간의 노동 내지 활동에 기반하고 있다. 인공지능의 발전은 인간 노동에 근거하고 있다는 점에서 4차산업에서도 노동가치설은 중요한 논점이며 4차산업의 기반이 되는 지식재산권법은 특허법, 유인이론, 맑스의 경제 이론에서도 개별 주체의 이익추구를 통해 사회 전체적으로 이익을 공유하게 된다는 점을 설명할 수 있다. 특히 지식재산권이 생산의 도구로 활용되기보다 소유 자체가 목적이 되는 현상도 확인할 수 있다.

　　특허법의 역할과 경제적 관점을 통해 기술 혁신과 사회적 효용의 균형을 살펴보면 특허권은 기술 발전을 촉진하지만, 동시에 불공정 경쟁과 독점 문제를 발생시킨다. 특허괴물과 표준필수특허권자의 권리남용 사례를 통해 특허권 남용이 사회적 비효율성을 초래할 수 있다. 기술진보편향성(SBTC)을 통해 기술 발전이 숙련된 노동자와 그렇지 않은 노동자 간의 불평등을 심화시킬 수 있고 온라인 서비스 제공자(OSP)의 면책규정과 가치 격차 문제, 플랫폼 경제와 플랫폼 노동자의 보호에서 지식재산권과 사회적 불평등의 문제가 발생한다. 지식재산권은 기술 발전을 촉진하는 중요한 수단이지만, 특정 분야의 사회적 불평등 문제를 해결하기 위한 법적, 제도적 장치가 필요하다.

---

* 한국지식재산연구원 부연구위원, 법학박사, 경상대학교 일반대학원 경제학과 박사과정 수료.

I. 서론

ChatGPT에게 4차산업이 무엇인지 물었을 때 "4차산업혁명(4차 산업)은 정보기술(IT)과 물리적 공간이 융합되는 새로운 산업혁명을 의미합니다. 이를 통해 기존의 산업 구조와 경제 체제에 큰 변화가 일어나고 있습니다. 4차 산업혁명은 주로 인공지능(AI), 사물인터넷(IoT), 빅데이터, 로봇공학, 3D 프린팅, 블록체인 등의 기술로 이루어져 있습니다."라는 답변을 얻었다. 가장 주목받는 4차산업 기반 기술은 단연 인공지능이라고 해도 될 것 같다. 필자도 과거 법률 서비스 인공지능을 개발하는 회사에서 잠깐 일한 적이 있는데 그때 했던 일은 저작권 관련 판례를 수집하고 그 판례를 인공지능이 학습할 수 있도록 주제 분류, 판결 내용, 판단 근거 등을 체계적으로 분류하는 작업이었다. 보통 하루에 30－40개의 판례를 분석해서 엑셀파일로 정리해서 제출했다. 인공지능 기술에 문외한인 나로서는 인공지능이 제대로 학습하기 위해서 내가 만들어 내는 자료가 얼마나 필요한지 궁금했고 한 개발자는 제대로 학습하려면 1억 개 정도의 자료가 필요하다고 했다. 인간이 자료를 만들어야 인공지능은 학습하며 발전할 수 있다는 점에서 인공지능이라는 4차산업의 기반도 결국 인간의 노동에서 출발할 수밖에 없는 아이러니를 가진 산업이라는 생각을 하게 된다.

이 글에서는 4차산업의 핵심 기술인 인공지능 기술의 출발은 인간 노동의 집약으로 출발했다는 점을 설명하고 유인이론을 중심으로 지식재산권 보호 근거를 살펴보도록 한다. 그리고 4차산업이 우리 사회에 어떤 영향을 줄 수 있는지 사회적 불평등을 중심으로 살펴보도록 한다.

II. 인공지능과 노동가치설

1. 노동가치설과 잉여가치

노동가치설은 이른바 애덤 스미스, 리카도, 맑스로 이어지는 고전파 경제학에서 주장했던 것으로 생산품의 시장 가치를 그것을 생산하는 데 쓰인 노동의 가치로 측정하는 관점이다. 특히 맑스는 상품의 가치가 사회적으로 필요한 노동시간 (social necessary labour-time)으로 결정될 수 있다는 주장을 하였다.[1] 특히 맑스는 "가치로서 모든 상품은 일정한 크기의 응고된 노동시간에 불과하다"[2]라고 주장하였다. 물론 이 주장은 현대의 경제학 관점에서는 많은 비판이 제기되고 있다. 그러나 앞으로 우리가 살펴볼 지식재산권은 인간의 창작활동에 근거한다는 점에서 노동가치설은 지식재산권의 보호 근거가 될 수 있다는 점에서 중요하다.

맑스의 이론에서 중요한 점은 노동과 상품으로서 노동력(labor power)을 구별했다는 점이다. 이 구별은 결국 자본주의가 성장하는 원천인 이윤을 분석하는 출발점이 된다. 상식적으로 100만원을 투자해서 무언가를 만들었을 때 100만원 이상으로 판매해야 이윤이 발생한다. 그렇다면 우리가 아는 이윤이라는 것은 싸게 사서 비싸게 판매해야 발생하는 것인데 맑스는 이 구조가 자본주의 사회 전체에서는 성립되기 어렵다고 판단했다. 자유롭고 평등한 교환관계를 전제하는 자본주의에서 재료와 생산설비를 구매해서 생산하는 사람은 100만원을 투자하여 생산하고 상품을 110만원에 판다고 하여도 이미 100만원을 투자할때 90만원 가치의 재료와 생산설비를 100만원에 구매할 수 밖에 없다.[3] 그렇지 않다면 자유롭고 평등한 교환관계라는 전제가 성립할 수 없고 한쪽에서만 이윤이 발생하는 불공정한 구조가 발생하게 된다. 따라서 자유롭고 평등한 시장을 전제한다면 100만원의 가치가 있는 상품은 100만원에 판매되어야 한다.

그렇다면 과연 이윤은 어디서 얻어지는 것인가에 대해 맑스는 100만원의 가치를 가지는 재료와 생산수단이 110만원의 가치를 가지는 상품을 만들어 내야 한다는 결론에 도달하게 된다. 맑스가 살던 150년 전의 시대환경에서

1) 사회적 필요 노동에 관한 자세한 사항은 김수행 , 자본론 1 (상), 2016, 43면 이하 참조.
2) MEGA, ZWEITE ABTEILUNG, DAS KAPITAL UND VORARBEITEN BAND 10, S. 42. "Als W erthe sind alle Waaren nur bestimmte Maße festgeronnener Arbeitszeit".
3) 내가 100만원짜리를 110만원에 팔 수 있다면 다른 사람도 나한테 100만원짜리를 110만원에 팔 수 있어야 자유롭고 평등한 시장이다. 한쪽만 싸게 살 수 있는 경우는 법률로 강제된 상황이나 계급사회에서나 가능할 것이다.

인간의 노동력만이 더 많은 가치를 생산할 수 있다고 보았다. 인간의 노동과 대비되는 기계는 새로운 가치를 생산하기보다 자신의 가치(기계를 만들 때 필요한 노동력과 자본)를 이전하는 형태로 평가되었다. 생산설비를 1,000만원에 구입하고 이 생산설비가 10년 동안 가동될 수 있다면 1년에 100만원씩 상품에 가치를 이전하고 1년에 100개의 상품이 생산된다면 1개의 상품에는 10만원의 가치가 이전된다. 따라서 기계는 자신의 가치를 평등하게 분할하여 이전하게 된다. 그리고 10년이 지나 1,000만원의 수익이 다시 돌아오면 기계를 교체하고 10년 동안 또 사용할 수 있게 된다. 여기서 1,000만원이 기계의 재생산 가치가 된다.

노동력의 경우 인간의 노동력은 하루하루 재생되고 인간의 노동력을 재생산 할 수 있는 최소한의 환경이 노동력의 재생산 가치가 될 것이다. 노동자의 최소임금이 노동력을 재생산하는 가치가 될 수 있다. 만약 노동자가 하루 살아가는데 5만원이 필요하다면 노동력 재생산 비용이 5만원이 되고 임금의 가치도 5만원으로 결정된다. 그러나 자본가에 자신의 노동력을 판매한 노동자는 자본가가 정한 시간 동안 노동을 제공하고 자신의 노동력 재생산 가치를 초과하는 가치를 생산하여 자본가에게 이전하게 된다. 맑스는 이 가치를 잉여가치라 하였고 자본주의 체계에서 잉여가치가 이윤의 원천이라고 생각했다.[4] 예를 들어 노동자는 5시간만 일하면 자신의 노동력 재생산을 위한 임금의 가치에 해당되는 노동력을 제공한 것이지만 8시간을 일하며 나머지 3시간의 노동력을 통한 가치는 잉여가치로서 자본가에게 이전되고 이것을 맑스는 착취(exploitation)라고 하였다. 맑스 이후 경제학 분야에서 한계효용학파가 주류를 차지하면서 노동가치설은 점점 정당성을 잃어갔지만 4차산업혁명을 이야기하는 지금 시점에서 노동가치설을 지식재산권의 관점에서 다시 살펴보려고 한다.

---

4) 자본주의 가치증식과정에 대한 자세한 내용은 김수행, 자본론 I (상), 248면 이하 참조.

2. 인공지능 시작의 빅데이터

(1) 빅데이터의 기반인 인간의 창작활동

인터넷이 발달하고 컴퓨팅 기술이 대용량의 데이터를 처리할 수 있게 되었다. 우리 사회에서 빅데이터의 활용이 가능해지자 빅데이터는 우리 생활 곳곳에서 활용되기 시작하였다. 인공지능(AI)과 빅데이터는 상호 보완적인 관계를 가지고 있다. 빅데이터는 AI 모델을 훈련시키는 데 필요한 대량의 데이터를 제공하고 AI는 이러한 데이터를 분석하고 패턴을 찾아내어 예측, 분류, 의사결정 등을 수행하게 된다. 결국 빅데이터는 AI의 성능을 높이는 데 필수적이며, AI는 빅데이터에서 의미 있는 정보를 추출하여 실질적인 가치를 창출한다.

빅데이터는 종류와 유형에 따라서 수집 대상 및 방법이 다를 수 있지만 인공지능 학습을 위한 빅데이터의 수집은 대부분 인간의 지적 또는 신체적 활동에 관한 빅데이터 수집에서 시작된다. 10년 전쯤 IBM이 개발한 왓슨은 의료영상 분석을 위한 인공지능이었다. 왓슨은 인간의 의료활동을 통해 축적된 영상 관련 빅데이터를 이용하여 개발되었다. 날씨, 태풍, 우주 관측과 같은 자연 현상에서 정보를 축적하는 빅데이터는 관측기계의 정밀함이 필요하지만 인간의 창작활동에서 정보를 축적하는 빅데이터는 법률적 충돌을 발생시킨다.

창작물을 만들어 낼 수 있는 생성형 인공지능의 경우 학습데이터는 대부분 인간이 만들어낸 창작물이고 이러한 자료들은 대부분 저작권의 보호를 받는다. 그림을 그리는 인공지능을 학습시키기 위해서는 인간이 그린 그림을 기초로 하는 데이터가 필요하고 소설을 만드는 인공지능은 인간의 어문 저작물이 학습데이터로 필요하다. 논리적으로는 인공지능이 학습하기 위한 빅데이터를 수집하기 위해서 저작권자로부터 이용허락을 받아야 하지만 대량의 학습데이터를 생산하고 인간이 저작물을 이용하는 것이 아니기에 처음부터 저작권자의 허락 요건은 인공지능 개발의 주요사항이 아니었다.

유럽연합은 인공지능 개발과 빅데이터 활용에 대한 법적 규제를 완화하면서 저작권자들의 권리를 보호한다는 측면에서 텍스트 마이닝에 관한 공정이용 규정을 도입하였다.5) 일본 또한 마찬가지로 인공지능 개발을 위한 빅데이터 수집에 적용되는 공정이용 규정을 도입하였다.6) 이러한 규정들 인공지

---

5) 유럽연합 단일시장지침 제3조 과학적 연구 목적의 텍스트 및 데이터 마이닝
  (1) 회원국은 연구기관과 문화유산기관이 과학적 연구 목적으로 그들이 합법적인 접근 권한을 가지는 저작물이나 그 밖의 보호대상을 텍스트 및 데이터 마이닝을 수행하기 위해 복제하고 추출하는 것에 대해 데이터베이스보호지침 제5조(a)와 제7조 제1항, 정보사회저작권지침 제2조 및 이 지침 제15조 제1항에 규정된 권리에 대한 예외를 규정하여야 한다.
  (2) 제1항에 따라 만들어진, 저작물이나 그 밖의 보호대상의 복제물은 적절한 수준의 보안을 갖춰 저장하여야 하고, 연구결과의 검증 등 과학적 연구 목적을 위해 유지할 수 있다.
  (3) 권리자들은 저작물이나 그 밖의 보호대상이 호스팅되는 네트워크와 데이터베이스의 보안과무결성을 보장하기 위한 조치를 적용하는 것이 허용되어야 한다. 그러한 조치는 그 목적을 달성하는 데에 필요한 수준을 넘어서서는 안 된다.
  (4) 회원국은 권리자, 연구기관 그리고 문화유산기관이 제2항과 제3항에 각각 언급된 의무와 조치의 적용에 관하여 통상적으로 합의된 최적 관행을 정의하도록 권장하여야 한다.
  제4조 텍스트 및 데이터 마이닝을 위한 예외와 제한
  (1) 회원국은 텍스트 및 데이터 마이닝을 목적으로 합법적으로 접근 가능한 저작물과 그 밖의 보호대상의 복제와 추출을 위해 데이터베이스지침 제5조(a)와 제7조제1항, 정보사회저작권 지침 제2조, 컴퓨터프로그램지침 제4조 제1항(a)와 (b) 그리고 이 지침 제15조 제1항에 규정된 권리에 대한 예외와 제한을 규정하여야 한다.
  (2) 제1항에 따라 만들어진 복제물과 추출물은 텍스트 및 데이터 마이닝 목적으로 필요한 한 보관될 수 있다.
  (3) 제1항에 규정된 예외와 제한은 제1항에 언급된 저작물과 그 밖의 보호대상의 이용이 권리자에 의해, 콘텐츠가 온라인으로 공중에게 이용 제공되는 경우에 기계가독형 수단 등, 적절한 방법으로 명시적으로 유보되지 않았다는 것을 조건으로 적용되어야 한다.
  (4) 이 조항은 이 지침 제3조의 적용에 영향을 미쳐서는 안 된다.
6) 제30조의4(저작물에 표현된 사상 또는 감정의 향수를 목적으로 하지 않는 이용) 저작물은 다음의 경우, 그 밖에 해당 저작물에 표현된 사상 또는 감정을 스스로 향수하거나 다른 사람에게 향수하게 하는 것을 목적으로 하지 않는 경우에는, 필요하다고 인정되는 한도에서 어떠한 방법으로든 이용할 수 있다. 다만, 해당 저작물의 종류나 용도 및 해당 이용 형태에 비추어 저작권자의 이익을 부당하게 침해하는 경우에는 그러하지 아니하다.
  1. 저작물의 녹음, 녹화, 그 밖의 이용에 관련된 기술 개발 또는 실용화를 위한 시험용으로 제공하는 경우
  2. 정보 분석(다수의 저작물, 그 밖에 대량의 정보로부터 해당 정보를 구성하는 언어, 소리, 영상, 그 밖의 요소에 관련된 정보를 추출, 비교, 분류, 그 밖에 분석하는 것

능 개발을 위한 빅데이터 수집을 통해서 경제적 가치를 만들어 가는 과정에서 인간의 창작물이 사용되는 반면 인공지능 및 빅데이터를 통한 경제적 이익에서 창작자들에게는 그 이익이 분배되지 않는다는 문제를 수정하고자 나온 것들이다.

창작활동에 사용되는 인공지능을 개발하기 위한 자료는 모두 인간의 창작활동에 기반한 빅데이터라는 점을 본다면 4차산업혁명의 핵심 기술인 인공지능 또한 인간의 노동 및 창작 활동의 집합에 기반하고 있다. 인공지능 기술의 기초는 인간 노동의 집약이라는 점은 4차산업에서도 노동가치설이 필요한 이유를 보여준다.

(2) 플랫폼을 통한 인간 선택의 빅데이터 수집

요새는 플랫폼을 통해 다양한 대량의 데이터가 수집된다. 또한 빅데이터와 플랫폼 알고리즘은 떼려야 뗄 수 없는 관계이다.[7] 머신러닝의 예에서 알 수 있듯이, 데이터 없이는 플랫폼 알고리즘이 발전할 수 없지만 플랫폼 알고리즘이 없다면 빅데이터도 형성되지 않았을 것이다. 플랫폼, 빅데이터, 인공지능은 하나의 과정 속에 불가분적으로 결합하여 이윤을 창출한다.[8] 우리가 매일 접속해서 사용하는 소셜 미디어에서 우리가 선택을 할때마다 우리의 선택은 데이터화되어 새로운 정보를 창출하게 된다. 구글, 페이스북 같은 기업의 주요 수입원 중 하나는 회원들에 대한 개인정보와 같은 빅데이터를 활용하는 것이다.[9] 플랫폼상에서 소비자의 활동을 모니터링하여 데이터화 하는 기술을 개발하는 것도 중요하지만 핵심은 소비자의 활동이라는 점에서 플랫폼이 빅데이터로 발생하는 경제적 가치의 일부에 소비자들의 기여도가

을 말한다. 제47조의5 제1항 제2호에서도 같다)용으로 제공하는 경우
3. 전 2호의 경우 외에, 저작물의 표현에 관한 사람의 지각에 의한 인식을 수반하지 않고 해당 저작물을 전자계산기에 의한 정보처리과정에서의 이용, 그 밖의 이용(프로그램 저작물의 경우 해당 저작물의 전자계산기에 의한 실행을 제외한다.)에 제공하는 경우
7) 금민, 『모두의 몫을 모두에게』. 동아시아출판사, 2020년, 162면.
8) 금민, 플랫폼 자본주의와 기본소득, 마르크스주의 연구』 제17권 제3호. 2020, 46면.
9) [https://www.khan.co.kr/it/it-general/article/202209141742001]

분명이 존재한다. 플랫폼과 빅데이터 그리고 인공지능으로 이어지는 기술개발과 산업혁명의 중심에도 인간의 창작과 노동 그리고 선택이 항상 존재하는다는 점은 인공지능의 활용이 모든 사람에게 개방되어야 한다는 근거를 제공할 수 있다

Ⅲ. 4차산업에서 산업재산권법의 역할

1. 산업재산권법의 역할

특허법 제1조에서 이 법은 발명을 보호·장려하고 그 이용을 도모함으로써 기술의 발전을 촉진하여 산업발전에 이바지함을 목적으로 한다라고 규정하고 있다. 특허법의 최종 목적은 기술발전의 촉진이라고 규정하면서 그 수단과 방법으로는 발명의 보호와 발명의 장려 그리고 발명 이용의 활성화를 방법으로 규정하고 있다.

기술 발전 촉진을 위한 특허 제도의 기본은 새로운 기술의 공개이다. 발명이 특허 출원되면 이제까지 세상에 알려지지 않았던 기술이 출원일로 부터 최대 18개월 이후에 세상에 공개되고 전파된다. 다만, 특허 발명이 등록되면 출원일로부터 20년간 특허권자만이 특허 발명의 생산, 이용, 판매를 독점하게 된다. 기술은 전파되지만 이론적으로 독점권은 20년간 존재하게 된다. 그러나 대부분의 특허발명은 20년의 존속기간을 채우지 못한다. 실무적으로 특허권 등록이 유지되기 위해서 특허권자는 특허청에 매년 등록료를 납부해야 한다. 그러나 특허 발명의 경제적 가치가 없는 경우 대부분의 특허권자들은 특허등록료를 납부하지 않고 특허를 종료시킨다.

우리나라 통계자료를 통해 확인해본 결과 선풍기 특허의 경우 1980년부터 2004년까지 20년간의 권리 존속기간을 모두 충족한 특허의 비율은 13% 정도였다.

[그림] 선풍기 관련 특허 출원/등록/존속기간 만료 현황

그 이외의 특허기술들은 20년이 되기 전에 대부분 소멸하여 모든 사람이 이용할 수 있는 공지기술이 되어버린다. 형식적인 측면에서만 보면 기술을 공개하고 독점기간이 20년보다 단축된다는 측면에서는 특허법은 기술전파에 기여하는 것으로 볼 수 있다. 공개하되 독점권을 얻을 수 있기 때문에 기술 개발을 통해 독점권을 얻고자 기술 혁신이 증가하고 기술 전파를 확대시킨다는 특허법의 역할은 기술 분야마다 상이한 결과를 가져오기도 한다. 그러나 특허법의 기본적 구조와 목적은 기술혁신과 전파에 적합한 것으로 판단된다. 다만, 이를 활용하는 권리자의 행동이 권리의 남용을 가져오는 문제점이 존재하게 된다.

10년 전부터 제기된 특허 괴물(patent troll), 표준필수특허권자의 권리남용 사례들은 특허권의 순기능보다 특허권이 사회적 비효율성 또는 상대 경쟁자와 자유롭고 공정한 경쟁을 제한하는 수단으로 사용되고 있다는 점을 보여준다. 특허 제도의 순기능이 기술 발전의 촉진과 기술 전파의 촉진이라고 한다면 기술장벽, 권리남용 행위들이 단점이라고 볼 수 있다.

2. 경제학적 관점

이론적으로 정보재(information goods)와 같은 지식재산은 무한 복제가 가능하기 때문에 유체물의 생산과 소비에 적용되는 경제학 이론에 따르면 가격을 가지지 않을 수도 있다. 상품 1개의 가격을 산정할 때 총생산비용/총수량으로 나누어 보면 1개당 생산가격이 나올 수 있게 되는데 지식재산 상품의 경우 총수량이 무한대로 늘어날 수 있기 때문에 총비용/총수량이 0에 수렴하게 된다. 그러나 총수량이 무한대로 늘어난다는 점에 이의제기가 가능하다. 지식재산을 인간이 인식하거나 활용할 수 있기 위해서는 인간의 오감에 따라 인식이 가능해야 한다. 기술은 유체물에서 구현되어야 하며 그림은 캔버스라는 유체물에 표현되어야 활용될 수 있다. 소설 또한 종이라는 유체물에 기록되어야 다른 사람들도 읽을 수 있게 된다. 결국 지식재산은 유체물이라는 틀에 담겨야 사람들에게 이용되고 전파될 수 있다.

이러한 유체물의 틀에 혁신을 가져온 것이 디지털 기술이다. 종이 신문을 인쇄하여 배포하기 위해서는 장소와 기계가 필요했기 때문에 종이 신문을 무한대로 공급한다는 것은 실질적으로 불가능하였다. 그러나 디지털의 경우 복제비용이 0에 수렴하기 때문에 인터넷과 컴퓨터프로그램만 있다면 신문을 무한대로 공급하는 것이 가능할 수도 있다. 하지만 이 디지털 기술도 복제와 공급을 무한대로 할 수 있다는 점에 대해서는 고려해야할 사항이 있다. 예를 들어 서버에 신문을 업로드 해 놓고 접속자에게 다운로드 받거나 또는 스트리밍서비스를 제공한다고 가정해보면 접속자가 많아질수록 운영에 들어가는 데이터 처리비용, 서버 관리 및 운영비용 등이 상승하기 때문에 무한대의 디지털 자료 공급은 이론적으론 가능하지만 실제로 어려울 수 있다. 구글 데이터 서버는 전 세계에 분포하고 특히 서버 및 빅데이터 운영을 위한 데이터 센터에 필요한 전력사용은 디지털 사용의 비용 상승을 불러온다. 결론적으로 지식재산의 무한공급도 일정한 공급량을 초과하게 되면 한계비용(marginal cost)이 발생할 수밖에 없다. 따라서 지식재산 상품에게도 한계비용은 0이

아니라 존재하게 되고 그래프를 그려보면 다음과 같다.10)

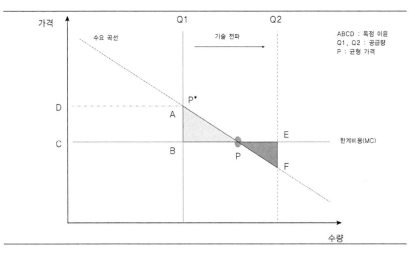

이 그래프에서 확인할 수 있는 것은 Q1이 지식재산권자의 공급량이라면
ABCD만큼의 독점이윤이 발생하고 지식재산권을 얻으려는 목적도 이 부분
의 이윤일 것이다. 그러나 균형의 관점에서 균형가격은 P이지만 가격이 A로
상승하게 되고 사회적 손실(ABP)이 발생하게 된다. 특허권과 같은 독점권이
사라지면 공급량이 늘어나면서 가격이 균형가격점까지 하락할 수 있다.

지식재산권자에게 독점을 허용하는 이유는 새로운 창작물이나 발명품을
개발하는 과정에는 상당한 비용과 자본이 필요하고 발명의 실패 가능성도
존재하기 때문에 높은 투자 비용을 담보할 수익이 필요하게 된다. 만약 누구
나 발명과 창작물을 자유롭게 사용할 수 있다면 창작자나 발명가는 그로부
터 얻을 수 있는 수익을 잃게 될 것이다. 따라서 발명가나 창작자에게 독점
적으로 이용할 수 있는 권리를 부여함으로써 그로부터 경제적 이익을 얻을
수 있는 기회를 제공해야 한다. 이러한 개별 목적이 종합되어 최종 목적은
기술 혁신의 촉진이 발생한다는 것이다. 이러한 지식재산권 보호는 창작자
와 발명가에게 경제적 유인을 제공함으로써 더 많은 사람들이 창작과 혁신

---

10) 한계비용은 상품을 1단위 추가적으로 생산하거나 공급할 때 발생하는 비용으로 상품 1단
위 가격이 한계비용보다 낮아지게 되면 생산 또는 공급을 중단하는 것이 효율적이다.
가장 효율적인 생산량은 한계비용과 상품의 가격이 동일할 때까지 생산하는 것이다.

에 참여하도록 장려할 수 있고 이는 전체적으로 사회의 기술과 문화 발전을 촉진시키는 결과를 가져올 수 있다. 또한 권리기간이 종료되면 모든 혁신은 공공의 영역에서 자유롭게 이용될 수 있기 때문에 장기적으로는 지식과 기술의 확산에 기여한다고 볼 수 있다.

3. 맑스 이론에 따른 유인이론의 해석

앞서 설명한 유인이론의 기본적 틀은 개인들에게 독점권이라는 유인을 제공하고 기술을 촉진하여 사회 전체적으로 기술 발전을 촉진시킨다는 것이고 이것은 맑스의 잉여가치 이론과도 부합한다. 맑스는 이윤의 원천을 잉여가치로 보았고 이 잉여가치는 절대적 잉여가치와 상대적 잉여가치로 구분하였다. 노동자가 노동을 통해 잉여가치를 생산하는 것은 노동시간에 비례하기 때문에 노동시간이 길어질수록 잉여가치가 증가한다. 따라서 19세기 후반 노동자들의 노동시간이 12시간을 초과했다는 것은 노동량에 따른 절대적 잉여가치의 생산을 추구했다는 것을 보여준다. 그러나 노동시간을 늘이는 절대적 잉여가치 추구의 방식은 노동자 집단의 저항에 부딪히게 된다. 따라서 자본가들은 다른 방식을 통해 잉여가치를 추구하게 된다. 예를 들어 노동자 1명이 8시간 공장에서 일해서 하루에 신발 10개를 생산할 수 있다고 가정해 보자. 신발을 하루에 20개 생산하려면 노동자를 1명 더 고용하거나 노동시간을 16시간으로 늘려야 한다. 노동자 고용은 비용이 발생하고 노동시간 연장은 법률 규제 때문에 불가능하다. 그렇다면 다른 방법은 생산성을 높이는 방법이고 여기서 기술 또는 혁신이 필요하게 된다.

이러한 구조를 맑스는 특별잉여가치와 상대적 잉여가치로 설명하였다. 우리 사회에서 신발 1개의 생산 가격이 만원이라고 하면 자본가들은 기술개발 또는 생산과정의 효율화를 통해 생산가격을 8,000원으로 낮추게 된다. 기술개발에 성공한 자본가는 2,000원의 차익을 얻게 되고(만원에 판매되기 때문에) 이것이 초과이윤(특별잉여가치)에 해당된다. 그러나 이 초과이윤은 영원한 것이 아니라서 다른 경쟁자들도 기술개발을 하고 생산 효율화를 통해 생산가격을 8,000원으로 낮추게 되면 기술개발에 성공한 최초 자본가의 특별잉여가치는 사라지게 된다. 이 과정이 반복되면 개별 자본가들은 특별잉여가치 추구 노력에 의해 사회 전체적인 생산성이 높아져서 상품의 가치가 하락하게 되고 자본가는 임금을 낮출수 있게 되어 상대적 잉여가치를 계속 얻을 수 있게 된다.[11] 쉽게 설명하면 과거에 노동시간이 8시간이라고 한다면 노동의 가치가 전체 노동 시간인 8시간에서 5시간만 일해도 하루하루 살아가는 비용을 충당할 수 있었는데 기술이 발전하고 상품가치가 하락하면서 3시간만 일해도 하루하루 살아가는 비용을 충당할 수 있게 되었다는 것이다. 그러면 8시간 중 3시간을 제외한 5시간은 자본가의 이윤을 위한 잉여가치를 생산하는 시간이 된다. 자본가에게는 이 시간이 3시간에서 5시간으로 증가하여 상대적 잉여가치가 증가하게 된다. 결과적으로 초과이윤을 얻기 위해 개별 자본가들이 상품가격의 인하를 도모하는 과정(주로 기술개발 및 혁신)에서 개별 자본가들이 의식하지 못하는 사이에 사회 전체적으로 상대적 잉여가치가 발생하게 된다는 것이다.[12]

아마도 맑스 이론에서 지식재산권은 특별잉여가치가 경쟁을 통해 사라져야 다시 기술혁신 노력을 통해 자본가들이 특별잉여가치를 얻기 위해 노력하는데 이 특별잉여가치(초과이윤)를 법적으로 일정기간 동안 유지해주는 역할(지식재산권의 보호기간 의미)을 하기 때문에 개별 자본가의 초과이윤 추구에는 도움이 되지만 사회 전체적인 상대적 잉여가치 발생을 저해하는 장애물로 인식될 수도 있다. 그러나 자본주의 이윤추구의 동기는 상당한 것이라 법적으로 보호되는 특별잉여가치를 뛰어넘는 기술개발 및 혁신을 이루려는 자본가의 동기는 충분할 것이라고 생각된다.

우리나라 특허법 제1조의 목적 규정도 그렇고 유인이론과 맑스의 이론에서도 일정기간의 독점권 부여로 기술 혁신을 촉진하고 개인에게 독점권을

---

11) 노동자가 노동력을 판매할 때 그 가치는 재생한 할 수 있는 비용이 판매가격이 된다고 보면 노동에 대한 임금은 노동자가 하루 살아갈 수 있는 비용이 된다. 따라서 사회 전체적으로 노동자의 생필품 가격이 낮아지면서 자본가 얻게 되는 상대적 잉여가치가 늘어나게 된다. 자세한 설명은 김수행, 앞의 책, 103면 이하 참조.

12) 욘 엘스터, 진석용 옮김, 마르크스 이해하기 1, 2015, 233면 이하 참조.

주는 과정에서 독점, 불공정 경쟁, 불평등과 같은 현상이 발생하지만 기술의 공개와 전파 그리고 권리의 소멸을 통해 사회 전체의 이익에 도움일 될 것이라는 최종 목적은 유사하다. 다만 특허제도의 방점을 어디에 둘 것인지에 따라서 특허제도의 문제점에 대한 해결방식도 달라질 것이다.

Ⅳ. 지식재산권과 불평등

1. 불로소득과 지식재산

과거와 비교하여 지식재산권 보호를 통해 독점할 수 있는 지식재산의 범위가 넓어졌다. 우리나라 부정경쟁방지법 제2조 제1호 파목에 규정된 성과보호 규정만 예를 들더라도 타인의 상당한 투자나 노력으로 만들어진 성과 등을 공정한 상거래 관행이나 경쟁질서에 반하는 방법으로 자신의 영업을 위하여 무단으로 사용함으로써 타인의 경제적 이익을 침해하는 행위를 금지하고 있다. 지식재산의 보호는 특정한 기준을 충족해야지만 보호를 받을 수 있기 때문에 진보성과 신규성이 없는 발명은 특허권으로 보호받지 못하고 창작성이 없는 창작물은 저작물로서 보호받지 못한다. 그러나 우리나라 부정경쟁방지법은 이러한 보호기준은 지식재산의 보호 기준을 우회해서 자본과 노동이 투입된 것이라면 대부분 보호대상에 편입시켰다.

상표권의 경우를 보더라도 과거 상표의 유형은 문자, 그림, 도형, 입체 등 소비자가 일반적으로 인식할 수 있던 대상이 상표였다. 그러나 상표권이 확대되면서 소리, 냄새, 색상까지 상표로서 독점적인 지식재산권의 대상이 되었다. 냄새에 대한 상표로서 독점권을 부여한다고 하지만 아직까지 냄새에 대한 상표는 흔한 경험의 대상이 되지 못하고 있다. 이렇게 지식재산 대상의 범위가 확대되는 것은 지식재산을 통해 창출되는 가치가 지대추구의 성격을 가지고 있기 때문이다. 한번의 노동과 자본의 투자로 지속적인 가치창출이 가능하기 때문에 사용보다 소유에 초점이 맞춰지고 있다. 즉 기업에 대해서 생각할 때 우리는 경제를 3가지 활동 부분, 즉 원재료 추출, 제품 제조, 서비스 제공으로 나누어 생각할 수 있지만 지식재산을 활용하는 부분에서 추출, 제조, 서비스가 아니라 관리만을 핵심으로 하는 소유형태가 존재하게 된다. 지식재산이 생산에 기반하여 가치 생산의 중심이 아니라 지식재산의 중심이 소유에 목적을 두게 되어 다른 생산자가 생산하는 가치를 이전받는 도구로 활용되는 경우가 많아졌다.[13]

2. 비생산적인 기업가정신

앞서 살펴보면 바에 따르면 긍정적 효과도 존재하지만 특허제도의 부정적 영향도 존재한다. 특허제도는 기술공개를 통한 일정 기간 동안의 독점권 부여라는 형식을 가지고 있지만 이 제도를 활용하는 권리자의 의도에 따라 다른 영향을 줄 수 있다. 과거 사례에서 증기기관을 발명한 제임스 와트가 특허를 등록받았고 와트가 특허를 보유하고 있는 동안 그의 발명기술은 제대로 확산 되지 못했다는 주장도 있으며 그는 엔진을 실질적으로 개선하고 생산하는 것보다 자신의 독점권을 확보하고 보존하는 법적 조치를 취하는 데 더 많은 시간을 할애 했다고 한다.[14]

또한 오늘날의 특허제도는 '비생산적인 기업가 정신'을 발휘하는 근거가 되는데 독점을 강하고 시장지배력을 남용하거나 지식의 확산을 막을 수 있고, 후속 혁신을 저해할 수 있고, 공적으로 자금을 받았거나 집합적으로 이뤄진 연구의 결과가 쉽게 사유화될 수 있게 한다.[15] 특히 특허 시스템은 특허 괴물과 방어적 특허 보유와 같은 기생적인 생태계를 형성하고 이런 종류의 특허 전략을 취하는 사람들은 혁신의 결과를 자기가 가져갈 수 없다면 혁신을 막거나 아니면 방해라도 하려고 한다.[16]

이런 사례 중에 대표적인 것이 표준필수특허(Standard essential patents)를

---

13) 브렛 크리스토퍼스, 불로소득 자본주의시대, 2024, 24면.
14) 이상미, 창조적 파괴에 있어 특허의 역할, 서강법률논총 제11권 제1호 (2022), 243면 이하 참조.
15) 마리아나 마추카토, 안진환 옮김, 가치의 모든 것, 2020년. 340면.
16) 마리아나 마추카토, 안진환 옮김, 가치의 모든 것, 2020년. 341면.

둘러싼 논쟁이다. 특정한 기술이 표준화되기 전에 이와 관련된 특허를 보유한 자가 자신의 특허권 보유 사실을 숨기고 표준 기술로 선정이 된 후에 시장지배력을 얻고 그 후에 표준 기술 이용자들에 대해서 특허권 침해 소송을 제기하거나 상당한 라이선스료를 요구하는 사례가 있었다.[17] 가장 대표적인 표준필수특허 사례는 유럽연합 사법재판소의 Huawei v ZTE 사례이다.[18] 사건의 핵심은 표준필수특허권자의 특허권 행사가 특허권 남용에 해당할 수 있는지 여부였는데 유럽법재판소는 표준필수특허권자라 하더라도 당연히 시장지배력을 가지는 것은 아니고 시장지배력 요건을 갖추는지 판단이 필요하다고 보았으며 FRAND조건으로 이용허락 할 것을 확약한 표준필수특허 보유자가 금지청구 소송을 제기하는 것은 엄격한 요건에 따라 남용행위에 해당될 수 있음을 확인하였다. 표준필수특허권자의 권리행사가 기업 경쟁과 산업에 큰 영향을 미치기 때문에 유럽연합은 2023년에 표준필수특허의 사용을 용이하게 할 수 있는 유럽연합 규정의 초안을 제안한 상태이다. 특허제도가 특허권자의 행사까지 규제할 수는 없기 때문에 특허권의 행사가 남용되거나 사회적 이익에 부합되지 않는 경우 이를 규제할 제도적 장치도 함께 고려되어야 한다.

3. 지식재산권과 불평등

불평등은 유형과 범위에 따라 다양한 의미를 가질 수 있다. 불평등을 평가하는 기준 중에 대표적인 것은 수직적 불평등과 수평적 불평등이 있다. 수직적 불평등(Vertical Inequality)은 주로 사회 계층, 경제적 지위, 소득 수준, 권력 등의 차이를 기반으로 한 불평등을 의미한다. 사람들이 소득, 부, 교육, 직업 지위 등의 측면에서 위계질서에 따라 분포되는 것을 의미한다. 예를 들어 소득 불평등, 직업 불평등, 교육 불평등이 있다. 수평적 불평등(Horizontal Inequality)은 주로 성별, 인종, 민족, 지역, 종교 등의 차이에 기

---

17) 오승한, "표준필수기술 선정절차에서 기만적 FRAND 확약을 제출한 특허권자의 권리실행 제한에 관한 연구", 지식재산연구 제7권 제4호(2012. 12) 참조.
18) ECLI:EU:C:2014:2391.

반한 불평등을 의미한다. 이는 동일한 사회적 계층이나 경제적 수준 내에서
발생하는 차별이나 불평등이다. 예를 들면 성 불평등, 인종 불평등, 지역 불
평등이 있다. 수평적 불평등은 동일한 경제적 지위나 사회적 위치에 있는 사
람들이 비경제적 속성(예: 성별, 인종) 때문에 겪는 불평등을 설명하는 데 사
용된다.

특허 제도는 독점을 전제하기 때문에 불평등이 전제이다. 독점은 집중을
의미하고 독점적 상황은 불평등의 전제가 된다. 따라서 모든 사람이 사용할
수 있는 기술을 권리자만이 독점하는 상태는 불평등하다고 전제할 수 있다.
이런 논리와 동일하게 사유재산에 대한 논의가 있을 수 있지만 지식재산은
비경합성과 비배제성을 가지기 때문에 모든 사람이 공유할 수 있는 자원이
라는 차이점이 존재한다. 따라서 사유재산을 독점이라고 생각하지 않지만
지식재산 소유를 독점이라고 생각하고 지식재산의 접근 기회가 불공평하다
는 점에서 불평등하다고 생각할 수 있다.

특허발명의 증가와 같은 기술혁신이 수직적 불평등에 기여하는지 여부에
대한 선행연구는 다양한 결과를 내놓고 있다. Donegan, M., & Lowe, N.
(2008)[19])에서는 혁신이 높을수록 불평등도 높아지는 양의 관계 있고 지식재
산 활동이 활발한 도시일수록 임금 불평등이 높을 수 있다고 보았다. Lee,
N. (2011)[20])에서는 특허로 측정한 혁신과 불평등 사이의 양의 관계가 존재
할 수 있다고 하면서 지식 기반 산업의 고용 비율과 불평등 사이에는 거의
연관성이 없다고 판단하였다. Breau & Bolton(2014)[21])에서 혁신활동이 활
발한 도시일수록 소득 분배 측면에서 더 불평등하다는 결과를 나타냈다.
Aghion, Akcigit, Bergeaud, Blundell & Hémous(2015)[22])에서는 미국에서

19) Donegan, M., & Lowe, N.(2008). Inequality in the Creative City: Is There Still
a Place for "Old-Fashioned" Institutions? Economic Development Quarterly,
22(1), 46-62.
20) Lee, N. (2011). Are Innovative Regions More Unequal? Evidence from Europe.
Environment and Planning C: Government and Policy, 29(1), 2-23.
21) Breau, S., Kogler, D. F., & Bolton, K. C. (2014). On the Relationship between
Innovation and Wage Inequality: New Evidence from Canadian Cities.
Economic Geography, 90(4), 351-373.
22) Aghion, P., Akcigit, U., Bergeaud, A., Blundell, R.,& Hémous, D. (2015).

다양한 혁신성 측정과 상위 소득 불평등 사이의 긍정적이고 유의미한 상관관계가 존재할 수 있다고 보았다. 이와 같이 여러 연구에서 지식재산권의 증가와 불평등에 상관관계가 존재할 수 있다는 것을 보이고 있다.

(1) 기술진보편향성(skill-biased technological change : SBTC)

숙련 편향적 기술진보는 기술혁신에 따른 생산현장 내 숙련된 근로자의 상대적 증가 및 이에 따른 고용구조의 고도화를 일컫는 개념이다. 숙련 편향적 기술 변화는 생산기술의 편향적인 이동을 야기한다. 기술혁신에 의한 신기술 개발은 생산현장에서 관련 지식을 보유한 근로자 또는 새로운 생산방식을 습득하는 데 필요한 기반 지식 및 숙련을 확보한 근로자의 한계생산성을 상승시켜 이들에 대한 상대적 수요 증가를 야기한다.[23]

과거 19세기 산업혁명 이후의 기술발전은 자연력을 인간이 통제할 수 있는 방향으로 발전하였다. 성인 남성 노동자만이 할 수 있었던 일을 어린 노동자들도 할 수 있게 인간의 노동을 대체하는 방향으로 발전하였다. 이와 관련한 대표적 사례는 러다이트 운동(Luddite movement)으로 19세기 초 영국에서 일어난 기계 파괴 운동이다. 이 운동은 산업혁명으로 인해 기계화가 급속히 진행되면서 숙련된 노동자들이 일자리를 잃고 임금이 감소하는 등의 경제적 어려움을 겪게 되자 시작되었다. 이때의 기술발전은 숙련 노동자의 노동을 대체하는 기술의 발전이 주를 이루었다. 그러나 지금은 기술이 고도화되면서 숙련된 기술자에 대한 수요가 증가하여 기술혁신에 맞는 교육과 경험을 갖추지 못한 미숙련 노동자들이 고용에서 배제되는 현상이 문제 된다. 이것은 기술혁신에 적응한 사람과 그렇지 못한 사람의 불평등을 낳게 되고 산업에서도 특허발명과 같은 혁신의 양에 따른 불평등도 존재할 수 있다는 점을 시사할 수 있다. 아래 자료 통계를 보면 2000년 초부터 우리나라에서 특허 출원 및 등록 수는 폭발적인 증가를 기록한다.

Innovation and Top Income Inequality (Working Paper No. 21247). National Bureau of Economic Research.

23) 여영준 외 3명, "디지털전환 시대 기술진보 편향성과 거시경제적 효과 파급경로에 대한 고찰", 한국혁신학회지 제16권 제4호, 2021, 331면.

[그림] 특허 출원/등록 건수 통계(1980년~2022년)

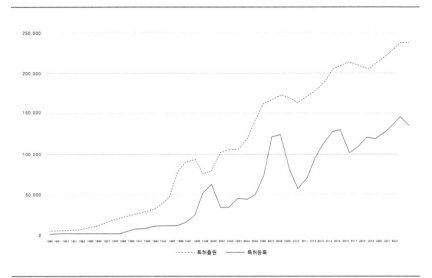

그리고 1993년부터 2008년 기간 우리나라에도 숙련 편향적 기술진보가 발생한 것으로 나타난다.[24] 그러나 우리나라의 경우 대졸-고졸 노동자의 대체탄력성은 미국을 대상으로 한 기존의 추정치보다 대단히 큰 값으로 추정되었다. 높은 수준의 대체탄력성은 숙련 편향적 기술진보가 대졸 프리미엄에 미치는 양적 효과는 제한적이라는 것을 의미한다. 특허 출원 및 등록 수의 증가를 통한 기술의 고도화가 기술 적응력을 가진 노동자의 수요만을 상승시킨다면 경제적 수익 측면에서도 불평등이 발생할 수 있다.

(2) OSP 면책 규정과 가치 격차

미국은 DMCA를 통해 저작권법 제512조에 온라인서비스제공자의 책임 제한 규정을 1998년에 처음으로 도입하였고 우리 저작권법에는 2003년에 규정되었다. 이후 우리나라는 한미FTA 체결을 통해 미국과 유사한 수준의

---

24) 김시원, "숙련 편향적 기술진보와 학력별 노동자의 임금 격차: 산업 간 패널자료를 이용한 실증분석" 국제경제연구 제28권 제3호, 41면 이하 참조.

OSP 제한 규정을 도입하게 된다. OSP 제한 규정이 도입된 지 26년의 시간이 지났고 그동안 디지털 기술 변화는 상당할 정도로 진행되었다. 이와 함께 플랫폼 경제라는 말이 나올 정도로 OSP들이 가지는 독점과 네트효과로 인해 특정 OSP는 글로벌 기업으로 성장할 수 있게 되었다. 이와 함께 OSP가 얻는 경제적 가치의 분배가 불평등하다는 의견으로서 가치격차(value gap)에 대한 주장이 제기되었다.

OSP 책임 제한 규정은 OSP 내에 저작권 침해 콘텐츠가 유통된다고 하더라도 권리자의 신고를 통해 통지–차단(Notice and Takedown) 절차를 이행하면 저작권 침해 책임을 면제해 준다는 것이 핵심이다. 그러나 이러한 면책 규정은 일정한 정도의 불법 콘텐츠의 유통이 OSP 내에 유통될 수 있는 합법화의 길을 열어주었고 이를 통한 OSP의 경제적 수익이 문제가 되고 있다.[25]

간단한 가정을 해보면 하루에 업로드되는 콘텐츠가 100개이고 이중에 불법 콘텐츠로 의심되는 콘텐츠가 10%라고 가정해 본다. 그렇다면 결과적으로 10개의 불법 콘텐츠가 매일 업로드 된다. 불법 콘텐츠 차단 기술이 발전했다고 하더라도 현재 유튜브의 투명성 보고서 자료에 따르면 불법 콘텐츠의 삭제 및 이용허락 과정에 빠르면 24시간에서 7일까지 걸린다고 한다. 그렇다면 최장 7일이 걸린다고 가정하면 총 700개의 콘텐츠 중에 10%인 70개의 불법 콘텐츠가 OSP에서 유통된다. 2021년 기준으로 하루에 평균 1억개의 영상이 업로드된다고 하면 1,000만개의 불법 영상이 업로드되는 것이고 이러한 불법 콘텐츠도 이용자에게 소비되면서 유튜브와 같은 OSP는 추가적인 이익을 얻게 된다.

OSP 책임제한 규정은 태생적으로 OSP의 불법콘텐츠 유통을 합법화할 수 있고 OSP 산업의 발전이라는 목적에 따라 허용되었던 것이다. 그러나 이제는 OSP가 플랫폼화하면서 독점력을 가지고 이른바 네트효과를 바탕으로 엄청난 부가가치를 창출하고 있다. 그러나 OSP의 성장에 비하여 콘텐츠를 제공하는 창작자 집단의 수익은 평균적으로 그렇게까지 증가하지 않았다.

---

25) 가치격차의 논쟁에 대해서는 William Patry·정재훈, "The Lack of Value in the Value Gap", 계간저작권 제30권 제4호, 2017 158면 이하 참조.

 이러한 가치격차 문제를 해소하기 위한 정책 논의가 세계적으로는 2016년부터 시작되었다. 유럽연합의 경우 2019년에 유럽연합 단일시장 지침을 통과시키면서 OCSSP(온라인콘텐츠 공유서비스 제공자)에게 기존의 면책조항에서 OCSSP를 불법 콘텐츠의 직접적인 이용자로 인정하고 이에 대한 저작권 이용허락 계약을 체결하는 생태계를 구축하는 새로운 규정을 도입하였다.

 유럽연합 지침 제17조 제1항에서 회원국은 온라인 콘텐츠 공유 서비스 제공자가 그 이용자가 업로드 한 저작권으로 보호되는 저작물이나 그 밖의 보호대상에 공중의 접근을 제공하는 경우에 이 지침의 목적상 공중전달 행위 또는 공중에 이용제공 행위를 하는 것으로 규정하여야 한다고 규정한다. 이것이 가지는 의미는 기존의 OSP 면책 규정들은 OSP는 플랫폼이기 때문에 실질적인 콘텐츠를 업로드하고 다운로드하는 주체는 업로더와 다운로더인 소비자들이라고 판단하고 있었다. 따라서 OSP는 직접적인 저작권 침해자가 아니라 간접적인 역할에 불과하여 일정한 조치를 취하기만 하면 저작권 침해 책임을 면책하는 구조로 되어 있었다. 그러나 유럽연합 지침에서 규정한 것처럼 자신들의 플랫폼 내에서 유통되는 불법 콘텐츠를 이용하는 주체를 OCSSP라고 명시함으로써 OSP가 저작권 침해의 주체라는 점을 명확히 하였다.

 26년 전에 도입된 Notice and Takedown 제도는 과도한 차단요청으로 인해 OSP에게 새로운 부담이 되고 있다. 예를 들어, 1998년부터 2010년까지 구글은 저작권을 침해한 것으로 의심되는 콘텐츠가 포함된 300만개 미만의 URL에 대한 삭제 통지를 받았다. 시간이 지남에 따라 통지의 규모가 증가하여 2013년에는 지난 12년 동안 구글이 받은 총 통지 건수보다 많은 약 300만개의 URL에 대한 통지를 받았다. 그 이후로 침해 통지의 양은 급격히 증가해서 2017년에 구글은 약 8억 8,200만 개의 URL을 식별하는 통지를 받았으며 2020년까지 46억 개 이상의 URL에 대한 저작권 위반 목록 삭제 요청을 처리했다.26) 통지의 양의 폭발적인 증가는 이 제도에 대한 대안을 생

---

26) united states copyright office, section 512 of title 17 — a report of the register of copyrights 2020, p. 32. <https://www.copyright.gov/policy/section512/section-512-full-report.pdf>

각해보게 할 것이다.

(3) 공유경제 플랫폼과 불평등

과거에 공유경제라고 하여 우버 및 에어비앤비와 같은 영업모델들이 주목을 받았었다. 공유경제(Sharing Economy)는 개인 간 자산이나 서비스의 공유를 통해 경제 활동을 이루는 형태의 경제 모델이다. 장점으로 자산의 효율적 활용을 들 수 있는데 소유하지 않은 자산을 일시적으로 사용할 수 있도록 공유함으로써 자산의 활용도를 극대할 수 있다. 공유경제는 디지털 플랫폼을 활용하여 수요와 공급을 연결하고 거래를 중개하게 된다. 공유경제는 개인 간 거래를 통해 중간 비용을 줄이고 더 저렴한 가격으로 서비스를 제공할 수 있다. 그러나 전통적인 서비스 안전 측면에서 면허를 통해 규제받는 서비스 제공자들과 공정성에 문제가 발생한다. 예를 들어 우버의 경우 전통적인 택시기사들은 면허를 취득하여 세금을 지불하며 영업을 하지만 우버의 경우 면허제도에서 제외되어 있어 서비스의 품질을 확인하기 어렵고 택시기사가 받는 규제에서 벗어나 있다. 공유경제의 시작은 개인이 가진 유휴자산을 활용하여 가치를 창출하는 것이지만 이것이 변질되어 렌터카 업체가 일반인을 운전자로 고용하여 우버를 운영하게 되자 법의 규제를 피해 운송업을 하는 기이한 형태가 되어 버렸다. 주택 공유경제인 에어비앤비도 마찬가지로 임대업자가 자신 소유 주택을 모두 이용하여 숙박 서비스를 기업처럼 제공하게 되자 공유경제가 숙박업과 관련된 규제를 받지 않는 영업을 제공하게 되었다.

이러한 상황에서는 제도권 내에서 규제받는 기존 사업자와 그렇지 않은 신사업자 사이의 불평등이 발생한다. 문제는 신사업의 경우 규제가 미비하기에 신사업에 고용되어 일하는 노동자에 대한 보호조치가 매우 미흡하다는 것이다. 그리고 대부분 플랫폼을 통해 일자리를 제공 받기에 공유경제 개념이 플랫폼 노동까지 확대될 수 있다.

플랫폼노동은 '노동의 우버화(Uberization)'라는 신조어까지 탄생시키며 그 영역을 넓혀 가고 있다. 지난 10년간 디지털노동 플랫폼 수는 2010년 142개에서 2020년 777개로 5배 이상 증가하였고 우리나라의 경우, 2021년 기준 플랫폼 종사자 수는 약 66만 명으로 취업자(15~69세)의 2.6%를 차지하고 있으며, 코로나19로 디지털 전환이 가속화되면서 그 비중은 점차 증가할 것으로 예상된다. 이러한 플랫폼노동의 확산은 노동의 유연화라는 긍정적인 면이 있지만, 불안정한 일자리 증대와 플랫폼 종사자의 법적 보호라는 문제를 발생시켰다.[27]

또한 디지털 플랫폼들은 공급자와 소비자를 묶어 놓아(lock–in) 네트워크 효과를 부추기게 되고 나중에는 결국 비용의 상승을 가져오게 된다. 대부분 플랫폼 소비자와 공급자를 축적하기 위해 저렴한 가격으로 사용자를 모으고 일정 기준 이상 충족되는 경우 사용료를 올리는 방식을 취하고 있다.

V. 결론

4차산업 핵심 기술이라고 하는 인공지능이 발전하기 위해서 머신러닝부터 다양한 기술들이 개발되고 있다. 과거 이세돌과 바둑에서 이긴 알파고는 인간이 몇천 년간 이룩해 놓은 기보를 학습하여 개발되었다. 그리고 지금, 이 순간에도 빅데이터 기업들은 인간의 활동을 모니터링하며 데이터를 생산하고 이를 통해 경제적 가치를 생산하고 있다. 맑스는 기계를 죽은 노동이라고 불렀다. 즉 생산수단은 과거의 인간 노동이 축적된 것이라고 따라서 잉여가치를 생산하는 것은 기계가 아니라 살아있는 노동이라고 생각했다. 4차산업의 핵심으로 발전하고 있는 생성형 인공지능은 과거 우리 인류가 모아놓은 창작물의 집약을 통해 발전해 나간다는 점에서 생성형 인공지능이 인간 노동에 기초하고 있다는 점이 중요하다. 이 기준은 나중에 인공지능의 활용이나 이를 통한 부의 분배에 기준을 나누는 역할을 할 수도 있다. 이미 인공지능 개발을 위한 창작물 이용에 대한 집단소송이 미국에서 발생하고 있다.

4차산업의 기반이 지식재산이고 지식재산권법은 지식재산권이라는 독점

---

27) KDI 경제정보센터 자료연구팀, "플랫폼노동…종사자를 어떻게 보호할 것인가?" 2022년 03호 <https://eiec.kdi.re.kr/publish/reviewView.do?idx=115&fcode=000020003600003&ridx=11>.

권 부여를 통해 기술 발전과 산업 발전을 최종 목표로 하고 있다. 맑스는 개별 자본가들이 특별잉여가치를 추구 행위를 통해 기술 개발이 촉진되고 사회 전체적으로 자본가들은 상품의 가치가 낮아져 이를 통한 상대적 잉여가치를 얻는다고 표현하였다. 현재의 지식재산권 범위의 확대 과정을 살펴보면 지식재산권은 타인의 생산산 잉여가치를 이전받기 위한 도구로 활용되는 경우가 발생하고 이러한 행위는 전형적인 지대추구행위에 해당된다. 4차산업 내에서 발생할 수 있는 OSP와 창작자 집단 간의 가치격차, 기술진보편향성, 플랫폼과 플랫폼 노동자들 간의 가치격차는 불평등 요소이고 이를 해결하기 위한 논의가 필요하다.

- 주제어: 불평등, 지식재산, 노동가치설, 인공지능, 특허권, 자본주의

참고문헌

금민, 모플랫폼 자본주의와 기본소득, 마르크스주의 연구 제17권 제3호. 2020, 46면.
금민. 모두의 몫을 모두에게. 동아시아출판사, 2020년, 162면.
김소영, "디지털플렛폼에 의한 긱노동(gig work) 종사자의 노동법적 문제와 개선방
    안", 과학기술법연구 제26집 제2호, 2020. 60면.
김수행, 자본론 1 (상), 2016, 43면 이하 참조.
김시원, "숙련 편향적 기술진보와 학력별 노동자의 임금 격차: 산업 간 패널자료를
    이용한 실증분석" 국제경제연구 제28권 제3호, 41면 이하 참조.
마리아나 마추카토, 안진환 옮김, 가치의 모든것, 2020,. 341면.
브렛 크리스토퍼스, 불소득자본주의시대, 2024, 24면.
여영준 외 3명, "디지털전환 시대 기술진보 편향성과 거시경제적 효과 파급경로에
    대한 고찰", 한국혁신학회지 제16권 제4호, 2021, 331면.
욘 엘스터, 진석용 옮김, 마르크스 이해하기 1, 2015 , 233면 이하 참조.
William Patry·정재훈, "The Lack of Value in the Value Gap", 계간저작권 제30
    권 제4호, 2017, 158면 이하 참조.
이상미, 창조적 파괴에 있어 특허의 역할, 서강법률논총 제11권 제1호 (2022), 243
    면 이하 참조.
Aghion, P., Akcigit, U., Bergeaud, A., Blundell, R.,& Hémous, D. (2015).
    Innovation and Top Income Inequality (Working Paper No. 21247).
    National Bureau of Economic Research.
Breau, S., Kogler, D. F., & Bolton, K. C. (2014). On the Relationship between
    Innovation and Wage Inequality: New Evidence from Canadian Cities.
    Economic Geography, 90(4), 351 – 373.
Donegan, M., & Lowe, N.(2008). Inequality in the Creative City: Is There Still
    a Place for "Old – Fashioned" Institutions? Economic Development
    Quarterly, 22(1), 46 – 62.
Lee, N. (2011). Are Innovative Regions More Unequal? Evidence from Europe.
    Environment and Planning C: Government and Policy, 29(1), 2 – 23.
united states copyright office, section 512 of title 17 – a report of the register
    of copyrights 2020, p. 32.

[Abstract]

The Fourth Industrial Revolution, Labour Values and Inequality

Pak Yunseok *

As the importance of technologies such as artificial intelligence and big data grows in the Fourth Industrial Revolution, the role of intellectual property rights is becoming more important. The economic value of artificial intelligence and big data is based on human labour, as artificial intelligence technology is based on data derived from vast amounts of human labour and creative activities. As the development of artificial intelligence is based on human labour, the labour value theory is an important argument in the Fourth Industrial Revolution, and the intellectual property law can be explained by patent law, the theory of incentives, and Marx's economic theory, which states that the pursuit of profit by individual entities leads to the sharing of profits by society as a whole. In particular, by analysing the correlation between technological development and the value of goods, we found that the value of goods may decrease as technology sharing expands.

Examining the role of patent law and the balance between technological innovation and social benefits through an economic perspective, patent rights promote technological progress, but they can also lead to unfair competition and monopoly problems. In particular, the abuse of patent rights can lead to social inefficiencies through patent monsters and abuse of rights by standard-essential patent holders. IPRs and social inequality issues arise in the platform economy and the protection of platform workers, where technological advances can increase inequality between skilled and unskilled workers through SBTC, and in the immunity and value gap of online service providers (OSPs), and in the protection of platform workers. IPRs are an important tool to promote technological progress, but legal and institutional arrangements are needed to address social inequalities in specific areas.

- Key Words: inequality, intellectual property, labour theory of value, artificial intelligence, patent, capitalism

---

* Korea Institute of Intellectual Property, research fellow, Ph. D. in law.

의료분야의 방사선안전관리 규제개혁에 관한 연구
- 방사선 의료기기 중심으로 -

김태오 * · 홍선기 **

방사선은 발견 이후 의학 분야에서 적용되어 WHO 산하 국제 암 연구기관(IARC, International Agency for Research on Cancer)에서 Group 1 해당 발암물질로 분류하고 있음에도 불구하고 의료계에서는 환자의 생존율을 높이는 데 지대한 공헌을 하고 있기에 널리 사용되고 있다. 이에 따라 의료활동에 방사선을 사용하는 빈도는 증가하고 있으며, 방사선 작업 및 치료를 진행하면서 방사선에 노출되는 위험도 또한 증가하여 다수의 방사선 작업종사자와 환자들이 방사선 위험에 노출되고 있다.

우리나라는 국제방사선방호위원회(ICRP, International Commission on Radiological Protection)의 가이드라인을 근간으로 하는「원자력안전법」과 그 하위 법령 및 법규들을 반영하여 방사선 안전관리 규제를 시행하고 있다. 2000년 4월 국내의 한 병원에서 자궁경부암 방사선 치료와 관련한 중대한 의료사고가 발생하였으며, 이 사건으로 인해 원자력안전법령상에 의료방사선 사용에 관한 구체적인 특별기준이 마련되어 의료 방사선 안전관리의 중요성이 강조되었다. 방사선 작업 또는 치료를 진행 중, 방사선에 과다 노출 되었을 경우 인체에 심각한 영향을 가져올 수 있다. 또한 세포 생존에 필수적인 DNA(Deoxyribo Nucleotic Acid: 모든 생물체의 유전물)와 세포막이 직간접적으로 손상되며, 세포는 자연 수명이 끝나는 과정인 세포 사멸(Apoptosis) 과정이 아닌 비정상적인 사멸 과정을 통해 인체에 돌이킬 수 없는 심각한 장애를 가져올 수 있다. 정부는 이러한 방사선 과다 노출의 위험으로부터 국민의 안전 및 생명을 지켜야 하는 책무가 있다. 이에 본 연구에서는 의료 방사선의 의의를 알아보고 이에 의료분야 방사선 사고의 예방을 위해 제정된 「의

---

 * 제1저자, 동국대학교(서울) 일반대학원 법학과 석사과정
** 교신저자, 법학박사(Dr.jur.), 동국대학교(서울) 법학과 조교수

료분야의 방사선안전관리에 관한 기술기준」 법규 관련하여 제기되는 문제를
검토 후, 문제점을 개선하기 위한 방안을 논의하고자 한다.

I. 서론

1. 연구의 배경 및 목적

방사선은 발견 이후 의학 분야에서 적용되어 WHO 산하 국제 암 연구기
관(IARC, International Agency for Research on Cancer)에서 Group 1[1] 해당
발암물질로 분류하고 있음에도 불구하고 의료계에서는 환자의 생존율을 높
이는 데 지대한 공헌을 하고 있기에 널리 사용되고 있다. 이에 따라 의료활
동에 방사선을 사용하는 빈도는 증가하고 있으며, 방사선 작업 및 치료를 진
행하면서 방사선에 노출되는 위험도 또한 증가하여 다수의 방사선 작업종사
자와 환자들이 방사선 위험에 노출되고 있다.

우리나라는 국제방사선방호위원회(ICRP, International Commission on
Radiological Protection)의 가이드라인[2]을 근간으로 하는「원자력안전법」과
그 하위 법령 및 법규들을 반영하여 방사선 안전관리 규제를 시행하고 있다.
2000년 4월 국내의 한 병원에서 자궁경부암 방사선치료와 관련한 중대한 의
료사고가 발생하였으며, 이 사건으로 인해 원자력 안전 법령상에 의료방사
선 사용에 관한 구체적인 특별기준이 마련되어 의료방사선 안전관리의 중요

---

1) 국제 암 연구기관(이하 "IARC")은 국제 연합 세계 보건 기구 산하의 기관이다. IARC
   는 발암물질에 대하여 Group 1: 확실히 사람에게 암을 일으키는 물질, Group 2A:
   동물에게서는 발암성을 입증한 자료가 있으나 사람에게서는 발암성이 입증되지 않은
   물질, Group2B: 사람에게 암을 일으킬 수 있는 가능성이 있는 물질, Group 3: 사람
   에게서 암을 일으키는 것이 분류되지 않은 물질, Group 4: 사람에 암을 일으키지 않
   는 물질로 분류하여 발표하였다.
2) 국제방사선방호위원회(이하 "ICRP")는 방사선으로 인하여 발생하는 암 또는 다양한
   질병과 방사선으로 인한 부작용을 방지하고, 환경을 보호하기 위한 일을 수행하는 국
   제기구이며, 방사선에 노출 시 인체 끼치는 영향을 과학적으로 증명하고, 방사선 피폭
   으로부터 인간을 효과적으로 방호하기 위한 방사선방호에 대한 체계 및 방법 등을 권
   고하고 있다. https://www.icrp.org/page.asp?id=3> (검색일: 2024.6.24.)

성이 강조되었다.[3] 방사선 작업 또는 치료를 진행 중, 방사선에 과다 노출되었을 경우 인체에 심각한 영향을 가져올 수 있다. 또한 세포 생존에 필수적인 DNA(Deoxyribo Nucleotic Acid: 모든 생물체의 유전물)와 세포막이 직간접적으로 손상되며, 세포는 자연 수명이 끝나는 과정인 세포 사멸(Apoptosis)과정이[4] 아닌 비정상적인 사멸 과정을 통해 인체에 돌이킬 수 없는 심각한 장애를 가져올 수 있다. 정부는 이러한 방사선 과다 노출의 위험으로부터 국민의 안전 및 생명을 지켜야 하는 책무가 있다.[5] 이에 본 연구에서는 의료방사선의 의의를 알아보고 이에 의료분야 방사선 사고의 예방을 위해 제정된「의료분야의 방사선안전관리에 관한 기술기준」법규 관련하여 제기되는 문제를 검토 후, 문제점을 개선하기 위한 방안을 논의하고자 한다.

2. 연구의 필요성

본 논문의 연구 방법은 의료 방사선안전관리에 관하여 법규를 다루는 선행연구가 부족하여 원자력 전반의 관련 연구와 보고서를 참고 진행하였다. 보건복지부에서 조사한 통계에 따르면 61개 암종별 암 환자는 매년 증가하고 있다.[6] 이에 암 환자를 치료하기 위한 방사선 치료기기 산업군의 시장 가치는 2020년 4,880만 달러에서 연평균 성장률은 6.4%로 증가, 2025년에는 6,660만 달러에 이를 것으로 전망하고 있다.[7] 또한 암 치료에 있어서 방사선을 사용하여 얻는 건강상의 이점이 방사선의 잠재적 해로운 영향을 훨씬 상회하여 방사선 치료의 비중은 확대되고 있으며, 방사선 치료의 시장 규모가 이를 증명해 주고 있다(그림 1). 이는 방사선 치료기기 시장의 확대에 따른 방사선 치료기기의 기술 발전 또한 가속화될 것을 의미한다. 21세기는

---

3) 박상현, "의료방사선 분야 안전관리 규제 법령 국내외 비교", 「최신 현안 국내외 법령 비교·분석 보고서」, 2018, 4면.
4) 국가암정보센터, "방사선 치료의 이해", 2024.06.06., 1면.
5) 대한민국헌법 제34조 제6항 "국가는 재해를 예방하고 그 위험으로부터 국민을 보호하기 위하여 노력하여야 한다"
6) 보건복지부, "암 등록 통계 통계정보보고서", 2022.03.08. 1면.
7) TechNavio, Global Radiation Oncology Market, 2020.

4차산업혁명8) 이라는 과학기술의 엄청난 진보와 방사선 치료기기의 융합으로 인하여 방사선 치료기기의 변화가 촉발하는 직면에 있다. 이에 따른 4차 산업기술과 융합된 방사선 치료기기의 변화에 대비하여 신속하고 정확한 체계적인 의료방사선 방호원칙 정립은 국민의 안전과 생명을 위해서 선택이 아닌 필수임을 시사하는 바이다.

[그림 1] 글로벌 수술 중 방사선 치료 시장의 기술별 시장 규모 및 전망

(단위: 백만달러)

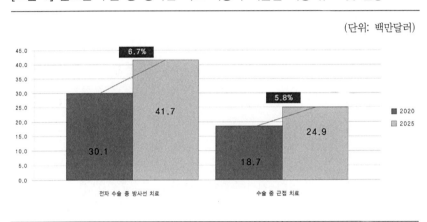

출처 : Marketsandmarkets, Intraoperative Radiation Therapy Market, 2021

3. 의료 방사선안전관리의 문제 제기

본 연구의 대상인 「의료분야의 방사선안전관리에 관한 기술기준」은 2015년 4월에 5조(품질관리) 3항에 따라 품질관리에 대한 허용 오차를 자세히 설명하는 [별표 1] 치료용 방사선기기의 품질관리 항목, 주기 및 관리 오차가 추가되었다. 현행 법규의 [별표 1] 항목별 오차에 대한 규제는 미국의학물리학회(AAPM, American Association of Physicists in Medicine)9)에서 장비 품질관

8) 4차 산업혁명(4IR, Fourth Industrial Revolution)은 18세기 초기 산업혁명 이후로 네 번째로 중요한 산업 시대를 뜻하며, 2016년 스위스 다보스포럼에서 처음 언급되었으며, 디지털 혁명인 3차 산업혁명에 기반을 두고, 디지털, 바이오, 물리학 등 기존 영역들의 경계가 융합되는 기술혁명을 의미한다. https://www.weforum.org/about/klaus-schwab/(검색일: 2024.06.22.)

리를 위해 권고하는 허용 수준(tolerance level)이다.[10] 허용 수준의 정의는 측정값이 인수검사 시 측정된 기준값에 대하여 생기는 오차 중 어느 정도까지 허용되는가 하는 범위를 뜻하며[11] 이는 권고치이므로 항목별 최대 허용 한계와는 명백히 구별되어야 한다. 권고치인 허용 수준에 따라 치료용 방사선기기를 규제하는 것은 국제적 그 사례를 찾을 수 없으며, 해당 법규에서 명시하고 있는 허용 오차에 대한 정당성을 재검토가 필요해 보인다. 또한 방사선 치료기기의 허용오차는 의료용 가속장치의 설치 및 인수검사 후 환경이 변함에 따라 제작사의 기준값 및 품질관리 항목은 치료기법의 발전과 치료기기의 개발로 인하여 품질관리 항목이 변화[12]할 수 있다. 현재 국내 의료기관이나 연구기관에 도입되어있는 방사선 치료기기의 주요 공급업체로는 Varian(미국), Elekta(스웨덴), Accuray(미국), Provision(미국) 및 Mevion(미국) 등이 있으며, 이 중 Varian(미국) 회사가 방사선 치료기기 시장에서 큰 비중을 차지하며 독점에 가까운 시장을 형성하고 있다.[13] 이는 글로벌 대기업에서 방사선 치료기기의 원천 기술과 우수 제품들을 보유하고 있는 현상에 독점에 가까운 시장구조가 형성되었다.[14] 이렇듯 다수의 방사선 치료기기는 외국계 방사선 치료기기가 주를 이루고 있으며 글로벌 대기업들은 AAPM-TG 142[15] 품질 보증 보고서 권고사항에 따라 방사선 치료기기의

---

9) 미국 의학물리학회(이하 "AAPM")는 의학 물리학의 과학, 교육 및 전문 실습의 우수성을 통해 의학을 발전시키기 위한 노력을 하고 있다. AAPM은 88개국에 회원을 두고 있으며 교육을 통하여 환자 치료를 발전시키고, 연구를 통해 방사선 종양학 및 의료 절차의 안정성과 효능을 개선하고 전문 표준을 유지하는 데 중점을 두고 의학 물리학 연구를 진행하고 있다. https://w4.aapm.org/org/(검색일: 2024.06.22.)

10) AAPM Task Group 198 Report: /김동욱 외 역, 의료 가속기의 TG 142 품질보증을 위한 수행 지침서, 2022.

11) Miften M, Olch A, Mihailidis D, et al. Tolerance limits andmethodologies for IMRT measurement-based verification QA:recommendations of AAPM Task Group No. 218. Med Phys. 2018;26:2086-2091.

12) 김정호, "방사선치료 계획 정도관리 방법에 따른 신뢰도 평가", 2015, 1면.

13) "글로벌 의료기기 시장동향", 월간정보 소식지 2019년 2월호, 1면.

14) 허 명 PD, "방사선 치료기기 기술 동향 및 산업 현황", KEIT PD Issue Report, 15면.

15) AAPM TG-142는 미국물리의학회(이하"AAPM") Medical PhysicsVolume/36권 9호 part1, Task Group 142 report: Quality assurance of medical accelerators 보고서이다. 1994년에 발행된 AAPM TG-40 보고서를 근간으로 의료용 선형 가속기에 대한

품질을 관리하고 있다. 하지만 의료분야 방사선안전관리에 관한 기술 기준이 개정하며 품질 관리 부분에서 국제 기준을 삼고 있는 AAPM-TG 142와 상이점이 있다는 바는, 현행 법규가 방사선 치료기기의 현행 실무 환경을 제대로 반영하지 않았음을 뜻한다. 이렇듯 의료용 방사선 치료기기의 유지보수 및 품질 관리의 허용오차 범위를 명확히 [별표 1]과 같은 일괄적, 일반적, 권고치에 의해 법으로 규제하는 것은 방사선치료기기의 관리 측면에 있어 방사선 치료기기 품질관리의 저해를 가져올 수 있다는 점을 유념해야 할 것이다. 또한 의료분야의 방사선안전관리에 관한 기술 기준은 법 취지 및 목적에 부합하게 방사선 안전에 대한 기술 기준에 관련 법규가 되어야 하지만 방사선 품질 개념과 혼동하여 허용오차까지 기술하고 있어 방사선 작업종사자가 실무에 있어 혼동을 일으킬 수 있는 문제점이 있다. 정확하고 체계적인 방사선 치료기기의 안전관리 체계 정립은 국민의 건강과 생명에 즉결되는 중대 사안이기 때문에 본 연구를 통해 해당 법규의 문제점 개선 방안을 모색해 보고자 한다.

Ⅱ. 의료 방사선안전관리에 관한 현황

1. 방사선의 개념 및 종류

의료 방사선안전관리에 있어서 우선적으로 방사선학에 대한 기본적인 지식을 함양 해야 한다. 의료방사선은 방사선과 방사능으로 구분되며, 전리[16] 방사선에 대하여 알아야 한다. 또한 방사선이 인체에 미치는 영향 즉, 방사선의 위해도를 파악하여만 의료 방사선안전관리 규제에 대한 이해를 할 수

일반 품질 보증(QA) 테스트에 대한 권고 사항을 포함하는 문서이며 기본 원칙은 환자에게 전달되는 선량이 처방 선량의 ±5% 이내여야 한다는 국제 방사선 단위 및 측정위원회(ICRU, International Commission on Radiation Untis and Measurements)의 권장 사항을 따라 발행 되었다.
16) 전리는 원자에 결합된 전자가 외부 에너지를 흡수하여 원자에서 벗어나 이온을 형성하는 과정이다. 즉, 다른 물질과의 상호작용을 통해 원자 결합이 끊어지는 것을 의미한다.

있다. 방사선은 불안정한 상태의 원자나 원자핵은 안정된 상태로 변화하려는 성질이 있는데, 이 과정에서 방출되는 에너지를 방사선이라고 한다. 방사선은 공기, 물처럼 우리 주변에 늘 같이 공존하고 있는 자연의 일부이며, 자연에서는 나오는 방사선은 양이 매우 적어 인체에 유해하지 않다.[17] 그중 의료방사선에 쓰이는 방사선은 전리 이온화시킬 수 있는 전리 방사선만을 의미한다. 전리 방사선의 종류로는 베타선, 감마선, 알파선, X-선, 중성자 등이 있으며 진단용 의료 방사선기기에서는 주로 엑스레이 촬영에 사용되는 X-선, 치료용 의료 방사선기기에는 감마선 등이 사용되고 있다. 본 연구는 의료 방사선안전관리의 연구이므로 본문에서 언급되는 방사선은 전리 방사선과 방사능을 의미한다.

(1) 전리 방사선

「원자력안전법 시행령」 제6조 법 제2조 제7호에서 "대통령령으로 정하는 것"에 따라 전리 방사선은 1. 알파선·중양자선·양자 선·베타선 및 그 밖의 중하전입자선 2. 중성자선 3. 감마선 및 엑스선 4. 5만 전자볼트 이상의 에너지를 가진 전자선으로 명시하고 있다. 일반적으로 방사선이라 불리며 의료행위에서 CT, 엑스레이 등 의료기기에 사용되는 방사선이 전리 방사선이다. 전리 방사선은 원자와 분자에서 전자를 제거하여 잠재적으로 우리 몸의 세포 내 분자를 변경함으로써 작동하며 상당한 노출은 피부나 조직에 해를 끼칠 수 있다.[18] 전리 방사선에는 알파(α), 베타(β), 중성자와 같은 입자뿐만 아니라 감마선, X선과 같은 전자기파도 포함된다. 전리 방사선을 이용하여 암을 치료하는 방법으로는 양성자 치료, 세기 조절 방사선 치료 등이 있으며, 이러한 치료에는 감마나이프, 사이버 나이프, 양성자 치료기, 세기변조 방사선치료 및 토모테라피[19], 중입자치료기, 선형 가속기[20]등 치료 장비가

---

17) 방사선기술정보시스템, "방사선 개념정리", https://www.ratis.or.kr/(검색일: 24.06.24.)
18) 질병관리청 건강 위해 대응과, "건강위해정보-방사선", 2024.04..03, 1면.
19) 김용배, "최신 방사선 치료", 대한내과학회지, 2008, 제74권 부록 2호.
20) 이동연, "의료용 선형가속기의 방사화 특성에 관한 연구 -유지, 보수 및 해체 시-", 2017.02.

사용되고 있다. 치료에 사용되는 방사선의 목표는 주변의 건강한 조직에 대한 노출을 최소화하면서 암세포에 적절한 선량을 전달하는 것이다. 적절한 방사선량을 이용하여 수명을 연장하고, 통증을 완화하며, 삶의 질을 향상시킬 수 있는 것이 치료 목적에 있어 국민의 건강 보호에 이바지하는 올바른 방사선 사용법일 것이다.

2. 의료에서 방사선 사용에 따른 인체 위해와 범위

방사선은 인체 조직의 원자를 통과하면 에너지를 흡수하여 이온화(전리현상)가 발생한다. 이 과정은 인체 대부분을 구성하는 물 분자의 일부가 분해하여 산소 유리기가 생성되고 유기체를 구성하고 하고 있는 세포에 영향을 끼친다.[21] 방사선이 인체에 미치는 영향은 피폭선량과 발현 관계에 따라 크게 '급성영향', '만성영향', '결정론적 영향' 및 '확률론적 영향'으로 구분된다.[22] 한꺼번에 많은 양의 방사선을 받으면 급성영향 반응으로 피부반점, 탈모, 백혈구감소, 백혈구 농도 변화 등 반응이 나타나며, 만성영향으로는 백내장, 태아의 영향, 백혈병, 암 등이 잠복기를 갖고 장기간에 걸쳐 나타난다. 결정론적 영향은 피폭 후 수주일 이내 나타나며 결정론적 영향의 문턱선량[23]은 대체로 1Gy 이상으로 보통 방사선 작업종사자가 일생동안 받는 선량보다 많은 양이다. 반면에 확률론적인 영향으로는 유전적 영향으로 문턱선량이 존재하지 않으며, 확률론적인 영향에 의해 발생하는 장해는 선량이 증가하면 발생빈도는 증가하나 그 증상의 중증도는 달라지지 않는다. 따라서 사고와 같은 특별한 경우가 아니면 방사선 피폭에 의한 영향은 예상되지

21) 질병관리청 손상예방관리과, "의료방사선안전관리 – 방사선피폭 및 방어 –", 2024.04,03.
22) 한국보건의료원, "방사선이 인체에 미치는 영향 : 일본 원전 사고로 인한 영향의 관점에서", 2011.07.22.
23) 문턱선량은 사람의 1~5%에서 영향이 발생하는 방사선량을 말한다. 문턱선량보다 낮은 선량에서는 방사선 장해가 나타나지 않으며, 문턱선량을 넘어 피폭되면 선량이 증가할수록 인체에 끼치는 영향의 정도가 커진다. 미래전략실, "원전 종사자들, 방사선 피폭으로부터 더 위험한가?", 한국원자력산업협회. https://www.kaif.or.kr/(검색일: 24.06.25)

않으며 방사선 작업자의 암이 방사선 노출로 인한 것인지 아니면 다른 원인
으로 인한 것인지 판단하기 어려운 경우가 많다(표 1).

[표 1] 평상시 및 비상시 방사선 노출 정도

유효선량 수위별 참고표	
선량(mSv)	설명
0.0001	바나나 1개 섭취시 선량
0.0022	100Bq/kg의 방사성 요오도가 검출된 음식을 1kg 섭취한 경우
0.016	100Bq/kg의 방사성 세슘(CS)이 검출된 생선 10kg 섭취한 경우
0.1~0.3	가슴 X-ray 촬영 1회시 선량
1	일반인 연간 선량한도(의료제외)
1.2	국내 방사선작업종사사 평균 피폭선량
2.4	1인당 연간 자연방사선량(세계 평균)
3	항공기 승무원 연간 평균 피폭선량
3.1	대한민국 1인당 연간 평균 피폭선량
5~10	복부, 전신, 대장, 척추 등 CT 촬영 1회 시 선량
10	사고 시 주민 옥내대피 고려 개시 선량
15~25	PET-CT 전신촬영 1회시 선량
20	방사선작업종사자 연간 평균 선량한도
50	사고 시 주민소개 고려 개시 선량
100	방사선작업종사자 5년간 누적 선량한도, 암 발생률 증가가 입증된 최소 선량(문턱값)
250	원자력시설 사고대비 설계기준치(초기 2시간)
400	일시에 전신에 받았을 경우 30일간 50% 사람이 사망
500	긴급시 유효선량한도(인명구조 제외)
600	일시에 전신에 받았을 경우 14일간 90% 사람이 사망
700	일시에 전신에 받았을 경우 100% 사람이 사망

출처 : 식품의약품안전처 수입식품방사능안전정보, 한국원자력안전기술원 국가환경방사선
자동감시망

이와 같이 방사선 노출이 가져오는 위해는 인체에 유해한 결과를 가지고
온다. 이에 따라 세계 각국에서는 방사선 의료기기에서 발생되는 방사선 위

험으로부터 방사선 작업종사자들을 보호하기 위해, 방사선 안전관리를 통하여 주기적으로 모니터링 및 관리를 하고 있으며 국제방사선방어위원회 (ICRP, International Commission on Radiological Protection)의 권고에 따라 관리하고 있고, 국내에서는 ICRP 권고에 따라 원자력안전법 시행령 [별표 1]를 통해 선량한도를 고시하고 있다.

의료 방사선으로 인한 잠재적 위해는 일반적으로 사소한 것부터 치명적인 결과까지 광범위하며, 누적 흡수선량은 역학 연구에서 암 발병 확률 증감에 영향을 끼친다[24] 이렇듯 방사선 치료에 있어서 정확한 방사선량은 중요하다. 과선량 시 단 10%의 편차라도 합병증의 위험을 허용할 수 없는 수준으로 크게 되며 반대로, 방사선량이 충분하지 않으면 암 치료가 효과적이지 않아 잠재적으로 예상보다 더 많은 암 사망으로 이어진다.[25] 그럼에도 불구하고 방사선의 의학적 적용을 위한 조건과 관리 즉, 체계화된 방호원칙을 준수하여 방사선 치료에서 장점을 극대화하는 것이 중요하다.

3. 의료 방사선치료의 방호원칙

국제방사선방어위원회(이하 "ICRP")에서는 방사선 방어 목표는 "방사선 노출로 인한 심각한 영향을 방지하고 확률론적 영향의 확률을 합리적으로 달성 가능한 가장 낮은 수준으로 최소화"이다. 이 목표는 "합리적으로 달성 가능한 최저 수준"(ALARA, As Low As Reasonable Achievable, 이하 "ALARA")으로 알려진 방사선 보호 원칙에 요약되어 있으며, ALARA는 경제적, 사회적 요인을 고려하여 정당한 노출을 가능한 가장 낮은 수준으로 최소화하는 동시에 확립된 선량당량한도를 절대 초과하지 않도록 보장하는 것을 강조하고 있다. 이러한 방호체계에 맞추어 국내의 의료 방사선에 관련된 기관 및

---

24) UNSCEAR,"Sources and Effects of Ionising Radiation. United Nations Scientific Committee on the Effects of Atomic Radiation Report to the General Assembly with Scientific Annexes", United Nations, New York, NY(2000).
25) 이재기, "의료에서 방사선방호(Radiological Protection in Medicine)", 대한방사선방어학회, 2007.10.

의료기관은 방사선 작업환경 및 그 주변 외부 환경을 국내 원자력안전법 및 ICRP 관계 규정에서 권고하는 원칙을 준수하면 방사선 안전관리를 행하고 있다. 이에 본 연구에서는 ICRP와 국내 원자력안전법에서 방사선 치료기기에 대한 방사선안전관리 규제에 대하여 알아보고 방사선치료에 있어 사고 예방을 논하고자 한다. 방사선 치료를 진행 함에 있어 방사선 과노출 사고 예방은 매우 중요하며 사고 예방을 위해서는 안전한 작업 절차 및 품질 관리는 물론, 방사선 치료기기의 설계 관리 또한 포함되어야 한다. 이를 '심층방어(Defense in Depth)'[26]라 정의한다. 기기들은 기본적으로 설계에 오류가 있을 수 있고, 때로는 고장을 일으켜 예기치 않은 사고를 발생시키며, 방사선 작업종사자들은 실수를 할 수 있다고 가정하여 방사선 사고의 사전 예방에 의의를 두고 있다. ICRP 간행물 86[27]에 따르면 방사선치료 장비는 설치 또는 수정 후에 꼼꼼하게 교정되어야 하며 성능의 중요한 변화를 감지하기 위해 표준 테스트 절차를 사용하여 정기적인 점검을 수행해야 한다. 또한 환자의 신원이 처방된 치료법과 올바르게 일치하는지 중복 확인이 필수로 진행되어야 하며, 이는 잠재적으로 심각한 혼동을 방지하기 위함이다. 방호 원칙을 준수하는 것은 엄격한 검증 프로세스를 보장하며 효과적인 의사소통을 유지함으로써 방사선 사고와 관련된 위험으로부터 환자와 방사선 작업종사자 모두의 보호를 지향할 것이다.

4. 국내 의료 방사선안전 관련 법규 현황

국내 원자력 안전의 법적 틀은 1960년대부터 원자력안전센터와 한국원자력안전기술원을 거치며 '원자력계획'을 수립해 왔다. ICRP은 국제 민간학술기구이지만 방사선방호에 대하여 제도적 규제를 권고해 왔고 현행 우리 나라의 원자력안전법은 1990년 발간된 ICPR 60을 반영하여 원자력안전법, 동

---

26) U.S.NRC,"Historical Review and Observations of Defense−in−Depth", NUREG/KM−0009(2016).

27) ICRP,"Prevention of accidental exposures to patients undergoing radiation therapy. ICRP Publication 86. Ann.", 2000, ICRP 30(3)

법 시행령, 시행규칙, 관련지침 등으로 구성하여 제정되었다.[28] 본 연구에서 중점으로 다루는 의료 방사선안전관리 관련 법규는 1962년 「의료법」의 제정 당시 방사선 진단기기와 방사선 치료기기의 방사선안전관리를 「의료법」 내에서 규정하고 있지만 현행 법 체계는 치료용과 진단용 각자 별도의 규율되는 이원화된 체계 법률을 갖게 되었다. 방사선 치료기기의 안전관리 및 품질보증에 대한 관리체계와 관련한 현행 법규는 「원자력안전법」, 「방사선 안전관리 등의 기술기준에 관한 규칙」, 「의료분야의 방사선 안전관리에 관한 기술기준」 등이 있으며, 방사선 사용시설, 간병인을 포함한 작업종사자의 피폭관리 중심의 안전관리에서 환자안전 중심의 안전관리 부분 또한 보완이 필요하다.[29] 이와 비교하여, 방사선진단장비의 경우, 「의료법」, 「진단용 방사선 발생장치의 안전관리에 관한 규칙」, 「특수의료장비의 설치 및 운영에 관한 규칙」에서 의료기관에서 운영하는 방사선진단장비의 안전관리 등 품질관리 검사에 대한 내용 등을 규정하고 있다(표 2).

[표 2] 방사선의료장비(의료용 방사선 치료기기) 관련 법규정

---

28) 원자력안전위원회, "ICRP 103 신권고 및 IAEA GSR Part 3 국내도입을 위한 기술기준 최적화 연구개발", 대한방사선방어학회, 2016 – 25호, 7면.
29) 김민정, "의료기술 관점에서 방사선치료장비의 안전하고 효율적 사용방안", 2012.12.31., 7면.

분류	법규정	주관 부처
방사선발생장치 및 방사성동위원소	원자력안전법(시행령 및 시행규칙	원자력 안전위원회
	방사선 안전관리 등의 기술기준에 관한 규칙	
	의료분야의 방사선 안전관리 관한 기술기준	
방사선진단장비 (진단용 방사선 발생장치)	방사선 안전보고서 작성지침	보건복지부
	의료법	
	진단용 방사선발생장치의 안전관리에 관한 규칙	
	특수의료장비의 설치 및 운영에 관한 규칙	
	진단용 방사선 안전관리 규정	질병관리청

5. 의료 방사선안전관리 규제 현황

한국원자력안전기술원(KINS, Korea Institute of Nuclear Safety, 이하 "KINS")
은 원자력안전법 및 관련 시행령, 규정, 위원회 규정 및 고시를 관리한다.
KINS는 원자력안전의 미래규제수요와 현안대응을 위해서 연구를 진행하여
정책·제도 및 기술기준을 개발하고, 여기에는 기술 표준 요구 사항을 해석
하는 규제 표준과 이러한 요구 사항을 충족하기 위해 허용 가능한 방법, 조
건 및 사양을 설명하는 규제 지침을 포함하고 있다. 원자력안전규제 전문기
관인 한국원자력안전기술원은 원자력안전법, 동법 시행령, 시행규칙, 원자력
안전위원회 고시 등에서 규정하는 것 외에 세부 기준 및 지침을 자체적으로
개발·시행하고 있다. 규제 표준은 기술 표준 요구 사항에 대한 해석이나 세
부 정보를 제공하는 반면, 규제 지침은 이러한 표준을 충족하기 위해 허용되
는 방법, 조건 및 사양을 설명하고 있다. 또한, KINS는 규제 요구사항에 따
라 각 실제 안전규제 업무를 수행하기 위한 세부적인 방법을 제시하는 심사
및 점검 지침을 개발하여 활용하고 있으며 안전규정은 원자력안전위원회 고
시로 인정하는 특정 사항에 대해서만 안전규정에 적용된다. 의료방사선의
안전규제 체계는 진단 RG 방사선 안전규제, 진단 RI[30] 방사선 안전 규제,
원자력안전법은 RI/RG (변경) 허가/신고 제53조, 허가조건(제55조) : 시설,

피폭선량, 장비 및 인력 부분에서는 시설, 피폭선량, 장비, 인력에 대해서 규제하고 있으며, 제59조에서는 기준준수에 대하여 고시하고 있다. 시행규칙은 방사선안전관리 등의 기술기준에 관한 규칙 제50조(의료방사선 방호 및 관리), 제51조(사용자의 책임), 제52조(의료방사선 품질관리), 제53조(방사선동위원소 투여환자 안전관리), 제54조(임신 또는 모유 수유 중인 여성)이 있으며, 고시에는 의료분야의 방사선안전관리에 관한 기술기준으로 제5조(품질관리)~제15조(기록의 유지)를 통해서 의료방사선 안전관리를 규제를 통해 방사선방호 체계를 구성하고 있다.[31]

Ⅲ. 해외 및 국내의 의료 방사선안전관리 규제 비교: 미국을 중심으로

1991년 ICRP는 방사선방호에 대한 기존 지침을 크게 개정한 권고 ICRP 60을 발표했다. 이는 2007년 ICRP 103(국제방사선방호위원회 권고 사항)의 발표로 추가되었으며, 이는 공식적으로 이전 권고 사항을 대체했다. ICRP의 권고 사항은 국제 방사선 안전 표준을 확립하기 위한 기반을 형성했으며, 다양한 국가의 방사선 보호와 관련된 규제 요구 사항에 영향을 미쳤다. 원자력 및 방사선 부문의 선진국들은 ICRP의 새로운 권고 사항을 기반으로 분석하고 이를 자체 규제 체계에 반영하기 위해 노력했다. IAEA도 ICRP의 새로운 권고 사항을 방사선방호에 대한 기본 안전 표준(BBS No. 115)에 통합하고 1996년 초에 이 표준의 개정판을 발표했다. 이러한 국제 권고 사항을 바탕으로 전 세계 국가들은 효과적인 방사선방호 표준 및 규제 관행을 보장하면서 특정 요구에 맞는 법률을 만들고 시행하였으며, 이러한 권고 시행을 바탕으로 세계 각국에서는 자국 실정에 적합한 법령을 만들어서 운영하고 있다.

의료방사선 규제에 관여하는 미국의 주요 기관은 원자력규제위원회(NRC,

30) 방사선기기의 설계승인 및 검사에 관한 기준 제26조(설계승인번호) 제3호 RI/RG: 방사선기기의 구분 가. RI: 방사성동위원소를 내장한 기기, 나. RG: 방사선 발생장치로 구분하고 있다.
31) 한상은 (2019) 제5발표 : 핵의학 및 방사선치료 분야 방사선안전규제 제도화 현황, 2019년도 대한방사선방어학회 추계 학술발표회 논문요약집, 422-436면.

Nuclear Regulatory Commission, 이하 "NRC")와 보건복지부 산하의 미국 식품 의약군(FDA, Food and Drug Administration, 이하"FDA")로 구성되어 있다. NRC는 원자력법에 따라 방사성물질의 취득, 소유, 사용, 양도, 처분에 관한 전반적인 규제를 담당하고 있으며, 의료 방사선과 관련하여 X선 발생기 및 가속기에서 생성되는 방사성동위원소가 포함된다. FDA는 1976년부터 의료 기기에 관한 규정 시행을 담당하였고[32] 방사선원에 대한 안전 표준을 개발 하고 관리하고 있다. 우리나라에서는 원자력안전위원회가 원자력안전법에 따라 치료방사선과 핵의학을 규제하고, 보건복지부가 의료법에 따라 진단방 사선을 감독한다는 면에서 미국의 규제 체계는 우리나라의 방사선 규제 체 계와 다소 유사한 면이 있다.[33] 미국에서는 의료 목적의 방사성동위원소 사 용에 관한 규제법이 NRC의 연방규정집(CFR, Code Federal Regulations, 이하 "CFR"), 특히 12개 하위 파트에 걸쳐 110개 조항으로 구성된 10 CFR Part 35 에 방사선 치료기기의 품질관리 파트는 §35.61 Calibration of survey instruments, Subpart H-Photon Emitting Remote Afterloader Units, Teletherapy Units, and Gamma Stereotactic Radiosurgery Units §35.600~§35.690 등 포괄적으로 규정되어 있다. 아울러 세부 지침은 ICRP 간행물 103에 권고되고 있으며, 의료기관을 규제하는 것이 아닌 의료기관의 가이드 형식으로 제시되고 있 다. 미국의 규제 체계와 우리나라의 의료방사선 안전관리 체계는 유사성이 있음에도, 미국의 규정은 다양한 시설 및 활동에 적용되는 포괄적인 규정을 제공하며 추가적인 세부 사항은 지침에 제공되고 있다. 이러한 접근 방식은 의료기술의 복잡성과 전문화를 유연하게 반영하여 의료기관에 대한 맞춤형 지침을 보장하고 있다. 하지만 우리나라의 방사선 치료기기의 규제 접근 방 식은 부록 [별표 1]과 같이 일원적이고 일반적인 수치를 법규에 고시로 명 시하여 규제를 시행하고 있다. 결론적으로, 지침을 통한 실질적인 이행에 초 점을 맞춘 미국 시스템의 유연하고 상세한 규제 접근 방식은 한국의 방사선 안전관리에 대한 규제개선 방향성에 지침이 될 것이다.

---

32) FDA는 1976년부터 의료기기에 관한 규제 법률 및 규정에 대한 관할 기관 역할을 해 옴. 그러나 이러한 안전기준을 적용하고 실제 규정을 시행하는 책임은 주 정부에 있다.
33) 박상현, "의료방사선 분야 안전관리 규제 법령 국내외 비교", 2018, 12면.

Ⅳ. 문제점 및 개선방안

1. 치료용 방사선기기의 품질관리 항목, 주기 및 허용오차 고시 법률적 근거 필요

치료용 방사선기기의 품질관리 항목과 허용오차를 규제하는 것에 대한 법적 근거 마련이 필요하다. 부록의 [별표 1]과 같이 품질관리 항목과 그에 따른 일괄적, 일반적, 권고치에 의한 허용오차를 고시로 명시하여 치료용 방사선기기를 규제하기 위해서는 국내 방사선 치료기기의 관리계획 및 품질관리의 국내 실정에 맞는 선행연구가 바탕이 되어야 하지만 현행 국내에서 진행된 관련 연구가 부족하여 미흡한 실정이다. 따라서, 방사선안전관리에 적합한 방사선 치료기기의 품질 항목과 허용치를 명시하고 규제할 법적 근거가 없으며, 국내 실정에 맞는 합리적인 기준이 마련될 때까지 규제를 명시하지 않는 것이 타당하다고 보인다. 하지만 방사선안전관리에 대한 리스크를 줄이기 위해서는 합리적인 기준이 마련되기 전까지 일반적인 허용오차로 치료용 방사선기기를 규제한다면, 현행 고시에서는 제시된 허용오차는 품질관리의 향상을 위한 일반적인 권고치이므로 방사선 안전에 실질적으로 영향을 미칠 수 있는 위험 수준에 따라 AAPM-TG 142 지침에서 제시하는 허용 수준과 중요도에 따른 단계별 행동한계(Action Limit)[34]에 맞게 개정이 되어야 한다. 또한 이러한 전문적인 의료 지식이 기반되는 법률에 의료기관 및 방사선 의료기를 다루는 연구기관 전문가들의 의견을 수렴하고, 여러 단계에서 심도 있는 토의를 할 수 있도록 합리적인 품질관리 항목 및 기준안 도출을 위한 해당 분야의 전문가로 구성된 실무단을 조직하여 법률에 반영이 될 수 있도록 제안하는 바이다.

---

34) Miften M, Olch A, Mihailidis D, et al. Tolerance limits andmethodologies for IMRT measurement—based verification QA:recommendations of AAPM Task Group No. 218. Med Phys. 2018;26:2086—2091.

2. 의료용 치료기기 및 진단기기 관련 방사선안전관리 법령 통합 일원화

현행법상 진단용기기 방사선안전관리는 「의료법」으로, 치료용기기 방사선안전관리는 「원자력안전법」으로 규제하는 이중 규제체제로 이원화 되어있다.[35] 이러한 이원화된 법체계는 같은 의료기관 및 연구기관에서 동일한 공간에 있더라도 적용되는 법령, 주관부처, 규제기관 및 규제되는 내용이 달라 중복적인 규제를 받게 된다.[36] 이중 규제 시스템은 방사선안전관리에 있어 비효율성과 불일치를 초래한다. 진단용 방사선인 X선을 중심으로 의료법이 규제되고, 치료용 방사선인 전자선, 중성자선, 양성자, 감마선 등이 원자력안전법으로 규제된다. 치료기기와 진단기기 모두 방사선을 다루는 의료기기이며 두 가지 방사선 모두 의료기관에서 사용되며 유사한 인허가 요건이 적용된다는 점을 감안할 때 이중 규제가 필요한지는 의문점이다. 의료방사선 규제의 공정성과 효율성을 확보하기 위해서는 치료방사선을 포함한 모든 의료방사선을 일관되게 규제하도록 치료기기 및 진단기기 관련 방사선안전관리 법령을 통합 일원화할 것을 제안한다. 예를 들어 「진단방사선 발생장치의 안전관리에 관한 규정」과 「의료분야의 방사선 안전관리에 관한 기술기준」을 하나로 통폐합하여 포괄적인 규제가 가능하도록 고려해 볼 수 있을 것이며, 이는 방사선 의료기기의 방사선안전관리에 있어 더욱 효율적인 체계가 될 것이다.

V. 맺음말

4차산업혁명 시대에 있어 방사선 치료기기 또한 획기적인 기술의 발전을 이루면서 현행 「원자력안전법」상 방사선 치료기기의 방사선 안전관리 법률이 현 정부의 안전에 관한 입법정책에 부합하는지 의문시되었으며, 방사선

---

35) 안희정, 의료방사선 피폭선량의 설명·기록·보존 필요성, 고려대학교, 2018.06, 30면.
36) 조민행 외, "중복규제의 현황과 개선방안 연구", 법제처, 2018.12, 12면.

작업종사자의 과다 피폭 및 사망사고 등 국내외 국민적 관심이 높아짐에 따라 현행 실무에 맞는 정부 차원의 방사선 안전관리 법률에 대한 종합적인 검토와 개편 및 법 규정과 방사선 작업종사자들의 실무적 현상 간 상응을 위한 법 정합성 확보와 일련의 법제적 개선을 위해 본 연구를 진행하였다. 그러나 의료용 방사선안전관리에 대한 현행 법률은 방사선안전관리 체계상 올바르지 않았으며, 의료분야의 방사선안전관리에 대한 방사선 작업종사자들의 실무 환경상 괴리가 있는 것으로 파악되었다. 이에 의료용 방사선안전관리 법률에 대한 문제점을 파악하고 그에 대한 개선방안을 도출하여 다음과 같은 개선방안을 제안하고자 한다. 첫 번째, 효과적인 의료용 방사선안전관리를 위해서는 선행연구와 전문가의 의견을 바탕으로 치료용 방사선기기의 품질관리 항목, 주기, 허용기준 등에 대한 법적 근거 마련이 필요하다. 법적 근거 마련을 위해서는 합리적인 국내 표준이 개발될 때까지 일반적인 허용오차를 통한 규제가 아닌 AAPM-TG 142 지침이 제시하는 허용 수준과 중요도에 따른 단계별 행동한계(Action Limit)에 맞게 개정이 되어야 한다. 두 번째, 현재 원자력안전법과 의료법에서 별도로 규정하고 있는 치료·진단기기 의료 방사선안전관리법을 통합·일괄화하는 방안을 제안하였다. 이는 비효율성과 불일치를 제거하여 의료기관 내의 모든 의료 방사선기기를 관리하기 위한 보다 효율적이고 안전한 방사선안전관리 체계를 유지할 것이다. 본 연구에서는 법적 일관성을 보장하고, 법적 규정을 실무 운영 현실과 일치시키는 데 중점을 두면서, 의료분야의 방사선안전관리 체계의 문제점을 파악 및 개선방안을 도출하였으며, 의료분야의 방사선안전관리를 수행하는 데 있어 효과적인 이행과 방사선 사고 예방에 이바지할 것이다.

● 주제어: 방사선 안전관리, 방사선 치료기기, 방사선 진단기기, 4차 산업혁명, 규제개혁

[부록: 별표 1]

치료용 방사선기기의 품질관리 항목, 주기 및 관리오차(제5조제3항 관련)

가. 선형가속기

주기	항목	관리오차		
		Non−IMRT	IMRT	SRS/SBRT
일간	X−선 출력 일치도(모든 에너지) (전자선 출력일치도는 주간 항목으로 수행)	3%	3%	3%
	레이저 정렬(십자선 기준)	±2 mm	±2 mm	±1 mm
	광거리 표시기(ODI)	±2 mm	±2 mm	±2 mm
	콜리메이터 크기 표시기	±2 mm	±2 mm	±1 mm
	출입문 연동장치	기능유지	기능유지	N/A
	정위방사선치료기구연동장치법	N/A	N/A	기능유지
	환자 감시 장치	기능유지	기능유지	N/A
	빔 사용 표시등	기능유지	기능유지	N/A
월간	X−선 출력 일치도	±2%	±2%	±2%
	전자선 출력 일치도	±2%	±2%	N/A
	광자선 프로파일 일치도	±2%	±2%	±2%
	전자선 프로파일 일치도	±2%	±2%	N/A
	광자선/전자선 에너지 일치도	2%/2 mm	2%/2 mm	N/A
	광/방사선 조사면 크기 일치도	2 mm or 1% on a side	2 mm or 1% on a side	2 mm or 1% on a side
	광/방사선 조사면 크기 일치도(비대칭성)[a]	1 mm or 1% on a side	1 mm or 1% on a side	1 mm or 1% on a side
	레이저위치 정확도	±2mm	±1mm	±1mm
	갠트리/콜리메이터 각도 중심축	1.0°	1.0°	0.5°
	MLC 위치 정확성	−	1mm	−
	치료대 위치 표시기[b]	±2 mm/1°	±2 mm/1°	±1 mm/0.5°
	콜리메이터 회전에 따른 십자선 중심일치도	1 mm	1 mm	1 mm
	게이트 연동장치	−	기능유지	−

참고문헌

1.국내문헌

김용배, "최신 방사선 치료", 대한내과학회지, 2008, 제74권 부록 2호.

원자력안전위원회, "ICRP 103 신권고 및 IAEA GSR Part 3 국내도입을 위한 기술기준 최적화 연구개발", 대한방사선방어학회, 2016 – 25호.

한상은 (2019) 제5발표 : 핵의학 및 방사선치료 분야 방사선안전규제 제도화 현황 , 2019년도 대한방사선방어학회 추계 학술발표회 논문요약집.

김민정, "의료기술 관점에서 방사선치료장비의 안전하고 효율적 사용방안", 2012.12.31.

김정호, "방사선치료계획 정도관리 방법에 따른 신뢰도 평가", 2015.

박상현,"의료방사선분야 안전관리 규제 법령 국내외 비교", 2018.

이재기, "의료에서 방사선방호(Radiological Protection in Medicine)", 대한방사선방어학회, 2007.10.

조민행 외, "중복규제의 현황과 개선방안 연구", 법제처, 2018.12, 12면.

이동연, "의료용 선형가속기의 방사화 특성에 관한 연구 –유지, 보수 및 해체 시–", 2017.02.

안희정, 의료방사선 피폭선량의 설명·기록·보존 필요성, 고려대학교, 2018.06.

허 명 PD, "방사선 치료기기 기술 동향 및 산업 현황", KEIT PD Issue Report

한국보건의료원, "방사선이 인체에 미치는 영향 : 일본 원전 사고로 인한 영향의 관점에서", 2011.07.22.

한국원자력의학원, "방사선안전관리운영(Radiation Safety and Control)", 2022.12.31.

국가암정보센터, "방사선치료의 이해", 2024.06.06.

글로벌 의료기기 시장동향", 월간정보 소식지 2019년 2월호.

보건복지부, "암등록통계 통계정보보고서", 2022.03.08.

질병관리청 건강 위해 대응과, "건강위해정보 – 방사선", 2024.04.03.

질병관리청 손상예방관리과, "의료방사선안전관리 –방사선피폭 및 방어–", 2024.04.03.

질병관리청, "의료 방사선안전관리 – 방사선피폭 및 방어", 2024.04.03.

AAPM Task Group 198 Report: /김동욱 외 역, 의료 가속기의 TG 142 품질보증을 위한 수행 지침서, 2022.

2. 해외문헌 및 웹사이트

ICRP,"Prevention of accidental exposures to patients undergoing radiation therapy ICRP Publication 86. Ann.", 2000, ICRP 30(3).

Miften M, Olch A, Mihailidis D, et al. Tolerance limits andmethodologies for IMRT measurement –based verification QA:recommendations of AAPM Task

Group No. 218. Med Phys. 2018;26:2086 − 2091.

UNSCEAR,"Sources and Effects of Ionising Radiation. United Nations Scientific Committee on the Effects of Atomic Radiation Report to the General Assembly with Scientific Annexes", United Nations, New York, NY(2000).

U.S.NRC,"Historical Review and Observations of Defense − in − Depth", NUREG/KM − 0009 (2016).

TechNavio, Global Radiation Oncology Market, 2020.

한국원자력산업협회, https://www.kaif.or.kr/

한국원자력안전기술원, "안전규제 − 규제인프라 − ", (https://www.kins.re.kr/safety).

ICRP, https://www.icrp.org/page.asp?id = 3

World Economic Forum, https://www.weforum.org/about/klaus − schwab/

American Association of Physicists In Medicine, https://w4.aapm.org/org/

[Abstract]

Research On Regulatory Reform Of Radiation Safety Management In The Medical Field
- Focusing On Radiation Medical Devices -

Kim, Tae-Oh * · Hong, Sun-Ki **

Radiation has been applied in the medical field since its discovery, and despite being classified as a Group 1 carcinogen by the International Agency for Research on Cancer(IARC) under the WHO, it has made a significant contribution to increasing the survival rate of patients in the medical field. It is widely used. Accordingly, the frequency of using radiation in medical activities is increasing, and the risk of exposure to radiation during radiation work and treatment is also increasing, exposing many radiation workers and patients to radiation risks.

Korea is implementing radiation safety management regulations by reflecting the Nuclear Safety Act and its subordinate laws and regulations based on the guidelines of the International Commission on Radiological Protection(ICRP). In April 2000, a serious medical accident occurred at a domestic hospital related to radiation treatment for cervical cancer. As a result of this incident, specific special standards for the use of medical radiation were established under the Nuclear Safety Act, emphasizing the importance of medical radiation safety management. . Excessive exposure to radiation during radiation work or treatment can have serious effects on the human body. DNA(Deoxyribo Nucleotic Acid: the genetic material of all living things) and cell membranes, which are essential for cell survival, are directly or indirectly damaged, and cells undergo an abnormal death process rather than apoptosis, a process that ends natural life, resulting in irreversible damage to the human body. It can cause serious disability. The government has a responsibility to protect the safety and lives of its citizens from the risk of excessive exposure to radiation. Accordingly, in this study, we investigated the significance of medical radiation, reviewed the issues raised in relation to the "Technical Standards for Radiation Safety Management in the

 * First Author, Master Candidate of Law, Dongguk University(Seoul)
** Corresoponding Author Doctor of Law(Dr.jur.), Assistant Professor of Law, Dongguk University(Seoul)

Medical Field" law established to prevent radiation accidents in the medical field, and developed measures to improve the problems. I would like to discuss it.

• Key Words: radiation safety management, radiation therapy devices, Radiation diagnostic equipment, 4th industrial revolution, regulatory reform

AI 시대에 직면한 사회변동과 법적 과제*

성낙인

AI 시대를 맞이하여 인류 사회의 삶과 행동양식은 근본적인 변화에 직면한다. 이제 세상은 AI 이전과 AI 이후로 구획될 것이다. 21세기에 접어들면서 제창된 제4차 산업혁명론은 그 실체가 과연 정보사회로 상징되는 20세기 후반에 제기된 제3차 산업혁명과 본질적인 차이가 무엇인가에 대한 의구심은 AI시대로 확신을 가지게 한다.

AI시대에 이를 적극적으로 규제하려는 일련의 법제가 등장한다. 유럽연합의 AI규제법이 대표적이라 할 수 있다. 하지만 AI의 발전에 법이 능동적으로 대응하는 데에는 한계가 따르기 마련이다. 바로 그런 점에서 이제 인류는 인류사회 전체의 안전과 행복을 담보하기 위한 AI법제의 정립과 더불어 인터넷 시대에 제기되었던 네티켓(netiquette) 이상의 차원에서 "AI 에티켓"을 정립하는데 힘을 모아야 할 때이다. 자칫 AI 기술의 발전이 인류의 삶 그 자체를 파괴할 수도 있기 때문이다. 범용AI의 비약적인 발전이 이러한 우려를 더욱 현실화시킨다. 하지만, 동시에 AI시대에 제기되는 부작용에만 골몰하다보면 자칫 그 발전의 흐름을 잃어버릴 수도 있다. 이에 부작용을 최소화하면서 이를 긍정적으로 활용할 방안을 찾아야 한다.

* 이 글은 (사)4차산업혁명융합법학회, (사)한국행정법학회, 한국형사법무정책연구원이 공동 주최하고, CNCITY 마음에너지재단이 후원한 "제4회 4차산업혁명융합법학회 국제 학술포럼"("대주제: 생성형 AI의 도전과 법정책적 과제"(2024년 11월 8일(금), 서울대학교 호암교수회관 별채 로즈룸)에서 기조발제한 내용을 수정·보완한 것이다.

I. 서설

18세기 말 미국과 프랑에서의 혁명을 통하여 근대입헌주의의 새로운 장을 열어나갔다. 그것은 무엇보다도 구제도(ancien régime)에서 자행되어온 군주주권에 대한 국민주권으로의 전환을 의미한다. 이제 주권자인 인간의 자유와 권리 보장을 위한 입헌주의가 정립되었다. 하지만 고전적인 입헌주의에서의 국가는 자유국가·소극국가에 머물러 있었다. 19세기에 전개된 산업혁명은 자유주의에 대한 새로운 경종을 울린다. 이에 따라 20세기 국가는 적극국가·급부국가·사회국가·복지국가를 지향하게 됨에 따라 국가가 국민생활에 적극적으로 개입하게 된다. 그것은 국민주권의 실질적 구현을 의미한다.

국민주권의 실질적 구현을 위한 일련의 노력은 이제 정보사회의 도래에 따라 새로운 변용을 맞이한다. 정보사회는 보통사람들의 예상을 뛰어넘을 정도로 급속하게 진전된다. 20세기 후반 컴퓨터를 통한 소통의 변화는 기존의 소통방식에 근본적인 변화를 초래하였다. 이에 따라 법적으로 제기된 논점은 바로 '정보공개'와 '사생활보호'이다. 이 두 가지 명제는 정보사회의 양면의 날과 같다. 정보공개가 강조될수록 자칫 개인의 사생활의 비밀과 자유는 침해될 소지가 늘어나기 마련이다. 그렇더라도 주권자인 국민뿐만 아니라 인류사회의 보다 밝은 내일을 위한 투명성 제고는 저버릴 수 없는 명제이다. 이에 정보공개의 이론적 기반으로서의 '알 권리'는 헌법적 가치를 가지는 권리로 널리 인정한다. 다른 한편 '사생활의 비밀과 자유'는 1980년 헌법에서 헌법상 기본권으로 명시된 이후 1987년 현행헌법에 이르고 있다.

정보사회는 20세기 후반에 이르러 새로운 발전과 변용을 거듭하여왔다. 초고속정보통신망의 일반화와 더불어 정보통신 과학기술의 발전은 기존의 정보사회의 틀을 뛰어넘는 상황을 예견하고 있었다. 특히 21세기 벽두에 발발한 9·11테러는 기존의 법제도와 법인식에 근본적인 변화를 초래한다. 특히 국경을 초월한 인터넷시대에 있어서 개별국가의 법과 제도는 보편화 현상을 드러내기도 한다.

21세기에 들어서면서 '제4차 산업혁명'이라는 명제에 따른 사회변동과 법의 변화를 논의하는 단계에서 발발한 9·11테러에 더 나아가 인공지능(AI, Artificial Intelligence)의 발전은 기존의 법과 사회를 근본적으로 뒤흔들어 놓는다. 인류의 삶 그 차체가 새로운 변화에 순응하여야 하는 상황이다. 인류의 삶을 대체하는 인공지능은 더 이상 다른 세계의 문제가 아니라 바로 우리의 삶 속에 현실화되고 있다. 이에 대한 합리적이고 체계적인 규제가 없으면 자칫 인류의 삶 그 자체를 황폐화할 수도 있다. 이러한 문제점이 현실화하는 과정에서 각국에서는 인공지능 규제법제를 도입하는 과정에 있다. 유럽에서의 인공지능규제법, 미국에서의 인공지능규제 관련 집행명령, 한국에서의 인공지능규제법안의 등장이 그러하다. 그런데 인공지능의 진화는 인류가 미처 생각하지 못한 '생성형 인공지능'(GAI, Generative Artificial Intelligence)을 넘어서 인공지능이 사실상 인간으로 작동하는 '범용인공지능'(AGI, Artificial General Intelligence) 영역으로 급속하게 진행된다. 바로 그런 점에서 인공지능 법제가 가지는 한계이기도 하다.

Ⅱ. 정보사회의 진전과 입헌주의의 변용

1. 사회변동과 입헌주의

필자는 2023년 9월 한국헌법학회가 주관하는 연차 한국헌법학자대회에서 "사회변동과 입헌주의"라는 주제로 기조논문을 발제한 적이 있다.[1]

사회변동에 따라 고전적인 입헌주의 그 자체가 변화에 직면할 뿐만 아니라 입헌주의에 기초한 법치주의를 구현하기 위한 법이론과 법실천에도 근본적인 변화를 초래하고 있다. 20세기에 불어 닥친 정보사회의 변화가 이를 단적으로 보여준다. 입헌주의이론은 근대입헌주의 헌법의 보편적 가치인 근대자연법론의 사상적 세계에 기초하면서도, 현실사회에서 존재하는 실존적 법규범과 그 법규범에 기초하여 작동되는 법현실을 인식하고 이에 순응할 줄 아는 법적 실존주의(existentialisme juridique)에 입각하여야 한다. 실존의

---

1) 성낙인, "사회변동과 입헌주의", 헌법학연구 29-4, 한국헌법학회, 2023.12.

세계에 기반하면서도 시대정신에 따라 정립하고자 하는 법이념과 법적 안정성의 상호 조화로운 발전을 통하여 헌법학과 입헌주의의 이해와 실천에 균형이론(balance theory)이 터 잡을 수 있다.[2]

2. 정보사회에서 정보공개와 사생활보호

헌법적 가치를 가지는 알 권리를 정립함으로써 이제 공공기관의 정보공개는 보편적 가치로 자리 잡고 있다. 이에 따라 18세기 이래 자유민주국가의 그 이념적·사상적 기초인 국민주권주의는 명실상부하게 작동할 수 있게 되었다. 주권자의 알 권리가 제대로 보장되지 아니하는 한 그 주권은 형식적으로 머물 수밖에 없다. 국민주권주의의 실질화는 바로 정보공개로부터 비롯된다. 그 정보공개는 공공기관에 한정되지 아니하고 사적 영역에서도 보편화되어가고 있다. 기업의 정보공개가 그 단적인 예이다. '알 권리'는 아직도 헌법에 명시적으로 인정되지 아니하지만, 이론과 판례를 통하여 헌법적 가치를 가지는 기본권으로 인정되고 있다. 이에 따라 '공공기관의 정보공개에 관한 법률' 등 일련의 정보공개 관련 법률[3]이 제정되어 있다.[4]

다른 한편으로는 정보공개와 그에 따른 정보의 홍수 시대에 개인의 정보, 즉 인간으로서의 개인의 동일성을 확보하고 이를 보장하기 위한 사생활보호

---

2) 성낙인, 헌법학 제24판, 법문사, 2024, 15면 이하; 성낙인, "헌법학 연구와 교육 방법론 연구", 동아법학 제54호, 동아대 법학연구소, 2012.12: 헌법학논집 96-118면; 성낙인, "헌법, 국민의 생활헌장으로", 서울대 국가정책포럼 기조발제문, 2017.11.30: 성낙인, 헌법학논집, 법문사, 2018, 3-71면; 성낙인, 헌법과 생활법치, 석학인문강좌 67, 세창출판사, 2017 참조.

3) 또한 학교교육의 정상화를 위하여 '교육관련기관의 정보공개에 관한 특례법'도 제정되었고, '원자력안전 정보공개 및 소통에 관한 법률'도 제정되었다. 한편 알 권리를 구체적으로 구현하기 위하여 '공공기록물 관리에 관한 법률'과 '대통령기록물 관리에 관한 법률'이 제정되어 있다. 하지만 아직까지 기록물관리가 철저하지 못하다는 비판을 받고 있다.

4) 필자는 당시 총무처 능률국이 주관하는 '정보공개법 제정심의위원회'(위원장 최송화)에 참여하여 정부안을 공청회에서 발제한 바 있다. 그 후에 비록 위원회 안이 제대로 반영되지는 아니하였지만, 법에 마련된 정보공개위원회 위원장을 두 차례 역임한 바 있다.

와 그에 따른 '자기정보에 대한 통제권', 즉 '개인정보자기결정권'이 적극적으로 보장되어야 한다.5)

미국에서는 정보공개법(1966년)과 Privacy법(1974년)이 제정되면서, 정보사회를 법적으로나 제도적으로 앞서나가기 시작하였다. 우리나라에서도 1980년 제5공화국헌법에서 처음으로 '사생활의 비밀과 자유'를 헌법규범으로 정립하여 현행헌법에 이르고 있다.6) 헌법이념을 구현하기 위하여 '공공기관의 개인정보보호에 관한 법률'이 제정되었으나 공적 기관에만 적용되는 한계를 면하지 못하였다. 이를 보완하고 사적 부분에까지 적용되는 '정보통신망 이용촉진과 정보보호 등에 관한 법률'이 제정되었다.7) 이후 사적 부문까지 아우르는 '개인정보 보호법'이 제정되었다.

3. 9·11테러와 전통적인 입헌주의 이론의 변화8)

21세기에 들어와서 정보기본권에 대한 근본적인 변화를 초래한다. 그 기폭제가 된 사건이 바로 2001년 9월 11일 발생한 미국에서의 테러사건이다. 이 사건으로 뉴욕의 세계무역센터 쌍둥이 건물이 파괴되고 심지어 워싱턴DC에 있는 미국 군사력의 상징인 펜타곤(Pentagon)까지 침공당하였다. 이 사건 이후 기존의 정보사회 관련 법제와 법이론은 근본적인 변화를 초래한다.

(1) 9·11 이전: 지나친 개인정보보호

9·11 이전에는 개인정보보호에 지나치게 민감하였다. 그 대표적인 사례가 우리나라에서 시행하여온 주민등록(번호)제도와 그에 따른 열 손가락 지

---

5) 성낙인, 헌법학 제24판, 1388면 이하.
6) 권건보, 개인정보보호와 자기정보통제권, 서울대 법학연구총서 3, 경인문화사, 2006; 김일환, "정보자기결정권의 헌법상 근거와 보호에 관한 연구", 공법연구 29-3. 한국공법학회, 2001.3, 87-112면.
7) 필자는 이 법률의 제정을 위한 정보통신부 심의위원회의 위원장을 맡은 바 있다. 그런데 그 이전의 '전산망 보급확장과 이용촉진에 관한 법률'을 대체하는 '정보통신망 이용촉진 등에 관한 법률'을 일차적으로 제정하였다.
8) 성낙인, "9·11 6주년… 증오에서 포용으로", 동아일보 2007.9.11: 성낙인, 법과사회 칼럼 우리헌법읽기, 법률저널 2014, 396-397면.

문날인제도이다. 1968년 주민등록법을 제정하여 모든 국민은 태어나면서부터 주민등록번호를 부여받고 18세가 되면 주민등록증을 교부받으면서 열 손가락 지문날인을 한다. 그런데 주민등록번호부여는 인간을 백넘버화하고 지문날인은 사람의 생체와 관련된 지문을 강제로 날인함으로써 그 악용의 우려가 크다는 점에서 야만적인 제도라고 비판받아왔다. 필자는 1990년대에 정부에서 추진한 '전자주민등록증제도'의 도입과 관련된 위원회에 참여한 적이 있다. 즉 1990년대 후반에 기왕 주민등록제도를 통한 주민등록증을 가지는 바에 아예 주민등록증에 개인별로 간단한 전자기록장치를 부가하여 '전자주민등록증' 제도를 시행하려 하였다. 이에 따라 그 시범지역으로 제주도를 지정하였다. 전자주민증록증에는 주민등록등본, 의료보험, 자동차면허증 등과 같은 내용을 첨부하여 간단한 정보를 쉽게 접근할 수 있도록 하였다. 그런데 일부 진보 법학자 및 법조인과 시민단체들의 반대로 결국 정부는 이 제도 도입을 포기하였다. 이들은 국가가 개인의 정보를 착취·악용할 우려가 있다는 주장을 제기함에 따라 실천되지 못하였다.[9] 또한 주민등록제도와 더불어 시행하여온 지문날인제도(指紋捺印制度)에 대하여도 헌법재판소의 합헌 결정 과정에서 상당한 반대에 부딪힌 바 있다. 비록 합헌으로 결정이 났지만 합헌 6: 위헌 3이라는 결과가 그 과정에서 치열한 논쟁이 전개된 것을 잘 알 수 있다.[10] 위헌론도 나름 경청할 소지가 있다. 지문날인에 대한 실정법적

---

9) 필자는 당시 정부의 전자주민등록증 제도 실시를 위한 TF의 일원으로 제주도에서 세미나를 개최하는 등 직접 참여한 바 있다. 하지만, 반대에 부딪혀 무산되고 말았다.
10) 헌재 2005.5.26. 99헌마513, 주민등록법 제17조의8 등 위헌확인 등(기각): [합헌의견 (6인)] ① 이 사건 지문날인제도의 목적은 17세 이상 모든 국민의 열 손가락 지문정보를 수집하여 신원확인기능의 효율적인 수행을 도모하고, 신원확인의 정확성 내지 완벽성을 제고하기 위한 것으로서 그 목적의 정당성이 인정되고, ② 그 정보를 수집하여 이를 보관·전산화하여 이용하는 것이 위와 같은 목적을 달성하기 위한 효과적이고 적절한 방법의 하나가 될 수 있다는 점에서 수단의 적합성이 인정되고, 또한 ③ 범죄자 등 특정인의 지문정보만 보관하여서는 모든 국민의 지문정보를 보관하는 경우와 같은 신원확인기능을 도저히 수행할 수 없고 손가락 하나의 지문정보만 수집하는 것도 그 정확성의 면에서 비교가 어려우며, 그 밖의 수단의 경우에도 사진은 정확도가 떨어지고 유전자, 홍채, 치아 등은 수집·보관과 관련한 인권침해의 우려가 높고 확인시스템의 구축에 비용 및 시간이 많이 드는 등의 단점이 지적되고 있어 이를 정보의 과잉수집으로 피해의 최소성원칙에 위반되는 것으로 보아서는 아니 될 것이며, ④ 지문정보를 범죄수사, 대형사건사고 또는 변사자발생시의 신원확인, 타인의 인적 사

근거가 다소 부족한 부분이 있었던 것 또한 사실이다. 하지만, 그 논쟁의 본
질은 주민등록을 위한 지문날인 그 자체가 정보 주체의 개인정보를 침해하
느냐의 여부이다. 무엇보다도 선진 각국에서 시행된 적이 없는 지문날인 그
자체에 대한 혐오로부터 비롯된다.[11] 전자주민등록증 제도가 실패한 이후
정보사회의 진전에 따라 2024년 12월부터 정부는 휴대폰에 주민등록을 입
력하는 '모바일 주민등록증' 제도를 시행한다. 아마도 이를 통해 앞으로 전
자주민등록증 제도로 발전할 가능성이 높다.

  그간 선진 법치국가에서 사람에 대한 번호 부여는 야만적인 것으로 보았
다. 이에 따라 대한민국에서와 같이 태어나는 순간 주민등록번호라는 백넘
버가 부여되는 사회는 야만국가라는 조롱의 대상이었다. 인간이 '어항 속의

항 도용방지 등 각종 신원확인의 목적을 위하여 이용함으로써 달성할 수 있는 공익이
그로 인한 정보주체의 불이익보다 크다고 보아 법익의 균형성 요건도 충족하는 것으
로 보았다. [위헌의견(3인)] 실정법적 근거가 없으므로 ① 경찰청장의 지문정보의 수
집·보관행위는 헌법상 법률유보원칙에 어긋나며, ② 가사 법률적 근거를 갖추었다고
하더라도 기본권의 과잉제한금지원칙에 위배된다는 위헌의견을 제시한다. 그 이유로
서 열 손가락의 지문 모두를 수집하여야 할 필요성이 있다고 보기는 어렵고, 열 손가
락의 지문 일체를 보관·전산화하고 있다가 이를 그 범위, 대상, 기한 등 어떠한 제한
도 없이 일반적인 범죄수사목적 등에 활용하는 것은 개인정보자기결정권에 대한 최소
한의 침해라고 할 수 없고, 전국민을 대상으로 하는 지문정보는 위와 같은 구체적인
범죄수사를 위하여서뿐 아니라 일반적인 범죄예방이나, 범죄정보수집 내지는 범죄예
방을 빙자한 특정한 개인에 대한 행동의 감시에 남용될 수 있어 법익균형성도 상실될
우려가 있다고 본다.
헌재 2024.4.25. 2020헌마542. 주민등록법 제24조 제2항 위헌확인 등(기각): ① 주민
등록증에 지문을 수록하도록 한 구 주민등록법 조항, ② 주민등록증 발급신청서에 열
손가락의 지문을 찍도록 한 구 주민등록법 시행령 조항, ③ 시장·군수·구청장으로
하여금 주민등록증 발급신청서를 관할 경찰서의 지구대장 또는 파출소장에게 보내도
록 한 구 주민등록법 시행규칙 조항 및 ④ 피청구인 경찰청장이 지문정보를 보관·전
산화하고 이를 범죄수사목적에 이용하는 행위에 대한 심판청구를 모두 기각하였다.
다만, 위 시행령 조항이 개인정보자기결정권을 침해한다는 1인의 반대의견(과잉금지
원칙 위반)이 있다. 하지만, 위 시행규칙 조항이 개인정보자기결정권을 침해하지 아니
한다는 2인의 기각의견·개인정보자기결정권을 침해한다는 4인의 인용의견(법률유보
원칙 위반) 및 이 부분 심판청구는 기본권침해의 자기관련성 및 현재성이 인정되지
아니한다는 3인의 각하의견이 있다. 또한 위 피청구인의 보관·이용등행위가 개인정
보자기결정권을 침해한다는 4인의 반대의견(법률유보원칙 위반)이 있다.
11) 한국에서도 1968년 주민등록제도가 도입되기 이전에는 주민번호나 지문날인 자체가
  존재하지 아니하였다.

금붕어'가 되고, 인간은 이제 국가권력의 물리력이나 완력에 의한 통치대상
이 아니라 정보를 통한 '국가권력의 사람 사냥'12)의 대상이 되었다는 비판에
직면하였다.

(2) 9·11 이후: 국가안보 앞에 굴복하는 개인의 기본권 보호

미국 등 소위 자유민주주의 국가에서는 본인이 원하는 바에 따라 해외여
행을 위한 여권, 사회복지보장을 위한 사회보장카드 등을 통하여 자신의 고
유번호를 부여받아왔다. 그런데 9·11 이후 기존의 개인정보보호와 국가안
보를 비롯한 일련의 법이론은 근본적인 변화를 초래한다. 이제 그 이전에 전
개되었던 일련의 법이론은 사실상 폐기되었다고 할 수 있다.

미국은 9·11 테러 이후 10월 26일 패트리어트(PATRIOT)법을 제정하였
다.13) 패트리어트법은 테러행위에 대한 법적 대응에서 기존의 법적 흐름과
근본적으로 달리 한다. 종래 미국에서 헌법상 기본권 보장 우선 시각에서 벗
어나 이제 테러에 관한 한 국가안전보장을 우선시한다. 더 나아가 테러에 대
응하여 사전적인 예방조치도 강화한다.14) 이 법의 기본목적이 국가의 존립
과 안전의 확보에 있다는 점에서 공감할 수도 있지만, 기본권에 관한 한 "자
유의 화원"으로 칭송받던 미국이 이제 자유의 화원이 아니라 폐쇄적이고 수
구적인 국가수호법제를 정립하였다는 비판이 제기된다.

9·11사태 이후 지문날인 정도가 아니라 사람의 생체인식이 보편화되어
있다. 이는 미국, 일본, 중국 등 거의 모든 나라에서 일반적인 현상이다. 각
국에서 출입국 검사에서는 지문날인과 생체인식을 하고 있다. 이는 한편으
로는 한 번 등록된 이후에는 출입국검사가 매우 쉽게 진행된다는 실무상의

---

12) 성낙인, 칼럼 "국가권력에 의한 사람 사냥", 이대학보, 1997.
13) Uniting and Strengthening America by Providing Appropriate Tools Required to
    Intercept and Obstruct Terrorism Act.
14) 구체적으로는 당사자의 동의 없이 전화감청, 이메일과 우편·인터넷 조사, 기소절차
    없이 테러혐의자의 무기한 구금, 학력사항·전화기록·금융기록·신용카드 내역·세무
    관련 조사, 외국인에 대한 출입국 통제 강화, 예방적 구금제도, 테러혐의자에 대한 군
    사법원의 재판 등을 할 수 있다. 이러한 법제의 내용은 전통적인 미국법이론의 틀을
    크게 벗어나 있다.

편의도 있다.

Ⅲ. 인공지능(AI) 시대의 도래와 그에 대한 대응

1. 21세기 초 정보사회(지능정보사회)의 진전에 따른 명암

세계경제포럼을 이끌고 있는 클라우스 슈밥은 21세기에 접어들어 제4차 산업혁명을 논하기 시작하였다.15) 하지만, 20세기 후반에 본격적으로 정착한 정보혁명을 제3차 산업혁명으로 명명한 이후 21세기에 접어들어 과연 무엇이 달라졌는가에 대한 의문이 제기되기도 하였다.

그런데 한국사회뿐만 아니라 전 세계적으로 파장을 일으킨 사건이 있었다. 바로 2016년 서울에서 개최된 알파고와 세계 바둑계의 제1인자인 이세돌과의 대국이었다. 그때까지만 해도 한국뿐만 아니라 전 인류는 당연히 이세돌이 승리하리고 믿었다. 하지만 결과는 예상을 뒤엎고 이세돌의 패배는 충격을 안겨주었다.16) 그 이후에는 이제 더 이상 인간이 알파고와의 대결은 불가능하다. 이는 곧 인공지능 시대의 도래를 상징적으로 보여준다.

소위 제4차 산업혁명 단계의 진입에 따른 변화와 더불어 인공지능(AI, Artificial Intelligence) 시대의 전개에 따라 고전적인 국가의 조직과 역할 및 기본권보장에 새로운 변용이 불가피하다. 이에 따라 지난 2세기 이상에 걸쳐 정립된 헌법학이론의 가치와 체계도 근본적인 재발견과 재해석이 불가피하다. 한국에서 매년 개최되는 한국공법학자대회와 한국헌법학자대회의 대주제가 바로 인공지능의 법적 문제로 귀결되고 있다.17)18)

---

15) 김민주·이엽 번역, 클라우스 슈밥의 제4차 산업혁명, 메가스터디북스, 2018: Klaus Schwab, The Fourth Industrial Revolution.
16) 2016년 3월 9일부터 15일까지 서울 포시즌 호텔에서 개최되었는데, 알파고가 이세돌에 4:1로 완승하였다.
17) 한국공법학자대회, "지능정보사회에서 공법학의 과제", 2020.10.12; "시대와 국가, 국민이 묻고 공법이 답하다", 2023.6.21; "인공지능과 미래사회, 그리고 공법의 대응". 2024.8.1. 헌법학자대회, "뉴노멀시대와 헌법의 미래", 2021.10.1; "사회변화와 헌법", 2023.9.2; "미래사회의 균형추로서 헌법의 역할", 2024.8.30. 발표논문; 이준일, "인공지능과 헌법", 헌법학연구 28−2, 한국헌법학회, 2022, 348−383면.

지능정보사회의 진전에 따라 기존의 전통적인 민주주의라는 용례도 다양한 수식어로 변용하고 있다.[18] 이제 정보사회에서 인공지능의 도움이 없는 일상은 생각하기 어렵다. 하지만, 인공지능이 몰고 오는 폐해 또한 무시할 수 없기에 그에 대한 대응이 필수적으로 요구되지만, 현실적으로 이를 생활 속에 구현하는 데에는 수많은 장벽이 놓여 있다. 무엇보다 인공지능 시대에 진입 할수록 법치주의를 더욱 강화하는 방책의 마련이 입헌주의를 위한 새로운 과제로 제시된다.[20] 이와 관련된 문제 상황은 인공지능사회에 있어서의 정부의 역할과 기능에 대한 재조명도 필요하다.[21]

인공지능의 발전에 따라 기본권에서도 그 논의가 증폭된다.[22] 기본권의 주체, 국가의 기본권보장의무, 평등권에서 더 나아가 사생활의 비밀과 자유 및 그에 따른 개인정보통제권(개인정보자기결정권),[23] 소비자의 권리, 재산권, 직업의 자유, 교육의 자유,[24] 통신의 자유,[25]근로의 자유 등 거의 모든 기본권에 문제를 야기할 수 있다.

특히 인공지능을 기본권의 주체로 볼 수 있을 것인가, 기본권의 주체로 본다면 어떻게 할 것인가의 근본적인 문제가 제기된다.[26] 원래 기본권의 주

---

18) 이하에서는 성낙인, "사회변동과 입헌주의"에서 재인용.
19) 조소영, "지능정보사회와 민주주의", 2020 한국공법학자대회 지능정보사회에서 공법학의 과제, 한국공법학회 자료집, 2020.10.16.－17, 2면: 원격(Tele) 민주주의, 모뎀(Modem) 민주주의, 사이버(Cyber) 민주주의, 디지털(Digital) 민주주의, 온라인(Online) 민주주의, 전자(Electronic) 민주주의에 더 나아가, 데이터 기반(Data－driven) 민주주의, 헤테라키(Heterarchy) 민주주의, 알고리즘(Algorism) 민주주의 등.
20) 이희정, "AI와 법치주의", 앞의 공법학자대회 발제문, 17－38면. 이 글에서는 입법의 수준 제고, 집행의 전문성 제고, 참여의 제고를 강조한다.
21) 손형섭, "디지털전환에 의한 지능정보화 사회의 거버넌스 연구", 앞의 공법학자대회 발제문, 124－169면; 허진성, "지능정보사회에서의 민주주의". 153－170면.
22) 윤수정, "인공지능사회의 기본권", 앞의 공법학자대회 발제문, 43－76면. 이 글에서는 입법의 수준 제고, 집행의 전문성 제고, 참여의 제고를 강조한다.
23) 이성엽, AI 규제법, 커뮤니케이션북스, 2024, 31면 이하.
24) 이병규, "인공지능과 교육기본권에 관한 논의", 제4회 헌법학자대회, 대전환기 새로운 인권 논의와 헌법적 과제, 2022.9.2., 285－311면.
25) 엄주희, "정보통신과 인권－ICT 신경 향상과 뇌－컴퓨터 인터페이스에서 새로운 인권의 형성", 앞의 헌법학자대회 발표문, 33－349면.
26) 인공지능의 기본권 주체에 관하여는 이성엽, AI 규제법, 커뮤니케이션북스, 2024, 41면 이하; 윤수정 앞의 논문에 대한 권건보 교수의 지명토론문 참조.

체는 자연인으로부터 비롯되었지만, 오늘날 일반적으로 기본권의 주체로 법인 즉 법률상의 사람을 인정한다. 그렇다면 인공지능이 사실상 인간과 같이 행동하고 사유하는 단계에 이르면 기본권의 주체로 인정할 소지가 있을 수 있을지도 모른다. 더구나 인간의 뇌에 인공지능 칩을 장착하는 경우에는 인공지능과 인간의 주체성 구별이 어려울 정도의 문제가 제기된다. 그러나 인공지능 그 자체에 기본권 주체성을 인정할 수는 없다. 그렇다면 결국 인공지능 제조자, 기술 유포자, 기술 이용자에 대하여 간접적으로 권리와 의무를 부과할 수는 있을 것이다.[27]

2. 예상을 뛰어넘는 AI의 발전: 인간을 대체하는 AI 시대의 도래

(1) AI, ChatGPT에서 놀라운 발전

지금 인류세계는 오늘의 역사 이전에 체험하지 못한 혁명적 환경변화에 처하여 있다. 최근에 제기된 ChatGPT(Generative Pre-trained Transformer)는 인간의 능력을 초월하는 능력을 보여줄 뿐만 아니라 인간사회를 현혹하거나 심지어 인간사회를 능멸하는 수준에 이르고 있다. 이에 윤리적으로 인공지능에 대한 제재가 불가피하다는 논의가 전개된다.

생성형 인공지능(GAI, generative artificial intelligence)의 특성을 다음과 같이 설명한다. 첫째, 기존의 통계적 방법에서 인공신경망으로 대체하는 대규모 언어모델(Large Language Model)이다. 생성형 인공지능은 챗GPT와 같이 학습한 데이터로 새로운 이미지, 음성, 텍스트 등 콘텐츠를 만들어낼 수 있다. 이는 프롬프트에 대응하여 텍스트, 이미지, 기타 미디어를 생성할 수 있는 일종의 인공지능(AI) 시스템이다. 둘째, 기존의 검색엔진과는 달리 사용자의 질문에 대하여 새로운 정보를 생성하는 기능을 가진다. 생성형 AI는 입력 트레이닝 데이터의 패턴과 구조를 학습한 다음 유사 특징이 있는 새로운 데이터를 만들어낸다. 셋째, 기존 검색모델이 키워드 검색을 통하여 정보

---

27) 조수영, "AI의 기술발달에 따른 헌법적 관점에서의 기본권 보장에 관한 연구", 생성형 AI와 법, 492면.

를 제공하지만, 생성형 인공지능은 인공지능 기술인 언어 모델링을 사용하여 사용자의 질문에 대한 답변을 생성한다.[28] 그러나 생성형 AI의 잠재적 오용에 대한 우려도 제기된다. 예를 들어 사람을 속이기 위해 사용할 수 있는 가짜뉴스나 딥페이크를 만드는 것을 들 수 있다.[29]

(2) 범용인공지능(AGI)

범용인공지능(AGI, Artificial General Intelligence)이란 사람과 유사한 범위의 지능을 갖춘 인공지능을 뜻한다. 다양한 인지적 작업을 수행하고, 다양한 도메인에서 학습한 지식을 활용해 문제를 해결할 수 있다. 단순히 특정 작업에 특화된 인공지능(AI)과는 구별되는 특징이기도 하다.[30] 범용인공지능에 이르면 사람의 명령이 없어도 인간의 지적 수준을 뛰어넘어 자율적으로 판단할 수 있다고 본다.[31]

오픈AI는 이와 같은 AGI에 도달하는 5단계 로드맵을 제시하면서 자신들은 2단계에 진입하였다고 한다.[32] 1단계는 챗GPT처럼 대화형 언어를 가진

---

28) 이성엽 편, 생성형 AI와 법, 박영사, 2024, ii.

29) 위키백과, 생성형 인공지능: 저명한 생성형 AI 시스템으로는 ChatGPT(및 빙 챗 변종), 오픈AI가 GPT-3 및 GPT-4 대형 언어 모델로 개발한 챗봇, 그리고 구글이 LaMDA 모델로 개발한 챗봇인 바드 등이 있다. 그 밖의 생성형 AI 모델로는 스테이블 디퓨전, Midjourney, DALL-E 등의 인공지능 아트 시스템들이 포함된다. 생성형 AI는 예술, 작문, 소프트웨어 개발, 의료, 금융, 게이밍, 마케팅, 패션을 포함한 다양한 산업 부문에 걸쳐 잠재적으로 응용된다. 생성형 AI의 투자는 2020년대 초에 급증했으며 마이크로소프트, 구글, 바이두와 같은 대기업들과 생성형 AI 모델을 개발하는 수많은, 규모가 더 작은 기업들이 참여하였다.

30) [네이버 지식백과] 범용인공지능 [AGI] (매일경제, 매경닷컴): 삼성전자는 미국 실리콘밸리에 AGI 반도체 개발 전담 조직인 'AGI 컴퓨팅랩'을 신설하고, 구글의 텐서처리장치(TPU) 개발자 출신 우동혁 박사를 리더로 임명했다. 메타 역시 범용인공지능을 구축하겠다는 계획을 세우고, 대규모언어모델(LLM) 라마3를 개발하고 있다. 현재 미국 인디애나주에 8억 달러 규모의 AI 데이터센터를 짓고 있기도 하다. 생성형 AI 산업의 중심에 있는 오픈AI 역시 AGI를 개발 중이며, 최근 영상 생성 AI인 '소라(Sora)'를 출시하여 AGI 구현 기간을 단축하였다는 평가를 받고 있다.

31) 조선일보 2024.10.26. A8면; 10.24. B1면: 올해 노벨 화학상을 받은 데미스 허사비스 구글 딥마인드 최고경영자는 AIG에 대해 "미리 계획할 수 있고, 스스로 질문하며, 하드웨어·소프트웨어를 모두 포함한 도구 사용을 할 줄 아는 AI"라고 정의한다.

32) AI타임즈, 2024.11.5.

AI인 챗봇(Chatbots)과, 2단계는 추론과 분석이 가능한 인간수준의 문제 해
결능력을 지닌 AI인 '추론자'(Reasoners)가 된다. 이 단계를 지나면 3단계인
스스로 내린 결론에 따라 실질적인 행동을 취하는 AI인 '에이전트'(Agents)
단계에 도달한다. 구글에서는 이 단계를 "90% 이상의 숙련된 어른과 맞먹
는" 전문가 단계로 본다. 네 번째 단계에 이르면 발명이나 새로운 아이디어
창출에 도움이 되는 AI로 이는 연구와 기술 개발에 활용되는 '혁신
자'(inovators)가 된다. 다섯 번째 단계에 이르면 조직의 모든 업무를 대신할
수 있는 능력을 갖춘 AI모델로 '조직자'(organizators)가 된다.

3. AI 시대에 국가와 기업의 대응

(1) AI 시대에 한국 정부와 기업의 대응

윤석열 정부는 대통령 직속 국가인공지능위원회를 2024년 9월 26일 출범
시켰다. 이 자리는 바로 이세돌 선수와 알파고가 대결한 바로 그 호텔에서
개최되어 특별한 관심을 가지게 한다. 정부는 세계 3대 AI 강국을 목표로
'AI 국가 총력전'을 선포하고 AI가 삶을 바꾸는 문명사적 대전환 시대에 능
동적으로 대응하는 전략을 수립하고 있다.

특히 AI의 발전에 따른 가짜뉴스 딥페이크 등 인권침해를 방지할 대책도
수립하려 한다. 더 나아가 국가AI컴퓨팅 센터를 민관 합작으로 구축하여 민
간의 AI투지를 견인하고자 한다.[33]

AI 시대에 대응한 국내 기업들의 대응도 매우 발 빠르게 진행된다.
ChatGPT에 따른 AI 혁명은 GPU(그래픽처리장치)라는 반도체 칩 기술발전으
로 가능하였다. GPU에 특화된 메모리반도체인 고대역폭 메모리(HBM) 시장
은 SK하이닉스와 삼성전자의 생산능력이 세계를 압도한다. SK그룹은 중동
에도 AI 판로 확대를 가속화한다. 롯데 그룹도 AI를 비즈니스에 적극적으로
도입한다.

일터와 삶의 일상에도 AI가 스며든다. 가전업계는 고도화된 AI를 탑재하

---

33) 월간 Peuple, 2024. 10월호, 폴리뉴스, 22면 이하 참조.

고 가전과 모바일을 연결한다. 반도체업계는 최대용량을 구현한 AI반도체를 처음으로 양산한다. IT업계는 AI공정 레시피를 적용하고 양산 수율을 높인다. 통신업계는 회사마다 AI비서 서비스 경쟁을 강화한다.[34]

(2) AI 시대에 미국 정부와 기업의 대응

실제로 그간 핵보유국이 세계에서 가장 무서운 국가로 치부되었지만, 이제는 AI 보유국이 미래 사회를 주도하는 시대에 접어들었다. 이에 따라 세계 최강국인 미국에서는 'AI 국가 안보 각서'를 채택하였다. 그 배경에는 현재 AI 개발이 민간주도로 이루어지고 있는 데 대한 우려와 더불어 기술 발전이 예상을 뛰어넘고 있다는 점이다.

(3) AI 시대의 실천적 과제

인공지능 시대의 그 주요한 핵심과제는 첫째 인재 확보다. 모든 법적 권한을 사용하여 AI 인재를 유치하고, 외국의 AI 인재에 대한 입국 절차를 간소화하여야 한다. 둘째, AI 인프라 구축이다. AI 인프라 건설 승인 절차를 간소화하고, 인프라 관련 공공·민간 투자를 장려하여야 한다. 셋째, 자산 보호다. AI 공급망 파괴에 대한 시나리오를 준비하고, 외국 투자자의 핵심 기술 접근 가능성을 확인하여야 한다. 넷째, 인간과 민주주주의 위협에 대한 대응이다. AI의 딥페이크 악용 방지 기술을 신속하게 개발하고, 인권과 자유

---

34) 조선일보 2024.10.30. 특집 Tech & Future: 삼성전자는 스마폰에 AI를 최초로 탑재하고, AI 온디바이스 시장을 개척하고 있다. LG전자는 모든 가전제품을 연결해 제어할 수 있는 AI홈의 두뇌 '퓨론'이 팀제어 스마트홈 허브를 출시할 예정이다. SK하이닉스는 고대역폭메모리(HBM)와 고성능 D램 등 AI 메모리 시장을 선도한다. 네이버는 독거노인이나 1인 가구용 안부전화 서비스 클로바 케어콜을 안착시키고 있다. 카카오는 언어는 물론 이미지와 영상 및 음성까지 생성하는 AI모델 '카나나'를 공개한다. SK텔레콤은 AI 개인비서 '에이닷' 서비스 출시 2년만에 500만 가입자를 넘어섰다. KT는 구글과 AI·클라우드·IT 분야 파트너십을 체결하고, MS와 AI 신기술 개발협약을 체결했다. LG유플러스는 AI통화비서 애플리케이션을 출시할 예정이다. SK브로드밴드는 에이닷을 IPTV에 적용하여 최적 콘텐츠 정보를 제공한다. LGCNS는 오픈AI 챗GPT 구글 팜2 등을 탑재한 'DAP Gen AI 플랫폼'을 출시한다. SK C&C는 고객 맞춤 기업용 AI로 산업 AX(AI전환) 시장을 선도한다. 엔씨소프트는 자체 개발한 바로코 LLM 등 AI기술 고도화를 추진한다.

를 위해 AI 악용 방지 정책을 수립하여야 한다.

4. AI 시대에 증폭하는 부작용

"최근의 개발속도를 보면 초지능(Super Intelligence)이 5 – 20년 안에 개발될 것이다. AI에 대한 통제방안을 한시라도 빨리 만들어야 한다"(노벨물리학상 수상자 제프리 힌턴). "인공지능(AI)은 인류가 개발한 가장 강력한 기술 중 하나인 만큼, 그 위험성을 매우 심각하게 다룰 필요가 있다"(노벨화학상 수상자 데미스 허사비스). 2024년 노벨상 시상식에서 최고의 화두는 AI가 인류의 지능수준을 뛰어넘어 '통제 불능'이 되고 우리 사회의 불평등을 심화시키는 상황이 현실화할 수 있다고 본다.[35]

AI의 부작용에 대한 경고와 우려도 가속화된다. AI의 성능이 놀라워질수록 우려도 커진다. 인간의 통제를 벗어난 AI가 개인이나 회사의 정보가 들어있는 PC나 스마트폰을 자유자재로 사용할 경우에 정보탈취는 물론 신원조작, 사기 등 여러 악용 사례가 나올 수 있기 때문이다.[36] 더 나아가 국가나 기업의 기밀 자체가 탈취·사취당하는 사례가 폭증하고 있다. 그런 점에

---

35) 동아일보 2024.12.9; 조선일보 2024.12.9. A16면: 힌턴 교수는 AI의 단기적 위협으로 '자율 살상 무기 체계(LAWS)'의 개발을 꼽았다. LAWS는 AI가 적을 스스로 인식하고 공격할 수 있는 체계다. 힌턴 교수는 "각국 정부는 LAWS와 관련하여 규제를 스스로 만들려고 하지 아니한다"며 "예컨대 유럽의 AI법은 AI의 군사적 활용을 제외한 상황"이라고 지적한다. 미국, 중국, 러시아, 영국, 이스라엘 등 주요 무기 공급국 간 군비경쟁이 심화하면서, 군사 AI 규제에 미온적이라는 것이다. 올해 노벨경제학상을 받은 다론 아제모을루 미 MIT 교수는 AI가 빅테크 등 소수 권력에 집중되어 세계적 불평등을 확대할 것이라고 경고한다. 그는 "현재 가장 부유한 국가는 가난한 국가에 비해 1인당 부(富)가 60~70배 많은데, 산업혁명 전에는 이 격차가 3~4배 정도에 그쳤을 것이다. 이처럼 파괴적인 기술 변화는 막대한 격차를 만들고, 나는 AI가 실제로 세계 격차를 키울 것이라고 생각한다"라고 한다. 그는 "AI는 개발도상국의 뒤처지는 근로자나 학생을 돕는 방식으로 사용될 잠재력이 있다. 하지만 현재의 AI는 그렇게 발전하고 있지 않다. AI는 매우 극소수의 국가, 사람들의 손에 집중되고 있으며 훨씬 큰 불평등을 부추길 것"이라고 한다.
36) 이와 관련하여 아마존이 오픈AI에 대항하기 위하여 투자한 앤스로픽에서는 해당 AI가 소셜 미디어 계정 생성 또는 게시물을 게시하거나, 정부 웹사이트에 접근하는 '고위험 동작'은 하지 못하게 한다고 설명한다.

서 인공지능시대에 사이버 보안 또한 현실의 문제로 등장한다.[37]

다른 한편 브렌트 터베이는 "AI는 숙련된 사이코패스"라는 비판을 가한다: AI의 거짓 정보를 그대로 인용하는 것은 인간의 게으름과 부주의로 만든 촌극이다. 인간만이 수행할 수 있는 공감을 통한 윤리적 성찰로 AI 수월성을 통제하여야 한다.[38] 실제로 딥페이크를 통한 성범죄 등이 증가일로에 있다. 특히 젊은 층의 딥페이크를 통한 영상물의 제작이나 소지가 날로 증가하고 있다.

Ⅳ. AI 시대의 법제와 법이론의 혁명적 변화

1. AI 시대의 법과 사회

혁명적 변화에 직면하여 이에 대한 법적 규제가 강력하게 제기된다. 하지만, 법은 언제나 사회변화나 사회현상보다 늦게 작동하기 마련이다. 더구나 근년의 인공지능 문제는 그동안 체험한 사회의 현상을 초월하는 상황이다. 인공지능이 생물학적인 인간을 대체할 수 있는 상황에까지 이른다. 아니 생물학적인 인간의 능력을 뛰어넘는 지능을 가질지도 모른다. 그런데 그 인공지능의 발전 양상이 인류가 여태껏 체험한 그런 상황과는 전혀 다르게 그러나 매우 빠르게 전개되고 있다는 점이다. 그런 점에서 AI에 대한 규제 필요성도 당연히 제기된다.[39]

이와 관련하여 이러한 문제들은 이미 고도정보사회에 진입하면서 예견되었고, 또한 현실적으로 정책적 대응의 문제이지 이를 법제로 해결할 수 있는

---

37) 김승수, "생성형 AI의 오남용 문제와 사이버보안", 생성형 AI와 법, 517면 이하.
38) 조선일보 2024.10.25. A20면.
39) 조선일보 2024.12.9. A16면: 허사비스 CEO는 정부와 시민사회에 '빠르고 민첩한' AI 규제가 필요하다고 조언한다. 그는 "AI는 규제도 중요하지만, 규제를 올바르게 하는 것이 더 중요하다고 본다. AI는 매우 빠르게 변화하고 진화하는 기술이기 때문에, 수년 전에 논의되던 규제를 지금 적용하는 게 어려울 수 있다"고 한다. 또 "의료나 운송 분야에서 AI 규제를 적용하고, 기술이 어떻게 발전하는지에 따라 빠르게 적용하도록 하여야 한다. 우리가 AI를 무엇에 쓰고 싶은지, 어떻게 효율적으로 사용할 것인지, 인류 전체에 이익을 어떻게 줄 수 있는지 고민하여야 할 것"이라고 한다.

문제가 아니라는 견해도 제기된다. 하지만, 고위험에 대한 사전고지, 영향평가, 신뢰성과 안전성 조치의무와 같은 사전적 규제를 입법화하고자 하는 노력이 전개된다. 이러한 입법화 노력은 유럽연합, 미국 및 한국의 일반적 경향이라 할 수 있다.

인공지능과 관련된 제품과 서비스를 개발하고 활용하는 과정에서 소비자를 보호하고 인권을 존중하도록 하여야 할 필요성을 인식하고 이를 위하여 규제를 점차 강화하고 있다. 특히 미국에서는 알고리즘의 투명성과 책임성을 강화하기 위하여 2022년 '알고리즘 책임법안'이 성안되어 있다.[40] 또한 프랑스에서는 2016년 '디지털 공화국을 위한 법률'을 제정하였다. 이 법률은 1789년 프랑스 혁명의 구호이었고 현행헌법상 명시되어 있는 공화국의 국시인 자유(Liberté)·평등(Égalité)·박애(Fraternité)에 입각하여 '디지털 민주주의'(démocratie numérique), '연결 민주주의'(démocratie connectée)를 구현하고자 한다.[41]

지능정보사회의 진전에도 불구하고 여전히 정보사회로부터 소외된 계층에 대한 문제는 소홀히 할 수가 없다. 장애인뿐만 아니라 노인·청소년 등 연령에 따른 정보취급능력의 차이를 어떻게 극복할 것이냐의 문제와 더불어 정

---

40) 홍석한, "미국 '2022 알고리즘 책임법안'에 대한 고찰", 미국헌법연구 제34권 제1호, 미국헌법학회, 2023, 73-107면.

41) Loi no 2016-1321 du 7 Octobre 2016 pour une République numérique: 정재도, "온라인 크라우드소싱 플렛폼을 이용한 시민공동법 사례연구-프랑스 '디지털 공화국을 위한 법률'을 중심으로", 2020 한국공법학자대회 발제문, 174-211면 (181-182면): "정보와 지식 순환을 위한 확대된 자유"(Liberté pour la circulation des données et du savoir), "인터넷 사용자들을 위한 권리의 평등"(Égalité des droits pour les usagers du net), "누구에게나 개방된 사회를 위한 박애"(Fraternité, pour une société numérique ouverte à tous)에 목적을 두었으며, 이러한 목적을 실현하기 위하여 디지털공화국법은 '망중립성'(neutralité du net), '정보의 이전성'(portabilité des données), '접속유지권'(droit au maintien de la connexion), '사적서신(전자서신)의 비밀유지'(confidentialité des correspodances privées), '미성년자의 잊힐 권리'(droit á l'oubli des mineurs), '온라인 의견(리뷰)에 대한 정보 제공'(mieux informer les consommateurs sur les avis en ligne), '공적 정보의 공개'(ouverture des données publiques), '취약계층의 인터넷 접근권 및 시각·청각 장애인을 위한 최대한 접근권 보장'(une meilleure accessibilité), '디지털 장례'(mort numérique) 등의 내용을 담고 있다.

보소외계층에 대한 합리적 대책이 마련되어야 한다.[42]

다른 한편, 지능정보사회에서 공적 영역에서부터 사적 영역에 이르기까지 전개되는 모든 정보들이 과연 진실인지 가짜인지에 대한 근본적인 식별의 어려움을 안겨준다. 이는 결국 과학에 대한 불신, 인간에 대한 불신으로 연결될 것이기 때문에 벌써 심각한 사회문제를 야기한다. 이들 문제에 대한 법적 대응은 언제나 느릴 수밖에 없다. 여기에 윤리성의 제고문제가 제기된다. 이에 따라 언론보도에 있어서도 일정한 준칙이 작성된다.[43] 하지만, 윤리는 그 강제성의 결여로 인하여 실질적인 효과를 기대할 수 없다.

2. AI 규제법의 제정법

최근의 혁명적 변화에 발맞추어 유럽연합에서 AI규제법의 제정은 매우 의미가 있을 뿐만 아니라 발 빠른 법이라는 점에서 평가될 수 있다.

(1) 유럽연합(EU) AI 규제법

인공지능 규제법 또는 인공지능법/AI법(Artificial Intelligence Act, AI Act)은 유럽연합의 인공지능(AI)에 대한 유럽 연합 규정이다. 2021년 4월 21일 유럽연합 집행위원회가 제안하고 2024년 3월 13일 통과된 이 법안은 AI에 대한 공통 규제 및 법적 프레임워크의 구축을 목표로 한다. 이는 유럽연합이 2024년 5월 21일 최종 승인한 세계 최초의 인공지능(AI) 규제법이다. 다만 일부 금지 조항은 발효 뒤 6개월부터 적용되며 이후 단계적으로 도입돼 2026년 이후 전면 시행된다.[44]

---

42) 성관정, 디지털 격차 해소를 위한 인터넷 접근권에 관한 연구ー사회적 기본권을 중심으로, 서울대 박사학위논문, 2022.8.

43) 한국일보 2024.12.5.: 한국언론진흥재단과 6개 언론단체는 '언론을 위한 생성형 인공지능(AI) 준칙'을 선포했다. 이 준칙은 언론 현장에서 생성형 기술을 윤리적으로 활용하기 위한 기준과 원칙이 담겨 있다. 배정근 전 숙명여대 미디어학부 교수가 발표한 이 준칙의 핵심은 10가지다. △인간의 관리와 감독 △책무성 △사실 확인과 검증 △활용범위 △투명성 △다양성·형평성·포용성 △권익보호 △저작권 보호 △플랫폼의 사회적 원칙 △갱신과 교육 등이다.

44) 양천수, "EU의 AI규제법과 AI 규제의 방향", 생성형 AI와 법, 135ー167면.

이와 관련하여 유럽연합(EU)은 AI 활용 분야를 총 4단계의 위험등급으로 나누어 차등 규제한다. 즉 인공지능이 야기하는 위험을 수용불가능한(unacceptable) 위험, 고도의(high) 위험, 제한적(limited) 위험, 최소의(minimum) 위험(무위험(no risk))으로 분류하고 이에 대응하여야 한다고 한다.[45] 물론 여기에서 문제되는 위험이란 첫째 수용불가능한 위험이며, 그 다음으로 고도의 위험이다. 그 이외의 위험은 현실사회에서 감내하여야 한다. 하지만, 이를 명확하게 구획하는 일 또한 쉬운 일이 아니기 때문에 주의를 요망한다.

이러한 규제는 향후 기술 개발 과정에서의 투명성 강화를 핵심으로 한다. 허용할 수 없는 위험의 표현으로 간주되는 애플리케이션은 금지된다. 고위험 기업은 보안, 투명성, 품질 의무를 준수하고 적합성 평가를 받아야 한다. 의료·교육 등 공공서비스, 선거, 핵심 인프라, 자율주행 등은 고위험등급으로 분류되어 있다. 이러한 고위험등급에서는 AI 기술을 사용할 때 반드시 사람이 감독하여야 하며, 위험관리시스템도 구축하여야 한다. 위험이 제한된 AI 애플리케이션에는 투명성 의무만 있으며 최소한의 위험을 나타내는 애플리케이션은 규제되지 아니한다.

이 법의 적용범위는 광범위한 분야의 모든 유형의 AI를 포괄한다. 다만, 국가 안보, 연구 및 비전문 목적으로만 사용되는 AI 시스템은 제외한다. 제품 규제의 일환으로 개인에게 권리를 부여하는 것이 아니라 AI 시스템 제공업체와 전문적인 맥락에서 AI를 사용하는 기업을 규제한다.

ChatGPT와 같은 생성형 AI 시스템의 인기가 높아짐에 따라 AI법이 개정되었다. ChatGPT의 범용 기능은 서로 다른 이해관계를 제시하고 정의된 프레임워크에 맞지 아니한다. 시스템에 영향을 미치는 강력한 생성 AI 시스템에 대하여 더욱 제한적인 규정이 계획되어 있다.

여기에 사람과 유사한 수준 또는 그 이상의 지능을 갖춘 AI인 '범용 AI'(AGI)를 개발하는 기업에는 '투명성 의무'가 부여되는데, 이는 2021년 법안 초안이 발의됐던 때에는 없던 조항이었으나 2022년 오픈AI가 챗GPT를 공개하고 그 영향력이 입증되면서 법안에 추가된 것이다. 이에 따라 범용 AI

---

45) 이준일, 앞의 논문, 352-353면.

업체들은 EU 저작권법을 반드시 준수하여야 하며 AI의 학습과정에 사용한 콘텐츠를 명시하여야 한다. 또 광범위한 사이버 공격, 유해한 선입견 전파 등 EU가 시스템적 위험이라고 규정한 사고 발생을 방지하기 위한 조치를 하여야 한다.

이 법은 또한 국가 협력을 촉진하고 규정 준수를 보장하기 위하여 '유럽 인공지능 위원회'(European Artificial Intelligence Board)의 도입을 제안한다.

AI법은 경제에 큰 영향을 미칠 것으로 예상된다. 유럽 연합의 일반 데이터 보호 규칙과 마찬가지로, EU 내에 제품이 있는 경우 EU 외부의 제공업체에 역외적으로 적용될 수 있다.[46][47]

(2) 미국 캘리포니아 AI 규세법 무산

미국 연방정부와는 별개로, 캘리포니아 주 의회가 2024년 8월 말 인공지능(AI) 규제법 도입을 추진한 바 있다. 실리콘 밸리 기업들은 AI로 인한 재해를 예방하려는 이 법이 AI 업계에 재해를 발생시킬 것이라며 반발한 바 있다.[48] 8월 18일 뉴욕타임스와 테크크런치 등은 캘리포니아 주 하원 예산위원회가 8월 15일 '첨단 AI 시스템을 위한 안전과 보안 혁신법안'(Safe and Secure Innovation for Frontier Artificial Intelligence Systems Act)에 대한 수정안을 통과시켰다고 보도하였다. 이로써 'SB 1047'로 불리는 이 법안은 8월 말 주 상원에서도 가결되었다. 이 법안은 대량 사상자를 낼 수 있는 무기를 만들기 위하여 AI 모델을 사용하는 악의적인 행위나 5억 달러 이상의 피해를 입힌 사이버 공격 등 중대한 피해를 미리 막자는 의도로 추진되었다. 따라서 AI 회사는 충분한 안전 프로토콜을 구현하고 유사시 모델 작동을 정지하는 '킬 스위치'를 도입하도록 규정한다. 그러나 모든 모델에 적용되는 것은 아니다. 법안 제목처럼 최소 1억 달러의 비용이 들고 훈련 중에 10^{26}플롭스(FLOPS)를 사용하는 프론티어 모델을 대상으로 한다. 또 캘리포니아에서 사업을 한다면 해외 기업도 이 규정을 따라야 한다. 여기에 해당하는 모

---

46) 위키백과 인공지능 규제법.
47) [네이버 지식백과] AI법(시사상식사전, pmg 지식엔진연구소).
48) AI타임스 2024.08.19.

델이 있는지는 확실하지 아니하다. AI 학습 비용만 따지면, 오픈AI나 구글, 메타 등은 이미 여기에 해당할 수 있다.

하지만, 이 법안은 업계의 강력한 반대에 따라 캘리포니아 주지사의 거부권 행사로 무위로 돌아갔다. 뉴섬 주지사는 해당 법안이 가장 크고 비싼 AI 모델에만 적용되어 한계가 있다고 지적하며, 저명 AI학자인 페이페이 리 스탠퍼드대 교수 등과 함께 새로운 법안을 추진하고 있다고 한다. 뉴욕타임스는 "이 법안을 폐기하기로 한 뉴섬 주지사의 결정은 이 법안을 추진하여온 일부 기술 전문가와 학자들의 비판을 불러일으킬 것"이라고 평가했다. AI의 대부로 불리는 제프리 힌튼 토론토대 교수, 요수아 벤지오 몬트리올대 교수 등이 이 법안을 지지하여왔다. AI관련 규제법 중 가장 주목 받았던 SB 1047이 무산되며, 관련 연방법을 제정해야 한다는 목소리도 더욱 커질 것으로 보인다.

테크 업계 관계자는 "그동안 워싱턴에서는 AI 규제법 추진이 지체되어왔고, 각 주가 알아서 규제법을 마련하여온 상태"라며 "캘리포니아 규제법이 무산되면서 더 많은 시선이 워싱턴으로 쏠릴 것"이라고 한다. 다만 뉴섬 주지사는 이날 사람의 두뇌에 대한 데이터도 민감한 개인정보에 포함된다는 개인정보 보호법 개정안에는 서명하였다. 이 법안은 두뇌 등 '신경 데이터'를 생체 인식 정보인 얼굴 이미지, 유전자, 지문 등 '민감 데이터'와 동일하게 보고 보호하도록 규정하고 있다. 명상이나 집중력 향상, 우울증 치료 등 문제를 해결하려는 기기들의 개발이 진행되며 개인의 두뇌 정보가 오·남용될 가능성이 커졌기 때문이다. 메타·애플 등 빅테크가 방대한 뇌신경 정보를 수집할 수 있는 장치를 개발 중인 만큼, 이 같은 법안의 시행은 이른바 '건강 기기' 난개발에 제동을 걸 것이라는 평가가 나온다.[49]

---

49) 조선일보 조선경제, 2024.9.20: 그동안 메타, 구글, 마이크로소프트(MS) 등 주요 AI 업체들은 주지사 등 관계자에게 SB 1047을 반대하는 입장을 피력한다. 오픈AI는 해당 법안이 AI분야의 글로벌 리더로서 캘리포니아의 지위를 위협할 것이라 지적하며 "캘리포니아에 있는 세계적 수준의 엔지니어와 기업가들이 더 큰 기회를 찾아 다른 곳으로 떠나게 할 것"이라고 쓴 편지를 주지사에게 보내기도 하였다. 실리콘밸리의 유명 벤처캐피털(VC)인 앤드리슨 호로비츠 역시 "이 법안이 겉보기엔 뭔가 있어보이지만, 실질적인 내용은 없다"고 지적한다.

(3) 한국에서의 논의와 관련 법안

한국에서도 방송통신위원회는 인공지능(AI), 메타버스 등 새로운 디지털 서비스의 역기능으로부터 이용자를 보호하기 위하여 AI 이용자 보호에 관한 법률 제정을 추진하고, AI로 생성한 콘텐츠를 게시할 경우 인공지능 생성물임을 표시하도록 의무화한다.[50]

국회에서는 제22대 국회가 개원한 이후 몇 달 만에 13개의 인공지능법안이 발의되어 있다. 이 중에서 5개 법안이 생성형 인공지능을 이용하여 제품 또는 서비스를 제공하려는 자는 해당 제품 또는 서비스의 결과물이 생성형 인공지능에 의하여 생성되었다는 사실을 표시하여야 한다. 다만 실제 법률의 집행과정에서 무엇이 '생성형 인공지능'인지 판단하는 것이 결코 쉽지 아니하고, 의무불이행에 대한 처벌조항이 없어서 이행력을 확보하기도 어려울 수 있다.[51]

3. 딥페이크 관련법의 제정과 개정

종래 논의되던 가짜뉴스[52]는 이제 인공지능시대를 맞이하여 새로운 변화에 처하여 있다. 딥페이크(deep fake)는 딥러닝(deep learning)과 같은 인공지능 기술로 만들어 낸 가상의(fake) 정보로서 사람들이 실제라고 생각할 수 있을 만큼 정교한 것을 말한다. 딥페이크와 실제 사실을 구분하지 못하여 발생하는 위험으로부터 이용자를 보호하고 사회적 혼란을 줄이기 위하여 인공지능으로 생성되거나 조작된 정보는 별도로 표시하도록 의무화하는 방안이 필요하다. 표시의무 대상자로는 인공지능 모델 개발·제공자, 인공지능 모델을 활용한 제품·서비스 운영자, 인공지능 이용자로 나누어 적합한 의무를

---

50) [출처] 대한민국 정책브리핑(www.korea.kr)
51) 정준화, 딥페이크 식별을 위한 AI 생성물 표시 의무 입법 방안, 국회입법조사처, 이슈와 논점 제2279호, 2024.10.18.
52) 지성우, "허위조작정보(소위 '가짜뉴스') 규제에 대한 헌법적 문제점에 관한 연구", 공법연구 48-2, 한국공법학회, 2019.12, 157-192면.

부과하고 온라인 플랫폼은 미표시 콘텐츠의 삭제 또는 임시조치 체계를 갖추며, 정부는 인공지능 생성물 표시에 관한 기술개발 및 국제협력을 지원하는 입법이 필요하다.[53]

유럽연합과 미국에서는 인공지능 생성물 표시에 관한 법제를 정비하고 우리나라에서도 관련 법률안이 제기된다. 유럽연합 인공지능법 제50조는 AI 시스템 제공자와 배포자에게 AI 생성물임을 표시하는 의무를 부과하며 사람들이 딥페이크를 쉽게 식별하는 기반을 만들었다. 또한 유럽연합 '디지털서비스법'(Digital Services Act) 제35조는 초대형 플랫폼 및 초대형 온라인 검색엔진 사업자는 조작 또는 생성된 것임을 눈에 띄게 표시할 의무를 부과한다.

미국에서는 이와 관련된 연방 차원의 AI법은 존재하지 않지만, 2023년 12월 '안전하고 보안이 보장되며 신뢰할 수 있는 인공지능의 개발과 사용에 관한 행정명령'(Executive Order on the Safe, Secure, and Trustworthy Development and Use of Artificial Intelligence) 제3조에서는 합성콘텐츠의 진위와 출처를 확인하는 방안을 마련하도록 한다. 또한 연방의회에서 AI 생성물 표시를 의무화하는 법률안도 발의되어 있다.

국내에서는 제22대 국회 개원 이후에 다수의 인공지능법안이 상정되어 있는데, 생성형 AI로 만든 콘텐츠는 해당 사실을 표시하도록 규정한다. 또한 '정보통신망 이용촉진과 정보보호 등에 관한 법률' 개정안에서도 AI 생성물임을 표시하도록 하고 있다.

앞으로 AI 생성형 콘텐츠에 대한 표시의무 적용범위와 표시의무 부과대상에 관한 논의가 좀 더 정밀하게 이루어져야 한다.

4. 합성음란물 범죄 대책 강화

디지털 성범죄 피해는 한번 발생하면 영상물의 완전한 삭제나 피해회복이 거의 불가능하다. 딥페이크 성범죄물 제작처럼 디지털 성범죄 피해 유형·양

---

53) 정준화, 딥페이크 식별을 위한 AI 생성물 표시 의무 입법 방안, 국회입법조사처, 이슈와 논점 제2279호, 2024.10.18.

상은 진화하는데 피해자 지원체계는 인력·예산 등 물리적 한계, 피해영상물의 높은 미삭제율, 실효성 없는 정부대책으로 문제가 드러나고 있다. 이에 피해자 구제를 위한 적극적인 삭제지원과 유포방지 체계 구축이 필요하며, 전담기구의 법적 근거 마련, 역외사업자 대응 체계 구축, 디지털 성범죄 통계구축, 구상권의 제도화가 요망된다.54)55)

이에 따라 2024년 9월 개정된 '성폭력방지 및 피해자보호 등에 관한 법률'(성폭력방지법)에서는 딥페이크 영상을 단순 소지(소지·구입·저장·시청죄)만 해도 3년 이하의 징역 또는 3천만원 이하의 벌금에 처한다.

V. 맺음말: AI 시대에 능동적 대응을 통한 한류의 확산

1. AI 시대를 맞이하여 인류 사회의 삶과 행동양식은 근본적인 변화에 직면한다. 이제 세상은 AI 이전과 AI 이후로 구획될 것이다. 사실 21세기에 접어들면서 제창된 제4차 산업혁명론은 그 실체가 과연 정보사회로 상징되는 20세기 후반에 제기된 제3차 산업혁명과 본질적인 차이가 무엇인가에 대한 의구심을 가진 것도 사실이다.

2. 21세기 벽두에 자행된 9·11테러라는 뜻밖의 사건으로 그 이전의 법과 입헌주의는 근본적인 변화를 초래하게 되었다. 게다가 그 이후의 변화는 제4차 산업혁명이라고 불리는 정보혁명에 따른 정보과학기술의 발전에 따라 더욱 심화된다. 그것은 빅넘버사회나 지문인식사회에서 제기된 논쟁의 틀을 근본적으로 뛰어넘는다. 안면인식과 같은 생체인식이 그 전형적인 예이다. 인공지능이 현실적으로 작동하는 데에는 이세돌과 알파고의 바둑으로 단적으로 드러난 바가 있다. 이제 더 이상 사람이 인공지능 바둑을 대항하기 불가능하게 되었다.

---

54) 전윤정, 딥페이크 성범죄 피해자 지원 체계 개선방안－삭제지원과 유포방지를 중심으로, 이슈와 논점 제2274호, 국회입법조사처, 2024.9.24.

55) '서울대 n번방' 사건에서 법원은 검찰이 구형한대로 주범에게 징역 10년을, 공범에게는 징역 4년을 선고함로써 딥페이크 성범죄에 대한 경종을 울리고 있다: 한국일보 2024.10.30. 10면.

3. AI 시대에 이를 적극적으로 규제하려는 일련의 법제가 등장한다. 유럽연합의 AI규제법이 대표적이라 할 수 있다. 하지만 AI의 발전에 법이 능동적으로 대응하는 데에는 한계가 따르기 마련이다. 바로 그런 점에서 이제 인류는 인류사회 전체의 안전과 행복을 담보하기 위한 AI법제의 정립과 더불어 인터넷시대에 제기되었던 네티켓(netiquette) 이상의 차원에서 "AI 에티켓"을 정립하는데 힘을 모아야 할 때이다. 자칫 AI 기술의 발전이 인류의 삶 그 자체를 파괴할 수 있기도 하기 때문이다. 특히 범용AI의 비약적인 발전이 이러한 우려를 더욱 현실화시킨다.

4. AI 시대에 제기되는 부작용에만 골몰하다보면 자칫 그 발전의 흐름을 잃어버릴 수도 있다. 이에 부작용을 최소화하면서 이를 긍정적으로 활용할 방안을 찾아야 한다. 예컨대 21세기 들어 전 세계에 펼쳐지고 있는 소위 '한류와 K-컬처'를 AI에 적극적으로 접목하여 한국의 세계화를 통하여 한국과 한국인의 안전과 행복을 담보할 수 있는 방책을 강구하여야 한다. 그것은 바로 제3차 산업혁명에 대한민국이 능동적으로 대응하여 전기전자 제품과 자동차에서부터 반도체에 이르기까지 세계를 제패한 활력을 AI 시대에 적극적으로 원용하여야 한다. AI의 핵심은 데이터에 기반하며 그 기반의 축은 반도체기술로부터 비롯된다. 마침 대한민국은 이미 AI 시대 이전부터 세계적인 반도체 강국이다. 그런 점에서 우리는 AI 시대의 추격자가 아닌 AI 시대의 개척자가 될 기본적 소여를 가지고 있다. 이제 '한류 및 K-컬처'와 AI의 접목으로 세계 속의 한국을 더욱 확실하게 자리매김한다면 그것이 바로 국민의 안전과 행복을 확보하고 더 나아가 국가안보를 강화하는 길이기도 하다. 마침 한강의 노벨문학상 수상으로 '한류 및 K-컬처'를 발산할 수 있는 최고의 기회가 제공되어 있다.

• 주제어: 입헌주의, 정보사회, 인터넷, 알 권리, 정보공개, 사생활, 인공지능, 생성형 인공지능, 범용인공지능

참고문헌

1. 단행본
권건보, 개인정보보호와 자기정보통제권, 서울대 법학연구총서 3, 경인문화사, 2006.
김민주·이엽 번역, 클라우스 슈밥의 제4차 산업혁명, 메가스터디북스, 2018: Klaus
    Schwab, The Fourth Industrial Revolution.
성낙인, 헌법학 제24판, 법문사, 2024.
이성엽, AI 규제법, 커뮤니케이션북스, 2024.
이성엽 편, 생성형 AI와 법, 박영사, 2024,
한국공법학자대회, "지능정보사회에서 공법학의 과제", 2020.10.12; "시대와 국가,
    국민이 묻고 공법이 답하다", 2023.6.21; "인공지능과 미래사회, 그리고 공법의 대
    응". 2024.8.1.
헌법학자대회, "뉴노멀시대와 헌법의 미래", 2021.10.1; "사회변화와 헌법", 2023.9.2;
    "미래사회의 균형추로서 헌법의 역할", 2024.8.30. 발표논문.

2. 논 문
김승수, "생성형 AI의 오남용 문제와 사이버보안", 생성형 AI와 법.
김일환, "정보자기결정권의 헌법상 근거와 보호에 관한 연구", 공법연구 29-3. 한
    국공법학회, 2001.3.
성관정, "디지털 격차 해소를 위한 인터넷 접근권에 관한 연구-사회적 기본권을 중
    심으로", 서울대 박사학위논문, 2022.8.
성낙인, "사회변동과 입헌주의", 헌법학연구 29-4, 한국헌법학회, 2023.12.
양천수, "EU의 AI규제법과 AI 규제의 방향", 생성형 AI와 법.
이준일, "인공지능과 헌법", 헌법학연구 28-2, 한국헌법학회, 2022.
전윤정, "딥페이크 성범죄 피해자 지원 체계 개선방안-삭제지원과 유포방지를 중심
    으로", 이슈와 논점 제2274호, 국회입법조사처, 2024.9.24.
정준화, "딥페이크 식별을 위한 AI 생성물 표시 의무 입법 방안", 국회입법조사처,
    이슈와 논점 제2279호, 2024.10.18.
조수영, "AI의 기술발달에 따른 헌법적 관점에서의 기본권 보장에 관한 연구", 생성
    형 AI와 법
지성우, "허위조작정보(소위 '가짜뉴스') 규제에 대한 헌법적 문제점에 관한 연구",
    공법연구 48-2, 한국공법학회, 2019.12.
홍석한, "미국 '2022 알고리즘 책임법안'에 대한 고찰", 미국헌법연구 제34권 제1호,
    미국헌법학회, 2023.

[Abstract]

Social change and legal issues facing the AI era

Sung, Nak-in

As we enter the AI era, the life and behavior patterns of human society are facing fundamental changes. The world will now be divided into pre-AI and post-AI. The theory of the 4th industrial revolution, which was proposed at the beginning of the 21st century, raises doubts about the essential differences between it and the 3rd industrial revolution, which was proposed in the latter half of the 20th century and is symbolized by the information society, and it is the AI era that has given us confidence

In the AI era, a series of laws are emerging to actively regulate it. The European Union's AI regulation law is a representative example. However, there are bound to be limitations to the law's active response to the development of AI. In that sense, it is time for humanity to join forces to establish AI laws to ensure the safety and happiness of the entire human society, as well as to establish "AI etiquette" beyond the netiquette raised in the Internet era. This is because the development of AI technology can destroy human life itself. The rapid development of general AI makes this concern more real. However, at the same time, if we focus only on the side effects raised in the AI era, we can easily lose the flow of development. Therefore, we must find a way to utilize it positively while minimizing the side effects.

• Key Words: Constitutionalism. Information Society, Internet, Right to know, Information Disclosure, Privacy, AI(Artificial Intelligence), AGI(Artificial Generative Intelligence), GAI(General Artificial Intelligence)

생성형 AI로 인한 법적 문제와 해결 방향*

손형섭**

대한민국에서 2024년 9월은 전국에 걸쳐 중학생에 의해 인공지능 툴로 만들어진 딥페이크 영상물이 사회문제가 되었다. 이 사건 이전에 서울대n번방 사건도 있어 딥페이크에 대한 인격권 침해 문제가 사회문제로 부각되었다. 이에 대하여 기존법의 대응이 가능했지만, 특별히 피해자의 2차 피해를 막기 위하여 2024년 10월 16일 성폭력처벌법 제14조의2 제4항을 신설하여 편집 또는 복사된 음란물을 소지, 구매, 저장 또는 시청하는 사람도 최대 3년의 징역형으로 처할 수 있도록 하는 조문을 추가했다.

이미 2021년 발생한 챗봇 이루다의 개인정보 유출 사건에서 인공지능의 학습데이터에 개인정보 제공 동의 문제, 가명정보 처리의 불확실성 문제, 그리고 인공지능 챗봇의 차별, 혐오 표현 문제 등이 개인정보 보호법 위반 문제로 시정조치 및 과징금 벌금 처분이 있었다.

한편, 인공지능의 학습데이터의 활성화를 위한 규정으로 유럽연합과 일본은 정보분석(TDM) 규정을 두어 이를 허용하고 있다. 반면 미국과 한국은 공정이용(Fair Use) 규정을 이용하고 있다. 앞으로 일본 저작권법 규정에서와 같은 정보분석 규정을 둘 필요가 있으며 이에 대한 보상규정도 논의되어야 한다.

이처럼 한국에서 선두적으로 발생하는 인공지능 사례에서 한국은 개별법적 대응을 중심으로 사건을 검토하고 있다. 반면 2024년 12월 국회에서는 '인공지능 발전과 신뢰 기반 조성 등에 관한 기본법'이 통과하여 인공지능에 대한 일반적인 원칙과 관련 기관이 정비되었다. 앞으로 인공지능에 관한 법적 대응에서는 일반법의 제정 과정과 개별법의 대응이 함께 진행될 것이다. 이때에도 인공지능에 대한 전체적인 이해와 개별적인 효과를 잘 검토하여, 기본 법제도 틀 안에서의 해결 방안이 우선하고, 이후 개별법적 대응할 때도 과잉입법이 되지 않도록 해야 할 것이다.

* 이 논문은 2024년 11월 8일 서울대 호암교수회관에서 개최된 4차산업혁명융합법학회 국제공동학술대회에서 영문으로 발표한 것을 국문으로 정리한 것임.
** 경성대학교 법정대학 부교수(법학박사).

Ⅰ. 들어가며

2024년은 대한민국은 물론 전 세계가 인공지능으로 인한 사회변화를 경험하고 있다. 특히 생성형 인공지능을 통하여 인간과 같이 답변하고 추론하는 인공지능을 우리 사회에 더 많은 변화를 초래할 것으로 보인다.

이 논문에서는 인공지능에 관하여 한국에서 이에 관해 대한민국에서 발생한 사례와 법적 쟁점을 몇 개 제시하여, 앞으로 인공지능에 관한 법적 대응방식에 대한 논의와 기본 원칙을 제시한다. 우선 2024년 9월부터 대한민국 사회와 특히 교육계를 강타한 딥페이크 사건과 이에 대한 법적 쟁점을 검토한다(Ⅱ). 그리고 2021년 챗봇 이루다 사건을 제시하여 이루다의 개인정보보호법 위반 사건을 검토한다(Ⅲ). 그리고 저작권법에서의 정보분석(TDM) 규정과 공정이용 규정에 대한 유럽, 일본, 미국, 한국의 국가 간의 차이에 대하여 검토한다(Ⅳ). 결국 이러한 인공지능에 대한 다양한 법적 쟁점을 통하여, 앞으로 인공지능 법제와 개별법의 규제 태도에 대한 의견을 제시한다.

Ⅱ. 딥페이크 사건

1. 딥페이크의 제작과 유포

헌법의 인간 존엄의 보장과 인격권 및 행복추구권을 침해하는 행태로서, 2022년부터 한국에서 AI를 활용하여 연예인이나 일반인의 얼굴을 음란물에 합성하는 딥페이크[1] 사례가 급증했다. 이는 개인의 사생활을 침해할 뿐만 아니라 정신적 고통을 유발하며, 여성 피해자가 특히 많은 상황이다.

해외에서도 2021년 아랍에미리트에서 은행이 대기업 임원을 사칭한 딥페이크 전화에 속아 3,500만 달러(약 480억 원)를 송금한 사건 등이 발생했다.[2] 또한 AI를 정치적 목적으로도 악용되어, 정치적 인물이나 사회적 저명

---

1) 딥페이크는 딥 러닝(deep learning)과 페이크(fake)의 합성어로 인공지능으로 만들어져 진위를 구별하기 어려운 가짜 이미지나 영상물을 말한다.
2) 김희정, "딥페이크 기술을 이용한 신종범죄에 대한 법정책적 시사점 – 외국의 법정책

인사의 목소리나 얼굴을 합성해 허위 정보를 유포하거나 신뢰도를 떨어뜨리는 사례도 있다. 이는 선거 기간이나 정치적 이슈가 부각될 때 큰 영향을 미칠 수 있다. 딥페이크는 가짜 뉴스 및 명예훼손으로도 연결되며, 딥페이크 영상은 쉽게 조작된 정보를 실제처럼 보이게 하여 신뢰를 떨어뜨리며, 명예훼손 및 허위 사실 유포의 주된 도구로 사용되기도 한다. 딥페이크 기술은 인공지능을 이용해 기존 영상, 오디오 또는 이미지를 변경하여 사람의 모습이나 소리를 쉽게 바꾸고 실제 영상과 사진을 만드는 기술이다. 이 기술은 음란물 제작, 가짜 뉴스 유포, 허위 정보 공유 등 심각한 문제를 야기할 수 있다.

이미 한국에서는 딥페이크 기술로 실제 개인의 인격권을 침해하고 거짓 정보를 생산하여 유통하는 문제가 일어났다. 2023년부터 2024년까지 한국에서 중학생들이 동료 여학생과 선생님의 얼굴을 딥페이크하여 음란물에 합성한 사례가 전국에 걸쳐 발생했다. 학생들은 자신의 학교는 물론 다른 학교 학생들의 얼굴을 딥페이크해서 논란이 되고 수사 대상이 되었다. 서울대n번방 사건이라고 알려진 딥페이크 사건에서, 개인의 초상권을 침해하고 나아가 인격권을 침해하여 딥페이크 포르노를 제작한 사건이 발생한 바 있다. 서울대학교 졸업생 남성들이 동문 후배 여학생의 얼굴 사진을 합성하여 소위 딥페이크 음란물을 만들어 텔레그램에 유포하여 피해자가 총 61명에 달한 사건이었고, 2024년 헤드라인을 장식했다.

인공지능을 활용하면 누구나 개인의 얼굴 사진이나 목소리를 사용하여 그 사람의 인격권을 침해하는 행위를 하는 것이 기술적으로 쉬워진다. AI를 활용하여 딥페이크 영상이나 나아가 포르노도 만드는 것이 어렵지 않다. AI를 활용해서 목소리를 위조하면서 보이스피싱과 같은 범죄가 더욱 기승부릴 우려가 높다.[3]

대응을 중심으로-", 서강법률논총, 제13권 제3호, 2024. 10. 13., 98쪽.
 3) 손형섭, 『헌법과 인공지능』, 커뮤니케이션북스, 2024, 21쪽.

2. 딥페이크에 의한 인격권 침해

한국의 초중고등학교에서 딥페이크 관련 사건은 청소년들이 이 기술을 악용해 동급생이나 교사 등을 대상으로 음란물 제작, 명예훼손, 괴롭힘 등에 사용하면서 큰 사회적 문제로 대두되고 있다. 이러한 딥페이크 사건은 주로 익명성을 바탕으로 한 디지털 범죄 형태로 나타나고 있으며, 특히 청소년들의 미숙한 인식과 도덕적 판단 부족으로 인해 심각한 피해를 초래할 수 있다. 인공지능의 발전에도 우리는 헌법이 보장하는 인간의 존엄과 행복추구권(헌법 제10조)과 사생활의 비밀과 자유(제17조)를 보장해야 하며 이를 보장하기 위한 권리로 개인정보 자기통제권을 보장해야 한다.

딥페이크 음란물 제작은 일부 학생들이 딥페이크 기술을 사용하여 동급생 또는 교사의 얼굴을 음란물에 합성한 사건이 보고되었다. 피해자들은 정신적 고통을 겪으며 학교생활에 큰 지장을 받았다. 이러한 사건은 익명성 보장이 쉬운 SNS나 메신저 앱을 통해 확산하여, 피해를 막기 어려운 경우가 많다. 딥페이크를 이용해 특정 인물의 발언을 왜곡하거나, 특정 행동을 실제처럼 조작하여 허위사실을 유포하는 사건도 발생하고 있다. 이에 따라 학생들 사이에서 불신과 갈등이 증폭될 수 있으며, 심리적 피해로 이어질 수 있다.

3. 딥페이크에 대한 법적 대응

(1) 관련법 위반 여부

한국에서 딥페이크는 여러 가지 법적 문제를 야기하여, 딥페이크는 성범죄 처벌에 관한 특례법과 명예훼손, 개인정보 보호법, 저작권법과 관련된 법률에 해당할 수 있다. 예를 들어, 누군가가 딥페이크 기술을 사용하여 다른 사람의 얼굴에 대한 음란물 이미지를 만들고 공유한다고 가정하면, 이 경우 해당 사람의 권리를 침해하고 음란물 배포와 관련된 범죄이기도 하며 피해자에게 상당한 피해를 주게 된다. 따라서 한국에서는 딥페이크의 사회적 피해를 줄이기 위해 다양한 법적 대응을 강화하고 있다. 현재 딥페이크와 관련된 법률 및 규제는 주로 정보통신망법, 성폭력처벌법, 저작권법 등을 통해 다뤄진다.

성폭력처벌법[4]은 2020년 12월에 개정하는 과정에 딥페이크 음란물 제작 및 유포에 대해 처벌을 두게 되었다. 그리고 한국 전역에서 중학교에 널리 퍼진 딥페이크 문제를 해결하기 위하여, 2024년 10월 16일 해당 처벌 규정을 강화했다. 이로써 딥페이크 음란물을 제작하거나 배포하는 행위는 최대 5년 이하의 징역형에 처할 수 있으며, 피해자의 동의 여부와 상관없이 처벌할 수 있게 되었다. 한편, 정보통신망법에서는 정보통신망법을 통해 딥페이크 영상을 유포하는 행위는 명예훼손 및 허위 사실 유포로 처벌받을 수 있다. 이는 온라인 플랫폼을 통해 딥페이크 영상이 확산하는 것을 규제하는 데 중요한 역할을 하고 있다.

또한 저작권법에서는 딥페이크 영상이 저작권 침해에 해당하는 경우, 해당 콘텐츠에 대한 저작권자의 권리를 보호하기 위해 관련 법적 조치를 할 수 있다. 또한 개인정보 침해의 문제, 특히 퍼블리시티권의 문제, 저작권의 문제도 발생할 수 있다. 기타, 타인의 인격권을 침해하여 손해배상을 해야 하는지의 문제도 발생한다.

(2) 성폭력처벌법에 의한 대처

2023년부터 최근까지 주로 중학생에 의해서 만들어진 딥페이크가 같은 여자 중학생과 선생님을 딥페이크 한 사례도 수사 대상이 되었다. 이런 사건들은 2020년 12월에 개정된 성폭력처벌법을 통해 딥페이크 음란물 제작 및 유포에 대해 처벌할 수 있었다. 딥페이크 음란물을 제작하거나 배포하는 행위는 징역에 처할 수 있으며, 피해자의 동의 여부와 상관없이 처벌할 수 있다. 이 규정은 앞에서 설명한 2024년 9월 전국의 중학교에서 발생한 딥페이크 영상 사건을 계기로, 2024년 10월 16일 같은 법 제14조의2가 개정되었다.

2024년 10월 16일 개정된 성폭력처벌법에서는 제14조의2 제1항과 2항의 처벌규정을 "5년 이하의 징역 또는 5천만원 이하의 벌금에 처한다"에서 "7

---

4) '성폭력범죄의 처벌 등에 관한 특례법'의 약어.

년 이하의 징역 또는 5천만 원 이하의 벌금에 처한다."로 상향했다. 그리고 제3항은 "7년 이하의 징역"에서 "3년 이사의 유기징역"에 처하도록 개정되었다. 그리고 같은 조 제4항을 신설하여 "제1항 또는 제2항의 편집물등 또는 복제물을 소지·구입·저장 또는 시청한 자는 3년 이하의 징역 또는 3천만원 이하의 벌금에 처한다."고 규정하여, 딥페이크 편집·복제물의 "소지·구입·저장 또는 시청한 자"를 처벌할 수 있게 되었다. 즉, 딥페이크 음란물을 제작하고 배포하는 경우 최대 징역 7년에서 벌금은 동일하게 유지되는 것으로 상향 조정되었다. 제4항을 신설해서, 편집 또는 복사된 음란물을 소지, 구매, 저장 또는 시청하는 사람은 최대 3년의 징역 또는 최대 3,000만원의 벌금에 처할 수 있다는 내용의 새로운 조항도 추가되었다. 즉, 이제 사람들은 딥페이크 콘텐츠를 소지하거나 시청하는 것에 대해 처벌받을 수 있다.[5] 물론, 이 개정된 법이 의도치 않게 무고한 개인에게 영향을 미칠 수 있다는 우려가 있다. 하지만 학생과 피해자의 부모는 대체로 이를 필요한 조치로 보인다. 이 법은 피해자를 딥페이크 영상의 제작과 유통으로부터 보호할 수 있을 뿐만 아니라, 이와 함께 오는 위협과 협박으로부터도 보호할 수 있다.

나아가 2024. 10. 16. '성폭력방지 및 피해자보호 등에 관한 법률'도 개정되었는데, 여기서는 허위영상물(딥페이크) 등이 급속히 확산되고 그 피해가 심각하다는 점을 고려하여 국가 등의 책무에 불법촬영물 등의 삭제지원 및 피해자의 일상회복 지원을 명시하고, 불법촬영물 등 삭제지원 주체에 지방자치단체를 추가하며, 삭제지원 대상에 피해자의 신상정보를 포함하고, 구상

---

5) 개정 성폭력처벌법 제14조의2(허위영상물 등의 반포등)에서는 제1조에서 "① 반포등을 할 목적으로 사람의 얼굴·신체 또는 음성을 대상으로 한 촬영물·영상물 또는 음성물을 영상물등의 대상자의 의사에 반하여 성적 욕망 또는 수치심을 유발할 수 있는 형태로 편집·합성 또는 가공한 자는 5년 이하의 징역 또는 5천만원 이하의 벌금에 처한다. ② 제1항에 따른 편집물·합성물·가공물 또는 복제물을 반포등을 한 자 또는 제1항의 편집 등을 할 당시에는 영상물 등의 대상자의 의사에 반하지 아니한 경우에도 사후에 그 편집물등 또는 복제물을 영상물등의 대상자의 의사에 반하여 반포등을 한 자는 5년 이하의 징역 또는 5천만 원 이하의 벌금에 처한다. ③ 영리를 목적으로 영상물등의 대상자의 의사에 반하여 정보통신망을 이용하여 제2항의 죄를 범한 자는 7년 이하의 징역에 처한다. ④ 상습으로 제1항부터 제3항까지의 죄를 범한 때에는 그 죄에 정한 형의 2분의 1까지 가중한다." 따라서 딥페이크 포르노는 편집, 합성, 가공하거나 이를 반포한다면 형사처벌할 수 있다.

권 행사에 필요한 개인정보 요청 근거를 마련했다.

(3) 사생활 침해, 개인정보 침해

정보통신망법은 딥페이크 영상의 유통을 명예훼손과 허위사실 유포로 처벌할 수 있도록 허용하고 있다. 이는 온라인 플랫폼에서 딥페이크 콘텐츠의 확산을 규제하는 기능을 한다.

공직선거법 등에서도 개별적인 대처를 하고 있다. 2024년 개정 공직선거법에서는 딥페이크 영상 등을 이용한 선거운동을 금지하기 위하여 제82조의8에서 "① 누구든지 선거일 전 90일부터 선거일까지 선거운동을 위하여 인공지능 기술 등을 이용하여 만든 실제와 구분하기 어려운 가상의 음향, 이미지 또는 영상 등(이하 "딥페이크영상등"이라 한다)을 제작·편집·유포·상영 또는 게시하는 행위를 하여서는 아니 된다. ② 누구든지 제1항의 기간이 아닌 때에 선거운동을 위하여 딥페이크영상등을 제작·편집·유포·상영 또는 게시하는 경우에는 해당 정보가 인공지능 기술 등을 이용하여 만든 가상의 정보라는 사실을 명확하게 인식할 수 있도록 중앙선거관리위원회규칙으로 정하는 바에 따라 해당 사항을 딥페이크영상등에 표시하여야 한다"라고 규정했다.[6]

이미 서울대 딥페이크 사건에서 공범은 5년형을 선고받았다. 그리고 주범은 2024년 10월 30일에 10년형을 선고받았다.[7] 한 딥페이크 사건에서, 한 학생이 아동 및 청소년 성착취와 관련된 딥페이크 자료 177개를 만들었다. 그는 이 콘텐츠를 텔레그램 채팅방에서 판매했고, 심지어 조작된 사진을 보내고 누드 영상을 요구하여 피해자들을 협박하기도 했다. 그는 결국 경찰에 체포되어 징역 2년과 집행유예 4년을 선고받았다.

앞으로는 인공지능으로 타인의 음성파일을 만들어 부당하거나 불법하게

---

[6] 그리고 동법 제250조 허위사실공표죄 제4항에서 본조 제82조의8 제2항을 위반하여 중앙선거관리위원회 규칙으로 정하는 사항을 딥페이크 영상 등에 표시하지 아니하고 허위 사실을 유포한 자에 대하여 처벌하도록 규정을 두었다. 손형섭, 앞의 책, 24쪽.
[7] 법률신문, 2024. 12. 22. [판결] '서울대 N번방' 주범, 1심서 징역 10년, https://www.lawtimes.co.kr/news/202497

사용하는 경우에도 프라이버시 침해를 넘어 형사처벌 규정을 둘 수 있도록 검토해야 하는 상황이다.

4. 기술적인 대응

법적 해결책이 필수적이기는 하지만, 아이들에게 이러한 문제에 대해 교육하는 것도 중요하다. 우리는 AI 사용을 적절하게 허용하는 방법을 윤리와 규범으로 정리해야 한다. 딥페이크 기술은 상당히 발전되어 있으므로 사용 방법에 대한 한계를 결정해야 한다. 텔레그램은 종종 딥페이크 영상을 공유하는 데 사용되며, 이 목적에 문제가 있는 도구라는 비판을 받았다.

그러나, 학생들은 여전히 AI를 자유롭게 사용하고 딥페이크를 만들 수 있다. 이 문제를 해결하기 위해 딥페이크 소프트웨어에 연령 제한을 설정하는 것을 고려할 수 있다.

경찰은 딥페이크와 관련된 범죄를 예방하기 위해 비디오를 찾기 위해 적극적으로 노력하고 있다. 하지만 기술적으로 이러한 딥페이크를 막는 것은 쉽지 않다. 그 이유는 이러한 딥페이크의 기반 기술이 Stable Diffusion[8])이라는 오픈소스 AI에서 나왔기 때문이다.

5. 향후 대응 방법

현재 성범죄 처벌에 관한 특별법에 해당하는 사건이 기소되고 있지만, 그렇지 않은 경우 경찰은 피고인을 입건하지 않게 된다. 그러나 딥페이크 사건은 명예훼손 및 개인 권리 침해와 같이 이 법에 해당하지 않는 많은 문제는

---

8) Stable Diffusion은 텍스트를 이미지로 바꾸는 AI 모델이다. 이것은 독일 뮌헨 대학교의 Machine Vision & Learning Group의 연구를 기반으로 Stability AI의 도움을 받아 개발된 딥러닝 AI이다. Stability AI는 영국의 인공지능 스타트업 기업이다. 높은 개발 비용에도 불구하고 이 기술을 기반으로 하는 특정 애플리케이션과는 달리 모든 사람을 위한 오픈소스로 출시했다. Stable Diffusion을 사용하는 앱은 사용자의 연령 제한을 설정할 수 있다. 앱 관리자가 성폭력을 조장하는 콘텐츠 생성을 모니터링하고 방지할 수 있는 방법도 고려할 가치가 있다.

여전히 민사 소송으로 처리할 수 있다. 이탈리에서 조르자 멜로니 총리는 딥
페이크 포르노 기술로 자신을 묘사하여 딥페이크 범죄물을 제작한 남성들에
게 10만 유로(약 1억 4500만 원)의 손해배상을 청구했다.[9] 이처럼 민사배상
책임을 요구할 수도 있다.

개별법적 대처도 계속 검토될 수 있는데, EU의 인공지능법(제52조 등)에
서는 그 위험 정도에 따라 규제가 검토될 수 있다. 특히 EU에서 2021년 11
월에 승인되어 2024년부터 시행된 디지털 서비스법(Digital Service Act, DSA)
은 플랫폼에서 불법 콘텐츠가 신고되면 신속하게 이를 제거하거나 차단해야
한다.[10] 미국에서도 딥페이크에 관한 규제 및 처벌법안이 연방과 주정부에
서 검토되고 있다.[11]

Ⅲ. 챗봇 이루다 사건

1. 이루다 사건의 경위

2020년 12월 스캐터랩이 출시한 AI 챗봇 이루다는 이용자들 간의 채팅을
목적으로 설계된 연애 분석 앱 '연애의 과학'과 '텍스트앳'으로 이용자들 카
톡 대화를 수집해 챗봇 인공지능을 학습시킴으로써 탄생했다. 인공지능 학
습데이터는 인터넷 서핑 기록, SNS 활동 분석, 스마트폰과 스마트 패드 등
IoT 기기 등 다양한 경로와 출처로 데이터를 수집하게 된다. 나아가 AI는
개인이 직접 제공하지 않은, 파생되거나 추론된 데이터가 활용되는 경우도
다수 있다.[12]

이루다는 한국어 모델을 구축하고 엔터테인먼트 조언을 제공하고 대화에
참여할 수 있는 챗봇이었다. 스캐터랩은 학습 데이터와 대화 데이터를 분리

---

9) 연합뉴스, 2024. 3. 20. "멜로니 伊총리, 딥페이크 음란물에 10만 유로 손해배상 소
송", https://www.yna.co.kr/view/AKR20240320003100109
10) 김희정, 앞의 논문, 109쪽.
11) 김희정, 앞의 논문, 104쪽.
12) 보안뉴스, 2023. 9. 7. 대세로 떠오르는 '생성형 AI', 개인정보는 어떻게 보호해야 할
까, https://m.boannews.com/html/detail.html?idx=121107

하지 않고 혼합하는 시스템을 개발했다. 그렇기 때문에 이루다는 때때로 전화번호, 아파트 번호, 영어 ID, 이메일 주소와 같은 원래 채팅의 개인정보를 대화 중에 유출했다.

그리고, 그들은 "새로운 서비스 개발"을 위해 데이터를 사용하는 데 동의받았지만, 이 개인정보에 대한 동의 방식으로 인해 법적 문제가 발생했다. 가장 큰 우려 중 하나는 사용자가 "사랑의 과학" 앱에서 나눈 민감하고 개인적인 대화가 이루다와 같은 다른 서비스를 개발하는 데 사용되고 있다는 사실을 전혀 몰랐다는 것이다. 이 때문에 개인정보보호위원회는 2021년 1월 12일에 조사를 시작했다.

2. 개인정보보호위원회의 결정과 시정조치

개인정보보호위원회는 2021년 4월 28일에 정기회의를 열고 챗봇 "이루다"의 배후에 있는 스캐터랩(주)에 총 1억 330만 원의 벌금을 부과하기로 했다. AI 기술 회사가 개인정보를 잘못 처리했다는 이유로 처벌을 받은 것은 이번이 처음이었다.[13) 개인정보보호위원회는 이 처분에서 "AI 기술 기업의 무분별한 개인정보 처리를 제재한 첫 사례"로 "기업이 특정 서비스를 목적으로 수집한 개인정보를 이용자의 명시적 동의 없이 다른 서비스를 위하여 이용하는 것을 제한하고", 이를 통해 인공지능(AI) 개발과 서비스 제공 시 올바른 개인정보 처리 방향을 제시했다.[14)

(1) 개인정보 수집 목적 범위 위반

우선 개인정보보호위원회 조사 결과, "㈜스캐터랩은 자사의 앱 서비스인 '텍스트앳'과 '연애의 과학'에서 수집한 카카오톡 대화를 2020년 2월부터

---

13) https://www.peoplepower21.org/magazine/1770219
14) 이하 내용은 개인정보보호위원회, 보도자료, '이루다' 개발사 ㈜스캐터랩에 과징금·과태료 등 제재 처분 — 인공지능(AI) 기술 기업의 올바른 개인정보 처리에 대한 방향 제시 —, 2021. 4. 28.
    https://www.pipc.go.kr/np/cop/bbs/selectBoardArticle.do?bbsId=BS074&mCode=C020010000&nttId=7298

2021년 1월까지 페이스북 이용자 대상의 챗봇 서비스인 '이루다'의 인공지능(AI) 개발과 운영에 이용한 것으로 확인되었다. ㈜스캐터랩은 '이루다' 인공지능(AI) 모델의 개발을 위한 알고리즘 학습 과정에서, 카카오톡 대화에 포함된 이름, 휴대전화 번호, 주소 등의 개인정보를 삭제하거나 암호화하는 등의 조치를 전혀 하지 않고, 약 60만 명에 달하는 이용자의 카카오톡 대화문장 94억여 건을 이용하였고, '이루다' 서비스 운영 과정에서는, 20대 여성의 카카오톡 대화문장 약 1억 건을 응답 DB로 구축하고, '이루다'가 이 중 한 문장을 선택하여 발화할 수 있도록 운영하였다."는 것을 확인했다.[15]

개인정보위는 ㈜스캐터랩이 이와 같이 '이루다' 서비스 개발과 운영에 이용자의 카카오톡 대화를 이용한 것에 대하여, '텍스트앳'과 '연애의 과학' 개인정보처리방침에 '신규 서비스 개발'을 포함시켜 이용자가 로그인함으로써 동의한 것으로 간주하는 것만으로는 이용자가 '이루다'와 같은 '신규 서비스 개발' 목적의 이용에 동의하였다고 보기 어렵고, '신규 서비스 개발'이라는 기재만으로 이용자가 '이루다' 개발과 운영에 카카오톡 대화가 이용될 것에 대해 예상하기도 어려우며, 이용자의 개인정보 자기결정권이 제한되는 등 이용자가 예측할 수 없는 손해를 입을 우려가 있다는 이유로 ㈜스캐터랩이 이용자의 개인정보를 수집한 목적을 벗어나 이용한 것이라고 판단하였다.[16]

(2) 가명정보의 처리 특례 위반

개인정보위는 ㈜스캐터랩이 개발자들의 코드 공유 및 협업 사이트로 알려진 Github에 2019. 10.부터 2021. 1.까지 이름 22건(성은 미포함)과 지명정보(구·동 단위) 34건, 성별, 대화 상대방과의 관계(친구 또는 연인) 등이 포함된 카카오톡 대화문장 1,431건과 함께 인공지능(AI) 모델을 게시한 것에 대하여는, 가명정보를 불특정 다수에게 제공하면서 '특정 개인을 알아보기 위하여 사용될 수 있는 정보'를 포함하였다는 이유로 개인정보 보호법 제28조의2제2항[17]을 위반한 것이라고 판단하였다.

---

15) 앞의 보도자료.
16) 위의 보도자료.
17) 개인정보 보호법 제28조의2(가명정보의 처리 등) ② 개인정보처리자는 제1항에 따라

나아가, 개인정보보호위원회는 조사 과정에서 정보주체가 명확히 인지할 수 있도록 알리고 동의를 받지 않은 사실 등 추가 위반사실을 확인하였으며, '이루다'와 관련된 사항을 포함, 총 8가지 「개인정보 보호법」 위반행위에 대하여 ㈜스캐터랩에 총 1억 330만 원의 과징금과 과태료를 부과하고 시정조치를 명령했다.[18]

마지막으로 위원회는 개인정보가 의도된 목적을 넘어 사용되었기 때문에 벌금을 부과했다. 악의적인 사용자의 부적절한 댓글, 이루다의 증오 표현, 개인 정보 유출에 대한 우려도 있었다.

3. 이루다 사건의 법직 · 윤리적 문제

이 처분은 회사가 사용자의 명확한 허가 없이 한 가지 서비스를 위해 수집된 개인 데이터를 사용하는 것을 막을 것으로 예상되었다. 또한 AI를 개발하고 서비스를 제공할 때 개인정보를 올바르게 처리하는 방법을 안내하기 위한 것이다.

스캐터랩은 개인을 식별할 수 있는 정보가 포함된 익명화된 데이터를 공유함으로써 개인정보 보호법을 위반했다고 판단되었다. 이루다는 차별, 증오 표현, 개인 정보 유출에 대한 논란으로 인해 얼마 지나지 않아 서비스를 중단해야 했다. 스캐터랩은 이루다 출시 후 받은 피드백을 바탕으로 서비스를 개선하는 데 시간이 걸릴 것이라고 밝혔으며 증오 표현, 차별, 개인정보 사용 문제에 대한 의사소통 부족에 대해 사과했다. 그러나 이루다 사건은 증오와 편견을 넘어 추가적인 우려를 제기했다. 또한 개인정보 사용에 대한 사전 동의를 얻는 문제도 강조했다.

비슷한 문제가 국제적으로 발생했다. 예를 들어, Microsoft의 AI 챗봇 "Tay"는 편향적이고 혐오적 댓글로 응답을 시작한 지 불과 16시간 만에 오프라인으로 전환되었다.

가명정보를 제3자에게 제공하는 경우에는 특정 개인을 알아보기 위하여 사용될 수 있는 정보를 포함해서는 아니 된다.

18) 앞의 보도자료.

2021년 1월 인공지능 챗봇 이루다는 대화자와의 채팅 중에 예기치 못한 인종차별, 혐오표현을 사용하였고, 개인정보와 은행 계좌정보와 같은 금융정보를 제공하는 문제점이 있어서 일시 사용이 중지된 바 있다. 챗봇에 사용된 대화 데이터가 개인정보 수집 제공 동의를 충분히 받지 않았다는 문제가 제기되었고, 실명을 자동화 비식별 처리하도록 했으나 비식별 처리되지 않은 개인정보 존재하는 문제가 발생했다. 정보 수집 단계에서 개인정보 침해 우려 검토 및 보호책임자 등 사전 검토가 필요했는데 이것이 충분하지 않았다는 비판이 제기되었다.[19]

이루다 사건은 AI 윤리 문제와 개인정보 보호 문제에 주목하게 했다. 결국 AI에서 개인정보를 사용하는 것은 개인정보 보호법 범위 내에 머물러야 한다. 개인을 추적할 수 없고 법적 문제가 발생하지 않는 익명화된 데이터를 사용하는 것이 목표여야 한다. 이루다 사건이 AI가 개인정보 보호법 규정을 올바르게 따르고 적용해야 하는 명확한 사례가 되었다.

Ⅳ. 저작권법상 쟁점

한편, 한국에서 인공지능은 공개된 개인정보를 활용하여 학습데이터로 활용할 수 있다. 하지만 이러한 학습데이터 수집을 위한 법규와 온라인사이트의 약관 변경과 저작권 이슈 문제 해결이 필요하다. 지식재산권(IP)은 발명가 또는 창작자에게 일정 기간 자신의 발명품이나 창작물을 보호하기 위해 부여된 법적 권리이다. 여기에는 특허, 상표권, 저작권 및 영업 비밀이 있다. 저작권과 인공지능에 관한 주요 이슈로는 인공지능이 학습하는 저작물에 대하여 이를 인공지능이 자유롭게 활용할 수 있도록 하는 저작권법상의 규정을 둘 것인지가 쟁점이 되었다.

---

19) 연합뉴스, 2021. 1. 11. 성희롱·혐오논란에 3주만에 멈춘 '이루다'… AI윤리 숙제 남기다, https://www.yna.co.kr/view/AKR20210111155153017

1. 정보분석(TDM)의 인정 여부

지식재산권과 인공지능 분야의 큰 주제는 텍스트 및 데이터 마이닝 (TDM)에 대한 법률을 만들어야 하는지 여부이다. TDM 규칙은 사람들이 데이터 분석 및 AI 교육과 같은 작업에 저작권이 있는 콘텐츠를 자유롭게 사용할 수 있도록 한다.

지식재산권과 인공지능에 관한 주요 이슈로는 TDM을 활용하는 법제를 둘 것인가 여부가 대두되고 있다. TDM은 인공지능 기계학습 등 정보분석을 목적으로, 저작권 등이 있는 콘텐츠를 자유롭게 이용할 수 있도록 하는 것이 된다. 그러나 미국과 한국은 TDM 규정을 제정하지 않고 대신 공정 사용 원칙에 의존한다.

(1) EU의 정보분석 규정

EU는 2021년 지침(2001/29/EC)에서 저작권의 예외를 두었다. 이 지침의 제5조 3항(a)에 따르면 교육 목적 또는 과학적 연구를 위해 콘텐츠를 복제하고 배포할 권리에 대한 예외가 있다. 그러나 이러한 예외는 비상업적 목적이어야 하며 사용자는 가능한 한 출처와 저자를 인정해야 한다.[20]

나아가 유럽연합(EU)의 2019 저작권 지침(DSM 지침) 제4조에서 정보분석(TDM, Text and data mining) 규정을 도입했다.[21] AI 모델을 훈련하려면

---

20) Directive 2001/29/EC of the European Parliament and of the Council of 22 May 2001 on the harmonisation of certain aspects of copyright and related rights in the information society, European Union (EU).

21) DIRECTIVE (EU) 2019/790 OF THE EUROPEAN PARLIAMENT AND OF THE COUNCIL of 17 April 2019, Article 4, Exception or limitation for text and data mining

    1. Member States shall provide for an exception or limitation to the rights provided for in Article 5(a) and Article 7(1) of Directive 96/9/EC, Article 2 of Directive 2001/29/EC, Article 4(1)(a) and (b) of Directive 2009/24/EC and Article 15(1) of this Directive for reproductions and extractions of lawfully accessible works and other subject matter <u>for the purposes of text and data mining.</u>

    2. Reproductions and extractions made pursuant to paragraph 1 may be

많은 양의 데이터가 필요하다. 여기에는 종종 공개적으로 사용 가능한 웹사이트에서 정보를 수집하고, 이를 정리하거나, 이를 새로운 정보로 처리하는 것이 포함된다. 이 DSM 지침 제3조는 과학적 연구 목적의 TDM 규정을 두고 있다.[22]

(2) 일본 저작권법상 정보분석(TDM) 규정

일본에서 저작권법은 2009년과 2018년에 다시 개정되어 AI가 정보를 해석하는 방법에 대한 규칙을 확대했다. 2018년 개정법에서는 AI 개발과 관련된 정보 해석에 대한 세계 최초의 규정인 제30조의4[23] 제2항을 도입했다. 이 개정법은 AI 운영자의 데이터 활용 및 학습 작업에 저작물을 이용할 수 있는 길을 열어두었다. 이 개정법의 목표는 디지털 기술을 통해 생성된 새로운 데이터 수요를 충족하기 위해, 저작권 소유자의 허가 없이도 저작물을 사

---

retained for as long as is necessary for the purposes of text and data mining.

3. The exception or limitation provided for in paragraph 1 shall apply on condition that the use of works and other subject matter referred to in that paragraph has not been expressly reserved by their rightholders in an appropriate manner, such as machine-readable means in the case of content made publicly available online.

4. This Article shall not affect the application of Article 3 of this Directive.

22) 박정훈, 박다효, "[EU, 일본] 유럽연합과 일본의 TDM 규정과 그 적용 범위－AI 학습을 위한 저작물 이용과 관련하여－", 이슈리포트, 2024-7, 2쪽.

23) 일본 저작권법 제34조의2 저작물은, 다음의 경우 기타 해당 저작물에 표현한 사상 또는 감정을 스스로 향유하거나 타인에게 향유하는 것을 목적으로 하지 않는 경우에는, 그 필요가 인정되는 한도에서, 어떠한 방법에 의하는가를 묻지 않고 이용할 수 있다. 단, 해당 저작물의 종류·용도 그리고 당해 이용 양태에 비추어 저작권자의 이익을 부당하게 해하는 경우는 그러하지 아니한다.

  1. 저작물의 녹음, 녹화 기타 이용에 관한 기술의 개발 또는 실용화를 위한 시험 용도로 제공하는 경우

  2. 정보분석(다수의 저작물 기타 대량의 정보에서 해당 정보를 구성하는 언어, 소리, 영상 기타 요소에 관한 정보를 추출, 비교, 분류 기타 분석하는 것을 말한다. 제47조의5 제1항 제2호에서와 같다) 용도로 제공하는 경우

  3. 제2호에 게재한 경우 외에, 저작물의 표현에 대한 사람들의 인식에 의한 인식을 수반하지 않고 해당 저작물을 전자계산기에 의한 정보처리 과정에서의 이용과 기타 이용(프로그램 저작물에 있어서는 해당 저작물의 전자계산기의 실행을 제외한다)에 제공하는 경우

용할 수 있도록 열어둔 것이었다.

개정법률의 제30조의4조, 제37조의4 및 제47조의5는 디지털화를 지원하기 위한 유연한 권리 제한에 초점을 맞추었다.

제30조의4는 저작물이 기계에 의한 개발, 테스트 또는 정보분석(인간의 개입 없이)에 사용되고 개인적인 즐거움을 위한 것이 아니라면 필요에 따라 사용할 수 있다고 명시하고 있다. 그러나 저작물의 사용 방식에 따라 저작권자의 이익을 부당하게 해치는 경우에는 적용되지 않는다. 동 저작권법 제47조의5는 "계산기를 이용한 정보처리에 의해 새로운 지견 또는 정보를 창출함으로써 저작물의 이용의 촉진에 기여하는 ① 검색정보의 특정 또는 위치 정보를 검색하고 결과를 제공하는 것, ② 전자계산기에 의해 정보해석하고 그 결과제공, ③ 전자계산기에 의해 정보처리, 정보 창출, 결과를 제공하여 국민 생활의 편리성 향상에 기여하는 것으로 정령에 정한 것에 해당하는 행위를 하는 사람은 저작물을 이용할 수 있다."는 내용을 규정하고 있어, AI에 저작물 활용의 가능성을 열어두었다.

2. 공정이용에 의한 대응

(1) 미국의 공정이용

공정이용(fair use)은 저작권으로 보호되는 저작물을 저작권자의 허가를 구하지 않고 저작권자에게 대가를 지급하지도 않고 제한적으로 이용을 허용하는 제도이다.[24] 미국에서 공정이용은 영국에서 기원하여 미연방 저작권법과 법원 판결에 영향을 미쳐왔다.

미국은 1976년 연방저작권법 제107조[25]에서 공정이용의 개념을 규정하지는 않고 공정이용으로 인정할 수 있는 판단기준을 4가지 제시하고 있다. 이후 인터넷상 침해되는 저작권을 보호하기 위한 '디지털 밀레니엄 저작권법(DMCA, Digital Millenium Copyright Act)'을 통과시키고, 여기에서도 연방

---

24) 이흔향, "저작권법상 공정이용 판단기준에 관한 연구- 중·한·미 비교를 중심으로", 법학박사 학위논문, 건국대학교 대학원, 2023. 6쪽.
25) The US Copyright Law (Title 17, section 107).

저작권법 제107조가 그대로 적용됨을 밝혔다.

(2) 한국의 공정이용

한국 저작권법과 관련하여 2011년 한국 저작권법 제35조의5(저작물의 공정이용)[26]는 저작물의 정상적인 이용을 방해하지 않고 저작권자의 합법적 이익을 부당하게 해치지 않는 경우 저작물을 이용할 수 있다고 명시했다.

저작권법 제35조의5가 신설되기 전, 공정이용의 논의는 저작권법 제28조와 연관 지어서 논의되고 있었다. 저작권 제28조에서 공표된 저작물은 보도·비평·교육·연구 등을 위하여는 정당한 범위 안에서 공정한 관행에 합치되게 이를 인용할 수 있다." 인용이 합리적이고 공정한 범위에 속하는지를 결정할 때는 인용 이유, 인용되는 작품의 유형, 사용 분량, 표현 방식, 독자가 어떻게 인식하는지, 인용이 원래 작품을 대체할 수 있는지를 고려해야 한다.

이미 저작권법상 공정이용이 한국 저작권법에 도입된 지 13년이 넘었다. 하지만 공정이용이 실제 분쟁 사례에서 효과적인 기준인지에 대한 의문이 제기되고 있다. 이 제도는 효과성을 전제로 도입된 것이고, 공정이용은 저작자와 이용자 이익의 균형을 적극적으로 추구하는 법 제도이므로 공정이용의 실태를 살펴볼 필요가 있다. 특히 공정이용은 입법부가 사법부에 저작권 제한 규정을 제정할 수 있는 입법권을 부여한 것이며, 관련 판례를 살펴보아야 한다. 그러나 아쉽게도 우리 대법원이 공정이용을 적극적으로 검토한 사례는 없다.

---

26) 저작권법 제35조의5(저작물의 공정한 이용)
제35조의5(저작물의 공정한 이용) ① 제23조부터 제35조의4까지, 제101조의3부터 제101조의5까지의 경우 외에 저작물의 일반적인 이용 방법과 충돌하지 아니하고 저작자의 정당한 이익을 부당하게 해치지 아니하는 경우에는 저작물을 이용할 수 있다. <개정 2016. 3. 22., 2019. 11. 26., 2023. 8. 8.>
② 저작물 이용 행위가 제1항에 해당하는지를 판단할 때에는 다음 각 호의 사항등을 고려하여야 한다. <개정 2016. 3. 22.>
1. 이용의 목적 및 성격
2. 저작물의 종류 및 용도
3. 이용된 부분이 저작물 전체에서 차지하는 비중과 그 중요성
4. 저작물의 이용이 그 저작물의 현재 시장 또는 가치나 잠재적인 시장 또는 가치에 미치는 영향

한국에서는 기술 발전과 관련 사례를 주시하며 대응할 것으로 기대한다. 향후 인공지능의 발전에서 학습데이터의 중요성이 높아지고 있고, 학습데이터를 위한 투자비용도 늘어나게 될 것이다. 이런 때에 TDM의 수용은 적극 검토할 필요가 있다. 그리고 자에게 공정하게 보상하는 방법에 대한 논의도 필요할 것이다. 또한 AI가 만든 작품에 "AI가 만든, 워터마크"라는 라벨을 붙일 필요도 있다.

V. 맺으며

인공지능으로 인해 발생하는 새로운 법적 쟁점을 검토해 보면 앞으로 인공지능에 대한 법제를 어떻게 만들어야 하는지에 대한 논리적인 결론을 도출할 수 있다.

먼저 한국에서 발생한 딥페이크 사건을 보면, 한국은 이에 대하여 성폭력처벌법이라는 특별법으로 이 문제를 해결하려 했다. 물론 기존의 명예훼손 법제와 손해배상법으로의 해결 가능성도 있지만, 인공지능 기술에 의한 딥페이크를 특별법인 성폭력처벌법의 규정으로 딥페이크 포르노를 보거나 소지한 사람을 처벌할 수 있도록 했다. 한편 챗봇 이루다 사건에서와 같이 인공지능에 의한 개인정보 보호법 침해는 여전히 개인정보 보호법 위반으로 처리되고 있다. 여기에는 개인정보보호위원회의 시정조치와 벌금 및 과태료 부과 처분이 진행되었다. 저작권법상 정보분석(TDM) 규정을 인정하여 인공지능의 학습데이터를 넓혀 줄 것인지, 아니면 공정이용을 통한 활용만 허용할 것인지에 대한 논란은 아직 진행 중이다. 이와 같은 사실을 보면 한국에서 인공지능이 초래한 다양한 법적 쟁점은 개별법적인 대응을 중심으로 대처되고 있는 것을 알 수 있다.

2025년 대한민국은 인공지능에 대한 일반법을 제정하여 실행을 앞두고 있다. 인공지능에 관한 새로운 현상에 대한 개별법적 대응도 검토되어야 한다. 여기에서 유의할 것은 인공지능에 관한 법들이 단순히 기술과 활용을 제한하는 것이 아니라 기업과 일반 국민의 자유로운 도전 기회를 창출해야 한다는 것이다. 현재 인공지능 기본법은 기업이 스스로 AI에 대한 영향평가를 실시하거나 EU와 같이 기관에서 사전 평가를 실시하도록 규정한다. 이러한 과정에서 인공지능에 대한 개별법의 접근에서도 그 기준을 만드는 역할을 다하면서 기존법으로 해결될 수 있는 상황에 대한 과도한 규제가 도입되는 것을 주의하고, 신속하면서도 신중한 법적 대응 검토가 계속되어야 할 것이다.

● 주제어: 딥페이크, 서울대n번방 사건, 생성형 인공지능, 개인정보 보호법, 챗봇 이루다, 정보분석 규정, 공정이용

참고문헌

1. 국내문헌
(1) 단행본
손형섭, 『헌법과 인공지능』, 커뮤니케이션북스, 2024.
(2) 논문
김희정, "딥페이크 기술을 이용한 신종범죄에 대한 법정책적 시사점 – 외국의 법정책 대응을 중심으로 –", 서강법률논총, 제13권 제3호, 2024. 10. 13.
류시원, "저작권법상 텍스트·데이터 마이닝(TDM) 면책규정 도입 방향의 검토", 선진상사법률연구, 통권 제101호, 2023. 1.
박정훈, 박다효, "[EU, 일본] 유럽연합과 일본의 TDM 규정과 그 적용 범위 – AI 학습을 위한 저작물 이용과 관련하여 –", 이슈리포트, 2024 – 7
이혼항, "저작권법상 공정이용 판단기준에 관한 연구 – 중·한·미 비교를 중심으로", 법학박사 학위논문, 건국대학교 대학원, 2023.
이대희, "EU DSM 저작권지침의 온라인 콘텐츠공유서비스체공자의 책임", 저작권 동향, 제6호, 2019.
(3) 기타
법률신문, 2024. 12. 22. [판결] '서울대 N번방' 주범, 1심서 징역 10년, https://www.lawtimes.co.kr/news/202497
연합뉴스, 2024. 3. 20. "멜로니 伊총리, 딥페이크 음란물에 10만유로 손해배상 소송", https://www.yna.co.kr/view/AKR20240320003100109
보안뉴스, 2023. 9. 7. 대세로 떠오르는 '생성형 AI', 개인정보는 어떻게 보호해야 할까, https://m.boannews.com/html/detail.html?idx=121107
개인정보보호위원회, 보도자료, '이루다'개발사 ㈜스캐터랩에 과징금·과태료 등 제재 처분 – 인공지능(AI) 기술 기업의 올바른 개인정보 처리에 대한 방향 제시 –, 2021. 4. 28. https://www.pipc.go.kr/np/cop/bbs/selectBoardArticle.do?bbsId=BS074&mCode=C020010000&nttId=7298
연합뉴스, 2021. 1. 11. 성희롱·혐오논란에 3주만에 멈춘 '이루다'… AI윤리 숙제 남기다, https://www.yna.co.kr/view/AKR20210111155153017

2. 해외문헌
(1) 단행본
山本 龍彦, 『AIと憲法』, 法学館憲法研究所 (2018)
(2) 논문
AI Ryan Calo, Robotics and the Lessons of Cyberlaw, 103 Cal. L. Rev. 513,

538－545 (2015)

(3) 기타

AI and Privacy: Safeguarding Data in the Age of Artificial Intelligence, https://www.digitalocean.com/resources/article/ai－and－privacy (2024. 5. 31.)

https://shellypalmer.com/2023/06/japans－copyright－exception－for－ai－training－data/

https://onlinelibrary.wiley.com/doi/full/10.1111/jwip.12285

https://copyrightalliance.org/ai－copyright－policies－must－respect－creators/

「ChatGPT」利用で個人情報保護法に触れる危うさ, 2023. 7. 21. https://toyokeizai.net/articles/－/687830?page＝3

https://mafr.fr/en/article/ex－ante－ex－post2/

https://digialps.com/midjourney－vs－stable－diffusion－same－prompt－different－results/

[Abstract]

A Study on legal issues caused by generative AI

Son. hyeungseob*

In South Korea, in September 2024, deepfake videos created by AI pools by middle school students across the country became a social issue. Before this incident, the Seoul National University Nth Room cases also brought the issue of personal rights violations regarding deepfakes to the forefront as a social issue. Although it was possible to respond to this with existing laws, on October 16, 2024, in order to prevent secondary damage to victims, Article 14-2, Paragraph 4 of the Sexual Violence Punishment Act was newly established, adding a provision that people who possess, purchase, store, or view edited or copied pornography can be sentenced to up to 3 years in prison.

In the personal information leak incident of chatbot Iruda that occurred in 2021, there were corrective measures and fines for violations of the Personal Information Protection Act, such as the issue of consent to provide personal information for AI learning data, the issue of uncertainty in the processing of pseudonymized information, and the issue of discrimination and hate speech in AI chatbots.

Meanwhile, the European Union and Japan have established information analysis (TDM) regulations to allow the activation of AI learning data. On the other hand, the United States and Korea are using the Fair Use regulations. In the future, it is necessary to establish information analysis regulations similar to those in the Japanese Copyright Act, and compensation regulations for this should also be discussed.

In this way, in the AI cases that are leading the way in Korea, Korea is reviewing the case focusing on individual legal responses. On the other hand, in December 2024, the National Assembly passed the 'Basic Act on the Development of Artificial Intelligence and Creation of Trust Base', and the general principles and related organizations for AI were established. In the future, in legal responses to AI, the process of enacting general laws and responses to individual laws will proceed simultaneously. Even at this time, we must carefully review the overall understanding of artificial intelligence and its individual effects, prioritize solutions within the basic legal framework, and avoid excessive legislation when responding to individual laws.

* Professor of Kyungsung University. Ph.D in Law(The University of Tokyo).

• Key Words: Deepfake, Seoul National University Nth Room Case, Generative AI, Personal Information Protection Act, Chatbot Iruda, TDM Provision, Fair Use

중국의 인공지능 규제 동향과 시사점

장지화*

본 연구는 중국의 최근 인공지능(AI) 관련 법제 및 정책 동향을 분석하고, 이를 통해 얻을 수 있는 시사점을 고찰하였다. 중국은 방대한 데이터 자원, 고도화된 컴퓨팅 인프라, 그리고 증가하는 AI 인재 풀을 기반으로 AI 산업에서 세계적인 선도국으로 자리매김하고 있다. 연구는 알고리즘 추천 관리 규정, 딥페이크 관리 규정, 생성형 AI 서비스 관리 임시 방안 등 주요 법규를 중심으로 AI 거버넌스 체계를 살펴보았다. 이들 규정은 투명성, 사용자 보호, 윤리적 활용을 강조하며, AI 응용이 사회주의 핵심 가치관에 부합하도록 하는 데 초점을 맞추고 있다. 또한, 중국의 AI 관련 법적 주체성 부정 원칙과 이를 기반으로 한 산업 활용 규제 접근법을 분석하였다. 중국의 규제 사례는 한국에 유용한 시사점을 제공하며, 특히 기술 활용 표식 의무화, 규제 등록제도, 사회적 약자 보호를 위한 규제 등이 주목할 만하다. 그러나 이념적 가치의 규제 반영은 논란의 여지가 있어, AI 기술의 공정성과 중립성을 확보하기 위해 국제적 협력이 필요함을 제언한다.

---

* 김앤장 법률사무소.

I. 서론

1. 중국의 AI 산업 발전 동향: 레드 드래곤에서 AI 드래곤으로

중국은 2024년까지 AI 연구 및 개발에 대한 투자를 지속적으로 확대하고 있으며, AI 관련 기업 수가 급증하고 있다. 2023년 기준으로 중국의 AI 관련 기업 수는 약 8,000개에 달하며, 이는 전 세계 AI 기업의 30%를 차지한다.[1] 아울러 중국은 AI 인재 양성을 위해 매년 수천 명의 AI 전문가를 배출하고 있으며, 2024년에는 AI 관련 인재가 19만 명에 이를 것으로 예상된다.[2] 중국의 AI 산업 규모도 상당한데 그 규모는 2024년 약 1조 2천억 위안 (약 2천억 달러)에 이를 것으로 보이며, 이는 2023년 대비 38.5% 증가하여, 2024년에는 AI 시장 점유율이 46.1%에 이를 것으로 예상된다.[3]

AI산업을 견인하는 주요 3대 요소는 데이터, 알고리즘, 컴퓨팅파워인데, 중국은 대량의 인구를 보유하고 있고 이는 방대한 양의 데이터를 생성하는데 기여하고 AI 모델 훈련시키는데 필수이다. 아울러 중국은 클라우드 컴퓨팅 인프라를 확장하고 있으며, 이를 통해 기업과 연구자들이 필요한 컴퓨팅 자원을 쉽게 이용할 수 있도록 하고 있다. 흔히 중국을 짝퉁이 남발하는 공장국가로 보고 있지만, 아래 세계지식재산기구(WIPO)가 발표한 보고서에 기재한 수치를 보면, AI산업에서 중국은 high tech 국가의 길로 가고 있음이 분명하고, 이는 알고리즘 차원에서도 중국이 결코 뒤처지지 않음을 보여준다.

WIPO가 발표한 「생성형 AI 특허 현황(Patent Landscape)」 보고서에 따르면 최근 10년간('14년~'23년) 총 5만4000건의 생성형 AI 특허가 출원된 가운

1) 심하윤, "[중국의 주요 산업 현황 및 협력 방안] AI 산업 편". 연세대학교 중국연구원, 2024.9.1.
https://yonseisinology.org/articles/economics/3324
2) 유재홍, "세계인공지능대회를 통해 살펴본 중국의 「AI＋ 행동」계획과 산업계 동향", 대외경제정책연구원, 2024.7.30.
3) 변희원, "중국의 'AI 추격'", 조선일보, 2024.10.31.
https://www.chosun.com/economy/tech_it/2024/10/26/OA4KQLTCFVEUJI26Q4T76GDGXY/

데, 중국이 3만8000개 이상으로 2위인 미국(6276건) 보다 6배 이상 많았다. 생성형 AI 특허를 가장 많이 보유한 상위 20위권에, 중국 Tencent(1위, 2,074개), 중국 핑안보험(2위, 1,564개), 중국 Baidu(3위, 1,234개), 중국과학원(4위, 607개), Alibaba Group(6위), 바이트댄스(9위) 등 중국 기업과 연구기관이 대거 포함됐다.4) 반면 상위 10위권에 들어간 우리 기업은 삼성전자(7위, 468개)가 유일하다.5)

[표] 근 10년간 출원한 생성형 AI 특허 수량

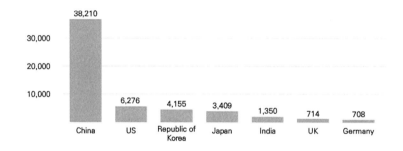

위에서 정리한 바와 같이 오늘날 중국은 AI 산업 3대 요소인 데이터, 알고리즘, 컴퓨팅파워 중 어느 것도 뒤처지지 않게 발전하고 있고, 부단히 AI의 R&D에 거액을 투자하고 있고 인재를 양성하고 있다. 필자의 소견이지만, 중국은 레드 드래곤으로부터 AI 드래곤으로 진화(進化) 중이다.

---

4) 이외에도 칭화대(15위), 저장대(16위) 등 중국 연구기관과 BBK전자(11위), 넷이즈(12위), 화웨이(14위), 차이나모바일(17위), 스테이트그리드(18위) 등 중국 기업이 상위 20위에 들어섰다.

5) Wipo, Patent Landscape Report - Generative Artificial Intelligence (GenAI) https://www.wipo.int/web-publications/patent-landscape-report-generative-artificial-intelligence-genai/en/index.html

2. 중국의 AI 관련 법과 정책 제정 동향

중국은 AI 산업의 부단한 발전과 더불어 AI관련 규제에도 중국은 상당한 노력을 기울이고 있다. 2017년, 세계에서 가장 먼저 인공지능 발전 전략을 수립한 국가 중 하나로서,[6] 중국은 「차세대 인공지능 발전 계획」[7](이하 '발전계획')을 발표했다. 「발전계획」은 '과학강국(科學強國)'이라는 대원칙 하에 과학 기술의 인솔(科技引領), 체계적인 계획(係統佈局), 시장 주도(市場主導), 오픈소스 개방(開源開放)이라는 4대 원칙을 명확히 하였다. 「발전계획」은 중국의 인공지능 개발에서 가장 중요한 것은 중국이 i) 과학기술 혁신과 능력 향상을 주요 목표로 하면서, ii) 스마트 경제 발전으로 스마트 사회를 구축하는 동시에 iii) 국가안보의 유지임을 명확히 하였다. 2019년 2월 중국 과학기술부는 '국가 차세대 인공지능 거버넌스 전문위원회(國家新一代人工智能治理專業委員會, 이하 '국가인공지능위원회')' 설립을 발표하였고, 당해 6월 17일 「차세대 인공지능 거버넌스 원칙(新一代人工智能治理規範)」 발표로 인공지능 거버넌스를 위한 프레임워크와 행동 지침을 제시하였다. 아울러 2021년 9월 25일 국가인공지능위원회는 「차세대 인공지능 윤리규범(新一代人工智能倫理規范)」을 발표하여 인공지능 관련 활동에 종사하는 자연인, 법인 및 기타 관련 기관 등에 윤리적 지침을 제시하였다.

「발전계획」과 「거버넌스원칙」 발표 후, 중국의 과학기술부, 공업정보화부, 국가발전개혁위원회, 공안부, 중국과학원, 국가표준위원회 등 주요 관련 부서는 인공지능 발전을 촉진하고 인공지능 위험을 예방하기 위한 다양한 정책과 규범적 문서를 연이어 제정하였다. 예를 들어, 「신세대 인공지능 산업 발전 3개년 행동 계획(2018–2020년)」,[8] 「휴머노이드 로봇 혁신 발전 지침」,[9]

---

6) Stanford Institute for Human–Centered AI(HAI), The AI Index 2024 Annual Report, Artificial Intelligence Index(Apr.22.2024),
https://aiindex.stanford.edu/report/

7) 중문명칭: 国务院关于印发新一代人工智能发展规划的通知. 2017.7.8. 발표 및 시행. 문서번호: 国发[2017]35号.

8) 중문명칭: 工业和信息化部关于印发「促进新一代人工智能产业发展三年行动计划 (2018 –2020年)」的通知. 2017.12.13. 발표 및 시행. 문서번호: 工信部科[2017]315号.

「국가 차세대 차량 네트워크 산업 표준 체계 구축 가이드(스마트 연결 자동차)」,10) 「과학기술 윤리 심사 방법(시행)」11) 등이 있다. 뿐만 아니라 각 지역에서도 관련 문서를 제정하기 시작하였다. 예컨대 상하이와 선전은 인공지능 산업 발전을 촉진하기 위한 지역 법규를 제정하였고, 저장, 광둥, 베이징, 청두, 항저우 등 여러 지역은 인공지능 연구 및 산업 발전을 촉진하기 위한 정책 문서를 제정하였다.

법률적 차원에서 본다면 2017년 6월 1일에 시행한 「네트워크안전법」,12) 2021년 9월 1일에 시행한 「데이터안전법」,13) 2021년 11월 1일에 시행한 「개인정보보호법」,14) 2022년 1월 1일에 시행한 「과학기술진보법」15) 등이 있는데, 「네트워크안전법」은 주로 네트워크 보안을 보장하고, 사이버 공간 주권과 국가 안보를 수호하며, 시민과 다양한 조직의 합법적 권익을 보호하는 데 목적을 두고 있어서 인공지능 발전의 기본 인프라인 네트워크 안보에 관한 기본법이라 할 수 있다. 「개인정보보호법」과 「데이터안전법」은 개인 정보와 데이터 처리 활동을 규범화하고, 개인 정보의 권리와 데이터 안전을 보호하는 동시에 데이터의 합리적 활용을 촉진하는 데 중점을 두고 있어서, 인공지능 발전의 주요 원자재인 데이터 관한 기본법이라 본다. 아울러 「과학기술진보법」은 신기술 촉진과 발전에 대한 기본법이기에 인공진흥 기술에 국가 예산을 투입하고 산업발전 진흥에 힘을 기울이는 법적 근거라 할 수 있다.

---

9) 중문명칭: 工业和信息化部关于印发「人形机器人创新发展指导意见」的通知. 2023.10.20. 발표 및 시행. 문서번호: 工信部科〔2023〕193号.

10) 중문명칭: 工业和信息化部、国家标准化管理委员会关于印发「国家车联网产业标准体系建设指南(智能网联汽车)(2023版)」的通知. 2023.7.18. 발표 및 시행. 문서번호: 工信部联科〔2023〕109号.

11) 중문명칭: 关于印发「科技伦理审查办法(试行)」的通知. 2023.9.7. 발표, 2023.12.1. 시행. 문서번호: 国科发监〔2023〕167号.

12) 중문명칭: 中华人民共和国网络安全法. 2016.11.7. 발표, 2017.6.1. 시행. 문서번호: 中华人民共和国主席令第53号.

13) 중문명칭: 中华人民共和国数据安全法. 2021.6.10. 발표, 2021.9.1. 시행. 문서번호: 中华人民共和国主席令第84号.

14) 중문명칭: 中华人民共和国个人信息保护法. 2021.8.20. 발표. 2021.11.1. 시행. 문서번호: 中华人民共和国主席令第91号.

15) 중문명칭: 中华人民共和国科学技术进步法. 2021.12.24. 수정, 2022.1.1. 시행. 문서번호: 中华人民共和国主席令第103号.

II. 중국의 AI 관련 현행 주요 규제

AI 관련 문제를 체계적으로 규제하고 있는 것은 주로 2021년 12월 31일에 발표한 「인터넷 정보 서비스 알고리즘 추천 관리 규정」(아래 '**알고리즘규정**')[16], 2022년 11월 25일에 발표한 「인터넷 정보 서비스 딥페이크 관리 규정」(아래 '**딥페이크규정**')[17], 2023년 7월 1일에 시행한 「생성형 인공지능 서비스 관리 임시 방안」(이하 '**AI잠행방법**')[18]이 있다. 그 중 「알고리즘규정」은 주로 알고리즘 추천기술을 대상으로, 「딥페이크규정」은 딥페이크 기술을 대상으로, 「AI잠행방법」은 생성형 인공지능 기술을 대상으로 기술을 활성화하는 동시에 안전하게 사용하는 것을 목표로 하고 있다. 위 2개의 규정과 방법은 중국의 「네트워크안전법」, 「데이터안전법」, 「개인정보보호법」, 「과학기술진보법」 등 법률과 함께 현행 중국의 AI 법률감독 구조를 형성하고 있다.

1. 「알고리즘규정」의 주요 개념과 적용범위

「알고리즘규정」은 총 6장 35조로 구성되어 있으며, 정보 서비스의 규범화, 사용자 권익 보호, 감독 관리, 법적 책임 등의 측면에서 구체적인 규정을 명시하고 있다. 알고리즘 사용이 보편화되고 심화되는 배경에서 발생한 알고리즘 차별, 빅데이터를 이용한 가격차별, 미디어·게임·인터넷 중독 등의 문제를 해결하여 정상적인 정보 전달 질서, 시장 질서 및 사회 질서를 유지하고, 의식형태 안보, 사회적 공정성과 정의, 그리고 네티즌의 합법적 권익을 보호하며, 알고리즘 관련 산업의 건강하고 질서 있는 발전을 촉진하는

---

16) 중문명칭: 互联网信息服务算法推荐管理规定. 2022.3.1.부터 시행. 문서번호: 国家互联网信息办公室、中华人民共和国工业和信息化部、中华人民共和国公安部、国家市场监督管理总局令第9号.

17) 중문명칭: 互联网信息服务深度合成管理规定. 2022.11.25.부터 시행. 문서번호: 国家互联网信息办公室、中华人民共和国工业和信息化部、中华人民共和国公安部令第12号.

18) 중문명칭: 生成式人工智能服务管理暂行办法. 2023.7.1. 부터 시행. 문서번호: 国家互联网信息办公室、中华人民共和国国家发展和改革委员会、中华人民共和国教育部、中华人民共和国科学技术部、中华人民共和国工业和信息化部、中华人民共和国公安部、国家广播电视总局令第15号.

것을 목표로 하고 있다.

「알고리즘규정」의 적용범위에 대한 이해는 두 가지 차원에서 접근할 수 있다. 하나는 공간적 차원인데, 동 규정은 중국 국내에서 알고리즘 추천 기술을 이용하여 인터넷 정보 서비스를 제공하는 행위(이하 "알고리즘 추천 서비스")에 적용하기에 공간 적용 범위는 중국 국내에 한하고 있다.[19] 다른 하나는 기술적 차원인데, 동 규정이 규제하는 대상은 '<u>알고리즘추천기술</u>'이고, 이는 생성 및 합성 기술, 개인화된 추천 기술, 순위 매기기 및 선택 기술, 검색 및 필터링 기술, 배포 및 의사 결정 기술과 같은 알고리즘 기술을 사용하여 사용자에게 정보를 제공하는 것을 의미한다.[20] 알고리즘 추천 서비스에 대한 감독관리 총괄 부서는 국가 및 각 지역의 인터넷정보관리부(网信部) 지만,[21] 국무원 및 지방의 통신, 공안, 시장 감독 등 관련 부서도 관련 직무를 담당한다.

2. 「딥페이크규정」의 주요 개념과 적용범위

「딥페이크규정」은 총 5장 25조로 구성되어 있으며, 이는 딥페이크 기술을 합법적이고 효과적으로 활용할 수 있도록 촉진하고 인터넷 정보 서비스 딥페이크 활동을 규범적으로 발전하기 위한 체계적이고 전문적이고 실용적인 전문적 관리 규정이다.

헤딩 규정에 따르면 '<u>딥페이크 기술</u>'이란 딥 러닝, 가상 현실 또는 기타 생성 및 합성 알고리즘을 사용하여 텍스트, 이미지, 오디오, 비디오, 가상 장면 또는 기타 네트워크 정보를 생성하는 모든 기술을 말하며, 여기에는 다음이 포함되며 이에 국한되지 않는다: ① 텍스트 생성, 텍스트 스타일 변환, Q&A 생성과 같은 텍스트 콘텐츠를 생성하거나 편집하는 기술; ② 텍스트 음성 변환, 음성 변환, 음성 속성 편집과 같은 음성 콘텐츠를 생성하거나 편집하는 기술; ③ 음악 생성 및 배경 사운드 편집과 같은 비음성 콘텐츠를 생성하

---

19) 「알고리즘규정」 제2조 1항.
20) 「알고리즘규정」 제2조 2항.
21) 「알고리즘규정」 제3조.

거나 편집하는 기술; ④ 얼굴 생성, 얼굴 교체, 개인 속성 편집, 얼굴 조작, 제스처 조작과 같은 이미지 또는 비디오 콘텐츠의 생체 인식 특징을 생성하거나 편집하는 기술; ⑤ 이미지 생성, 이미지 향상, 이미지 복원을 포함한 이미지 또는 비디오 콘텐츠의 비생체 인식 특징을 생성하거나 편집하는 기술; ⑥ 3D 재구성 및 디지털 시뮬레이션과 같은 디지털 캐릭터 또는 가상 장면을 생성하거나 편집하는 기술.22)

「딥페이크규정」의 적용범위를 보면, 우선 공간적 차원에서 동 규정은 적용 범위를 중국 국내에서의 기술 응용에 제한두고 있다.23) 다음으로 적용대상의 차원에서 보면 해당규정은 '딥페이크 서비스 제공자'24)와 그러한 서비스에 기술지원을 주는 '딥페이크 서비스 기술지원자'25)를 규제대상으로 하고 있다.

3. 「AI잠행방법」의 주요 개념과 적용범위

「AI잠행방법」은 총 5장 24조로 구성되었다. 「AI잠행방법」은 생성형 AI에 대한 감독관리 주체와 조치를 명확히 하고, 생성형 인공지능 제공자와 사용자의 사회적 책임 및 법적 책임을 명확히 규정하여, 시스템 오류, 피해 발생, 또는 권리 침해가 발생했을 때 적법한 책임 추궁에 법적 근거를 제공하였다.

'생성형 인공지능 기술'이란 텍스트, 이미지, 오디오, 비디오 또는 기타 콘텐츠를 생성하는 능력을 가진 모델 및 관련 기술을 뜻한다.26) 「딥페이크규정」은 '중국 국내'에서의 기술 응용에 적용27)되는 반면 「AI잠행방법」은 '생성형 인공지능 기술을 사용하여 중국 국내 대중에게 생성형 인공지능 서비

---

22) 「딥페이크규정」 제23조 1항.
23) 「딥페이크규정」 제2조.
24) 「딥페이크규정」 제23조 3항. 딥페이크 서비스 제공자란 딥페이크 서비스를 제공하는 조직과 개인을 뜻한다.
25) 「딥페이크규정」 제24조 3항. 딥페이크 서비스 기술지원자란 딥페이크 서비스 제공에 기술지원을 주는 조직과 개인을 뜻한다.
26) 「AI잠행방법」 제22조 1항.
27) 「딥페이크규정」 제2조.

스를 제공하는 경우 본 법을 적용한다'[28]고 하여, 그 적용범위를 중국 국내로 국한하지 않았다. 아울러 「AI잠행방법」은 '생성형 인공지능 기술 제공자란 생성적 AI 기술을 활용하여 생성적 AI 서비스를 제공하는 조직이나 개인을 의미하고, 여기에는 프로그래밍 가능한 인터페이스 또는 기타 수단을 통해 이러한 서비스를 제공하는 것도 포함한다고 규정[29]하였기에, 「AI잠행방법」의 규제 대상에는 실제적으로는 관련 서비스를 제공하는 자뿐만 아니라 생성형 AI 기술 개발자도 포함된다.

III. 중국의 AI 관련 규제 적용 주요 내용

앞에서 다룬 3개의 행정법규로 중국은 AI 관련 규제의 대체적인 프레임을 형성하였다. 3개의 행정법규는 각자 알고리즘, 딥페이크, 생성형 AI기술 적용에서 적용해야 하는 규제를 규정하였고, 서로 중첩되거나 연결되는 부분들이 많다. 따라서 아래는 3개 행정법규로 다루고 있는 주요 규제들을 일괄 정리하겠다.

1. 관리체계 시스템 구축의무

「알고리즘규정」에 의하면 알고리즘 추천 서비스 제공자는 '관리체계구축의무'가 있다. 알고리즘 추천 서비스 제공자는 사용자 등록, 정보 게시 심사, 데이터 보안 및 개인정보 보호, 안전사고 긴급대응 등의 관리 제도를 마련하고 관련 규칙을 공개하며, 서비스 규모에 적합한 전문 인력과 기술을 배치해야 한다.[30] 다음으로 '알고리즘검토및평가의무'를 이행해야 한다. 즉 알고리즘 모델, 데이터, 결과 등을 정기적으로 점검하고, 사용자를 중독시키거나 과소비를 유도하는 알고리즘 모델을 설정하면 아니 된다.[31] 이외에도 불법

---

28) 「AI잠행방법」 제2조 1항.
29) 「AI잠행방법」 제22조 2항.
30) 「알고리즘규정」 제7조.
31) 「알고리즘규정」 제8조.

·유해 정보 탐지 시스템을 구축하고, 발견 시 적절한 조치를 취하는 '불법 ·유해 정보 탐지·차단 의무'32)도 부담해야 한다.

같은 맥락으로, 「딥페이크규정」에 의하면 딥페이크 서비스 제공자도 '관리체계 구축의무'를 부담하고33) 딥페이크로 형성한 내용에 대한 관리를 강화하고 그 결과물에 대함 심사를 하여 '검토·평가 의무'를 이행해야 한다.34) 아울러 불법 및 불량 정보 특징들을 마크할 수 있는 데이터베이스를 구축하고 마크 절차를 부단히 보완하고 관련 기록들을 저장해야 하며35) 불벌·불량 정보 발견 시 신속히 경고, 기능제한, 서비스정지, 계정말소 등 조치를 하고 이를 당국에 보고함으로써 '불법·유해 정보 탐지·차단 의무'를 이행해야 한다.36) 「AI잠행방법」은 제14조로 딥페이크 서비스 제공자와 같은 '불법·유해 정보 탐지·차단 의무'를 생성형 AI 서비스 제공자에게 부여하고 있다.

2. 기술활용 표식의무

알고리즘 추천 서비스자는 알고리즘이 생성한 합성 정보는 명확히 표시해야 하며, 표시하지 않은 경우 정보 전송을 중단해야 하는 '생성 합성 정보 표시의무'가 있다.37)38) 유사하게, 딥페이크 서비스 제공자는 자신이 제공한 서비스로 형성된 결과물 또는 정보에 대해 사용자가 정상적인 사용에 영향을 주지 않는 표식을 하고 표식추가 일지를 보관해야 한다.39) 다만 i) 자연인을 시뮬레이션 하여 텍스트를 생성하거나 편집하는 스마트 대화, 스마트

---

32) 「알고리즘규정」 제9조 1항.
33) 「딥페이크규정」 제7조.
34) 「딥페이크규정」 제10조 1항.
35) 「딥페이크규정」 제10조 1항.
36) 「딥페이크규정」 제10조 3항.
37) 「알고리즘규정」 제9조 2항.
38) 생성 합성 정보 표시의무는 2019년 발표한 「네트워크 음성 비디오 정보 서비스 관리 규정(网络音视频信息服务管理规定)」에서도 규정한 바 있다. 이에 따르면 네트워크 음성 비디오 정보 서비스 제공자와 네트워크 음성 비디오 정보 서비스 사용자들이 딥러닝, 가상현실 등의 새로운 기술과 응용을 기반으로 비실제 음성 비디오 정보를 제작, 게시, 전파할 경우, 이를 명확하게 표시해야 한다.
39) 「딥페이크규정」 제16조.

작문 또는 기타 서비스, 또는 ii)음성 합성, 음성 모방과 같은 음성 생성 서비스 또는 개인 식별 특성을 상당히 변경하는 기타 편집 서비스, 또는 iii)얼굴 생성, 얼굴 교환, 얼굴 조작 또는 자세 조작과 같은 사람의 이미지나 비디오를 생성하는 서비스 또는 개인 식별 특성을 상당히 변경하는 편집 서비스, 또는 iv)몰입형 시뮬레이션 장면 생성, 편집 또는 기타 서비스, 또는 v)정보 콘텐츠를 생성하거나 상당히 변경하는 기능을 가진 기타 서비스를 제공하여 대중들의 혼란이나 오인을 초래할 수 있다면, 딥페이크 생성물이나 정보의 적절한 위치에 현저하게 딥페이크 기술활용물임을 알리는 표식을 해야 한다.[40] 생성형 AI 서비스는「딥페이크규정」에 준하여 형성물에 대한 표식을 해야 한다.[41]

3. 주류가치관 조성의무

「알고리즘규정」에 의하면 알고리즘 추천 서비스 제공자는 불법·불량한 정보는 전파하지 않고 건강하고 주류가치관(主流價値觀)에 적합한 온라인 환경을 조성하는 의무를 이행해야 한다. 따라서 사용자에 대한 태그 관리를 유의해야 하고 불법하고 불량한 키워드로 사용자를 태그하여 그들에게 불법·불량한 정보를 추천하여서는 아니 된다.[42] 아울러 알고리즘 추천에 있어서 적절한 간섭으로 중요사항에서는 주류가치관에 부합되는 정보가 보여지도록 조절해야 한다.[43] 가짜 뉴스 정보 생성 또는 국가규정에 의해 인허가를 받지 못한 주체의 뉴스 정보 유포는 금지해야 한다.[44] 특히 알고리즘을 이용하여 허위·불법 계정을 생성하고 허위 추천, 검색 순위 조작 등의 여론 조작 행위로 여론을 조성하고 감독관리 면피를 도모하여서는 아니 된다.[45]

문제는 '주류가치관'이라는 용어 자체가 모호하고 주관적 판단이 들어간

---

40)「딥페이크규정」제17조.
41)「AI잠행방법」제12조.
42)「알고리즘규정」제10조.
43)「알고리즘규정」제11조.
44)「알고리즘규정」제13조.
45)「알고리즘규정」제14조.

것이어서 규정 적용에서의 불분명성을 갖고 있다고 본다. 생각건대 중국의 '주류 가치관'이라면 '사회주의핵심가치관(社會主義核心價値觀, Core Socialist Values)'[46] 이라고 보는 것이 타당할 것 같다. 이는 부강(富強), 민주(民主), 문명(文明), 화해(和諧)을 가치의 목표로, 자유(自由), 평등(平等), 공정(公正), 법치(法治)를 가치의 방향으로, 애국(愛國), 경업(敬業), 성신(誠信), 우선(友善)을 가치의 준 칙으로 삼는 12가지 덕목을 뜻한다.[47] 실제로 중국 최고인민법원은 2021년 1월 19일에 「사회주의 핵심 가치관을 재판 문서의 법률 해석과 법리 설명에 도입하는 것을 심도 있게 추진하는 것에 관한 지도의견」[48]을 발표하여 법관 이 사회주의 핵심가치관을 운용해 '법을 해석하고 법리를 설명(석법설리·釋 法說理)'할 때의 기본 원칙과 기본 요건, 주요 방법, 중점 사건, 범위, 관련 기제 등을 규정하였다.

「알고리즘규정」 발표 후에 제정된 「딥페이크규정」과 「AI잠행방법」에는 "주류가치관"이라는 문구가 등장하지는 않았다. 다만 「딥페이크규정」은 사 회주의핵심가치관 조성을 규정 제정의 목표 중의 하나라고 밝혔고[49] 「AI잠 행방법」은 생성형 AI 서비스 제공자는 사회주의핵심가치관을 준수하고 국가 주권의 전복이나 사회주의 체제의 전복을 선동하는 내용, 국가의 안전과 이 익을 위협하는 내용, 국가의 이미지를 해치는 내용, 분리주의를 선동하는 내 용, 국가의 통일성과 사회적 안정을 해치는 내용, 테러리즘이나 극단주의를 선전하는 내용, 민족 간 증오나 차별을 조장하는 내용, 폭력적이거나 외설적 인 내용, 그리고 허위 또는 유해한 정보를 포함하는 내용을 생성하는 것은 금지해야 한다고 규정하였다.[50] 즉, 위 3개 행정규정은 모두 사회주의핵심 가치관의 준수를 강조하고 있고 그 내용들을 들여다 보면 사회주의 이념을

---

46) 2012년 중국 공산당 제18차 전국대표대회에서 채택된 중국식 사회주의의 새로운 공 식적 가치관.
47) 허욱, "법 안의 사회주의 핵심 가치관", Economy Chosun. 2021.3.22. https://economychosun.com/site/data/html_dir/2021/03/22/2021032200004.html
48) 중문명칭: 最高人民法院印发《关于深入推进社会主义核心价值观融入裁判文书释法说 理的指导意见》的通知 2021.1.19. 발표, 2021.3.1. 시행. 문서번호: 法[2021]21号.
49) 「딥페이크규정」 제1조.
50) 「AI잠행방법」 제4조 1항.

강조하고 있다.

4. 여론선동능력 구비자의 등록 · 평가의무

2018년 11월 15일에 발표한 「여론속성 또는 사회동원능력 구비 인터넷 정보 서비스 안전 평가 규정」[51] 제2조에 따르면, '**여론속성**(輿论属性, public opinion attributes)' 또는 '**사회동원능력**(社会动员能力, social mobilization capabilities)'(아래 '**여론선동능력**')을 구비한 인터넷정보 서비스 제공이란 주로 i) 포럼, 블로그, 웨이보(중국형 트위터), 챗팅방, 통신 그룹, 공공 계정, 짧은 동영상, 라이브 스트리밍, 정보 공유, 미니 프로그램 등 정보 서비스를 개설하거나 해당 기능을 부가적으로 제공하는 주체 ii) 대중 여론 표현 채널을 제공하거나 사회 대중을 특정 활동에 참여하도록 유도할 수 있는 능력을 가진 기타 인터넷 정보 서비스를 개설하는 경우를 뜻한다.

「알고리즘규정」에 따르면 알고리즘 추천 서비스 제공자가 여론선동능력을 구비한 경우 알고리즘 등록 · 공시 · 평가의무를 부담하게 된다. 우선, 여론선동능력 구비자는 i) 서비스 제공자의 명칭, ii) 서비스 형태, iii) 적용 분야, iv) 알고리즘 유형, v) 알고리즘 자체 평가 보고서, vi) 공개할 내용 및 기타 정보를 인터넷 기반 정보 서비스 알고리즘 기록 제출 시스템을[52] 통해 제공해야 한다.[53] 해당 등록은 서비스 제공일로부터 10일 이내에 진행해야 하고, 변경사항이 있는 경우 변경일부터 10일 내에 등록변경을 하고[54] 서비스 제공을 종결하였다면 종결일부터 20일 내에 등록말소를 해야 한다.[55] 다음으로, 알고리즘 등록을 완료한 후에는 서비스를 제공하는 사이트, APP 등의 현저한 위치에 등록번호와 등록번호를 조회할 수 있는 링크를 제시해야 하고,[56] 국가규정에 따라 안전평가를 진행해야 한다.[57]

---

51) 중문: 具有輿论属性或社会动员能力的互联网信息服务安全评估规. 2018.11.30. 시행.
52) 이는 아래 사이트로 접속한다.
　　https://beian.cac.gov.cn/#/index
53) 「알고리즘규정」 제23조 1항.
54) 「알고리즘규정」 제23조 2항.
55) 「알고리즘규정」 제23조 3항.

같은 맥락으로, 여론선동능력을 구비한 딥페이크 서비스 제공자[58]와 여론
선동능력 구비한 생성형 AI 서비스를 제공하는 경우[59) 「알고리즘규정」의
규정에 준하여 등록·공시와 안전평가를 해야 한다. 아울러 여론선동능력 구
비한 딥페이크 서비스 제공자가 새로운 제품, 새로운 애플리케이션 또는 새
로운 기능을 개발하고 출시하는 경우에도 안전평가를 해야 한다.[60) 참고로,
2024년 8월 기준으로 중국 국내 온라인 서비스 알고리즘 등록 수는 448개,
딥페이크 알고리즘은 1,919개, 생성형 AI 서비스는 188개이다.[61)

5. 사용자 권리보호의무

3개 행정규정 모두 사용자 권리보호를 주요 내용 중의 하나로 규제하고
있다. 「알고리즘규정」 제3장은 사용자권리보호를 규정하여 서비스 제공자에
게 사용자 권리보호에 부담해야 하는 일련의 의무를 규정하였다. 첫째, 알고
리즘에 대한 알 권리를 보장해야 한다. 서비스 제공자는 알고리즘 추천 서비
스 제공 여부, 기본 원리, 목적 등을 명확히 알려야 한다.[62) 둘째, 알고리즘
선택권을 보장해야 하다. 서비스 제공자는 사용자가 개인 특성을 타겟으로
하지 않는 추천 알고리즘 기반 서비스 옵션을 선택할 수 있도록 하거나, 이
러한 서비스를 종료할 수 있는 편리한 옵션을 제공해야 하고, 사용자가 추천
알고리즘 기반 서비스의 이용을 종료하기로 선택할 경우, 즉시 관련 서비스
를 중단해야 한다.[63) 셋째, 불만신고 제기권을 보장해야 한다. 서비스 제공
자는 사용자 불만 및 공공 불만과 신고를 위한 편리하고 효과적인 포털을

---

56) 「알고리즘규정」 제26조.
57) 「알고리즘규정」 제27조.
58) 「딥페이크규정」 제19조.
59) 「AI잠행방법」 제17조.
60) 「딥페이크규정」 제20조.
61) 郭小伟, "我国算法备案信息：深度合成算法1919个、信息服务算法446个、AIG C188
    个", 清华大学智能法治研究院, 2024.8.19.
    https://www.sohu.com/a/806761208_416839
62) 「알고리즘규정」 제16조.
63) 「알고리즘규정」 제17조.

구축하고, 이러한 불만 및 신고에 대한 처리 절차와 피드백 기한을 정의하며, 신속하게 접수하고 처리하며 처리 결과를 보고해야 한다.64) 사용자의 불만신고 제기권에 대해 「딥페이크규정」은 제12조로, 「AI잠행방법」은 제15조로 규정하고 있다.

이외, 미성년자, 고령자, 근로자, 소비자 등 특정 법률관계에서 약자로 인지될 수 있는 특정 대상으로 한 알고리즘 추천 서비스 제공자는 별도의 의무들을 이행해야 한다. 먼저, 미성년자 대상으로 서비스를 제공하는 알고리즘 추천 서비스 제공자는 미성년자 보호를 원칙으로 그들이 건강하고 유익한 정보를 얻을 수 있도록 지원하며, 미성년자에게 해롭거나 도덕위반이나 불량 습관 형성을 조성할 수 있는 정보 추천 금지는 물론이고 알고리즘을 이용하여 미성년자를 인터넷 중독으로 이끌어서도 아니 된다.65) 같은 맥락으로, 생성형 AI 서비스 제공자도 자신의 서비스의 대상 사용자, 사용 시나리오 및 용도를 명확히 하고 공개하며, 사용자에게 생성적 AI 기술에 대한 과학적 이해와 합법적인 사용을 안내하고, 미성년자가 생성적 AI 서비스에 과도하게 의존하거나 중독되지 않도록 효과적인 조치를 취해야 한다.66)

다음으로 고령자 대상으로 서비스를 제공하는 경우, 고령자들이 이동, 의료, 소비, 일상업무 처리에 대한 수요를 고려하여 국가규정에 부합하여 스마트형 고령에 적응하는 서비스를 제공하며 온라인 사기에 대한 식별과 방지도 같이 진행해야 한다.67) 알고리즘 추천 서비스 제공자가 근로자에게 업무 배분 서비스를 제공하는 경우(예컨대 알고리즘 추천 기술을 활용한 배달서비스), 노동 보수, 휴식 및 휴가와 같은 직원의 합법적인 권리와 이익을 보호하고, 플랫폼 주문 분배, 보수 구성 및 지급, 근무 시간, 보상 및 처벌에 관한 알고리즘을 수립하고 개선해야 한다.68) 아울러, 알고리즘 추천 서비스 제공자는 소비자의 선호도, 거래 습관 및 기타 특성에 따라 알고리즘을 사용하여 불합

---

64) 「알고리즘규정」 제20조.
65) 「알고리즘규정」 제18조.
66) 「AI잠행방법」 제10조.
67) 「알고리즘규정」 제19조.
68) 「알고리즘규정」 제20조.

리한 차별 대우를 하거나 거래 가격과 같은 거래 조건에서 기타 불법 행위를 해서는 아니 되고69) 사용자들의 사용중독과 과도소비를 유도하여서도 아니 된다.70)

6. 개인정보 보호의무

3개 행정규정 모두 개인정보 보호를 강조하고 서비스 제공과정에서 취득한 개인정보에 대한 보호의무를 규정하였다.71) 다만 알고리즘 추천 서비스 대비, 딥페이크 서비스 또는 생성형 AI 서비스는 개인정보를 관련 기술의 소스로 사용할 수 있기에 이에 대해서는 별도 규정을 두고 있다.

우선 딥페이크 서비스 제공자와 기술지원자가 얼굴, 목소리 또는 기타 생체정보를 편집하는 기능을 제공하는 경우, 해당 서비스 사용자는 편집될 정보의 개인정보주체에게 해당 내용을 알려야 하고 해당 개인으로부터 해당 행위에 대한 별도 동의를 취득해야 한다.72) 아울러 생성형 AI 서비스 제공자는 법률에 따라 사용자의 입력 정보와 사용 기록을 보호할 의무를 다해야 하며, 불필요한 개인 정보를 수집하거나 사용자를 식별할 수 있는 입력 정보나 사용 기록을 불법적으로 보유하거나, 사용자의 입력 정보나 사용 기록을 타인에게 불법적으로 제공해서는 안 된다. 아울러 법률에 따라 개인의 요청, 즉 개인정보에 대한 접근, 복사, 수정, 보완 또는 삭제 요청을 적시에 수용하고 처리해야 한다.73)

7. 위반에 대한 책임

「알고리즘규정」에서 규정한 알고리즘 추천 서비스 제공자가 관련 의무를

69) 「알고리즘규정」 제21조.
70) 「알고리즘규정」 제8조.
71) 「알고리즘규정」 제7조, 제29조, 「딥페이크규정」 제7조, 「AI잠행방법」 제4조 4항.
72) 「딥페이크규정」 제14조.
73) 「AI잠행방법」 제11조.

위반한 경우 인터넷정보관리부, 공안부, 시장감독부 등 행정 당국들은 경고, 대외통보, 기한내 시정 등을 명할 수 있고, 상황이 엄중하거나 시정을 거부하는 경우 1만 위안 이상 10만 위안 이하(약 한화 200만 원에서 2,000만 원)의 과태료 부과가 가능하며, 경우에 따라 행정안전처벌74)이 가능하며 범죄에 해당하다면 형법에 의해 처벌한다.75) 「딥페이크규정」과 「AI잠행방법」은 위반 시 법적 책임에 있어서 과태료 관련 규정은 두고 있지 않지만, 기한 내 시정, 관련 서비스 정지 등의 행정조차 외에 행정안전처벌이 가능하며 범죄에 해당된다면 형법에 따라 처벌한다고 규정하고 있다.76)

IV. 결론

AI 시대의 서막을 열면서 많은 사람들이 열광하는 동시에 인류 미래에 대한 심심한 우려도 날이 갈수록 커지고 있다. 유발 하라리의 신작 「넥서스(Nexus)」는 서두에서 요한 볼프강 폰 괴테의 「마법사의 제자」라른 시를 인용하였다. 이 이야기에서 늙은 마법사는 젊은 제자에게 작업장을 맡기여 자신이 없는 동안 강에서 물을 길어 오는 등의 잡일을 시켰는데, 제자는 일을 쉽게 하고자 빗자루에 마법을 걸어 자기 대신 물을 길어 오게 했다. 하지만 제자는 빗자루를 멈추는 방법을 몰랐고 빗자루는 점점 더 많은 물을 길어왔고, 겁이 잔뜩 난 제자는 도끼로 빗자루를 두 동강 냈더니 반 토막 난 빗자루 조각은 또 다른 빗자루가 되어 작업장에 물을 길어와 퍼부었다. 이 난리는 늙은 마법사가 돌아와서야 주문을 풀면서 끝났다. 그렇다. 통제할 수 없은 힘을 함부로 불러내면 안 된다. 같은 맥락으로, AI가 인류에게는 통제할 수 없는 힘일지도 모른다. 하지만 지금까지 새로운 기술 앞에서 이에 대한 위험을 경고하고 과속발전을 멈추고자 하는 노력은 항상 있었으나 한 번도 성공한 적이 없다. 오히려 새로운 기술을 하루빨리 받아들이고 이와의 공생의 길을 찾아간 자가 살아남아 있다. AI는 인류가 통제할 수 없는 힘일지도 모르겠으나, 지금의 우리에게는 더 이상 퇴로가 없고 AI 기술과의 공생의 길을 하루빨리 개척해야 할 것이다.

중국은 AI기술의 발전을 새로운 성장력으로 보고 있다. 중국 공산당은 이미 2020년부터 AI 발전의 원자재라고 할 수 있는 데이터를 토지, 노동력, 자본, 기술 등 4대 생산요소와 함께 제5대 생산요소로 인지하고 국정을 운영하고 있다.[77] 그만큼 중국은 AI 시대를 적극 포용하고 있고 이를 국가비전의 동력으로 보고 있는 것 같다. 따라서 AI의 속성에 관한 논의도 중국에서 활발히 이루어지고 있어서, AI 법적 주체성을 완전히 인정하는 '주체긍정설',[78] 법인의 의제 인격을 본받아 제한적으로 인공지능의 주체 지위를 인정하는 '주체제한설'[79]과 AI를 인간에 의해 통제되고 인류 활동의 공구에 불과한 공구로 보는 '주체부정설'[80]로 구분되고 있으나, 중국 사법기관은 일련의 판결로 '주체부정설'을 채택하고 있음을 보여주었다. 예컨대, 북경 필린 로펌이 북경 바이두 네크워크 정보 기술 유한회사를 상대로 제기한 저작권 침해 사건[81]에서 법원은 "독창성은 문자저작물의 충분한 조건이 아니며 현행법에

---

77) 중국 종공중앙과 국무원은 2020년 3월 30일에 생산요소 시장화 배분에 관한 첫 번째 국가급 정책인 「생산요소 시장화 배분 시스템 보완에 관한 의견(矣于构建更加完善的 要素市场化配置体制机制的意见)」 발표하였는데, 이에서 중국은 데이터를 토지, 노동력, 자본, 기술 등 4대 생산요소 외의 5번째 생산요소로 정비하고 국가전략을 구축하는 의지를 보여주었다.
78) 강한 인공지능은 독립적인 의사 표현 능력과 자율 의식을 갖추고 있어 법적 주체로 인정받을 수 있는 조건을 충족한다고 본다는 견해이다. 郑飞、马国洋, 「人工智能法学」, 中国政法大学出版社2023年版, 第47页。
79) 陈吉栋, 「论机器人的法律人格—基于法释义学的讨论」, 载「上海大学学报(社会科学版)」 2018年第3期.
80) 尹卫民, 「论人工智能作品的权利主体—兼评人工智能的法律人格」, 载「科技与出版」 2018年第10期.
81) 北京菲林律师事务所诉北京百度网讯科技有限公司著作权侵权案 [北京互联网法院 (2019)京73民终2030号]. 2018년 9월 9일, 북경 필림 로펌은 자신의 위쳇 공공 계정에 "영화 및 엔터테인먼트 산업 사법 데이터 분석 보고서"를 발표했다. 다음 날, 바이두의 플랫폼인 "바이자호"에서 해당 기사가 무단으로 게시되었으며 기사 서명 및 결말 부분이 삭제되었다. 원고는 피고가 허락 없이 해당 기사를 게시하여 공중송신권 중의 전송권, 동일성 유지권 및 서명권을 침해했다고 주장하였다. 본 사건의 주요 쟁점은 인공지능이 생성한 기사가 저작권법 보호를 받을 수 있는지 여부와 인공지능이

따르면 문자저작물은 자연인이 작성해야 한다. 비록 과학기술의 발전으로 컴퓨터 소프트웨어가 작성한 저작물이 내용, 형식, 표현방식상 자연인과 유사해질 수 있지만 현실적인 과학기술과 산업의 발전 수준에 의하면 현행법의 권리 보호 체계 내에서 관련 소프트웨어의 지적 및 경제적 투자를 보호할 수 있다면 민법 주체의 기본 규범을 넘어서는 것은 바람직하지 않다. 따라서 자연인이 창작을 완료하는 것이 여전히 저작권법상 저작물의 필요 조건이다"라고 판단하였다.

즉 중국은 AI를 공구로 볼 뿐 그의 법적 주체성은 인정하지 않고 있고, 이러한 맥락에서 먼저 산업과 생활 현장에서 가장 많이 문제되고 있는 알고리즘, 딥페이크와 생성형 AI 서비스 제공에 관해 선두적으로 행정규정을 제정하여 AI 관련 기술을 일종의 공구로서 제대로 활용하여 국가와 사회안정 및 국민들 권리 보장 강화를 도모하고 있어서 현재 구축한 일련의 제도가 한국에게도 시사점이 있다고 본다. 특히 기술활용표식의 의무화와 사회에 상당한 영향력을 줄 수 있는 기술에 대한 등록신고제도, 미성년자, 고령자 등 사회적 보호가 필요한 사용자들의 권리보호는 유용하게 참고할 만한 제도와 규제라고 사료한다.

다만 AI 활용과 기술 발전에 있어서 사회주의핵심가치관이라는 주관적으로 모호한 이념적 요소에 대한 적극적 적용은 사회주의국가의 특성이라고 할 수 있겠으나 AI는 인류가 주는 소스에 의해 성장되고 발전되는 점을 고려하였을 때 우려되는 부분이 결코 적지 않다. 공구란 의식이 없기에 공구에 대한 책임을 물을 수 없고 공구 사용자에 대해 책임을 추궁해야 하는데. AI는 결코 전혀 의식이 없는 칼과 같은 존재가 아니다. AI가 형성하는 과정에서의 이념 개입은 특별한 이념체를 갖고 있는 AI를 형성할 수 있다. 그렇다면 같은 맥락으로 중국에 대한 부정적인 정보가 더 많은 서구의 데이터를 소스로 형성되고 발전하는 AI 또한 반사회주의 이념을 갖춘 비중립적일 수 있다.

사회주의국가든 자본주의국가든, 서로 다른 국가와 국민들이 자신들의 정

___
창작 주체가 될 수 있는지 여부였다.

체와 환경에 맞게 다른 국가체제를 택했을 뿐임에도 불구하고, 세계는 2차 세계대전이라는 비극을 끝내자 마자 숨막히는 냉전시대에 진입하였다. 철의 장막(Iron Curtain)에서 벗어나 얼마 만의 평화를 누리지 못하고 오늘날 우리는 실리콘의 장막(Silicon Curtain) 시대로 진입하고 있는 것 같다. 이런 과정에서 우리는 AI라는 인류역사상 최초의 임의적 결정이 가능하고 새로운 생각을 창출할 수 있는 기술을 만들어냈고, 이는 현재의 인류로서는 통제하기 힘든 것임이 틀림없다. 그만큼, 가능할지 모르겠지만, 적어도 AI 관련 규제에 있어서 우리는 같은 인류로서 서로 간의 이념차이를 내려놓고 공동으로 협력하여 그에 대한 통제책 또는 공생관계 형성책을 제정하고 실천하는 것이 바람직하다고 본다.

참고문헌

1. 국내문헌

변희원, "중국의 'AI 추격'", 조선일보, 2024.10.31.

심하윤, "[중국의 주요 산업 현황 및 협력 방안] AI 산업 편". 연세대학교 중국연구원, 2024.9.1.

유재흥, "세계인공지능대회를 통해 살펴본 중국의「AI + 행동」계획과 산업계 동향", 대외경제정책연구원, 2024.7.30.

허욱, "법 안의 사회주의 핵심 가치관", Economy Chosun. 2021.3.22.

2. 해외문헌

郭小伟 , "我国算法备案信息 : 深度合成算法1919个、信息服务算法446个、 AIG C188个", 清华大学智能法治研究院, 2024.8.19.

陈吉栋 , 「论机器人的法律人格—基于法释义学的讨论」, 载「上海大学学报 (社会科学版)」2018年第3期°

尹卫民 , 「论人工智能作品的权利主体—兼评人工智能的法律人格」, 载「科技与出版」2018年第10期.

[以色列]尤瓦尔·赫拉利著,林俊宏译.智人之上 : 从石器时代到AI时代的信息网络简史. 中信出版集团. 2024.

Wipo, Patent Landscape Report － Generative Artificial Intelligence (GenAI) July,3, 2024.

Stanford Institute for Human－Centered AI(HAI), The AI Index 2024 Annual Report, Artificial Intelligence Index. Apr 22, 2024.

[Abstract]

China's AI Regulatory Trends and Implications

ZHANG, Zhihua

This study analyzed China's recent AI-related legislation and policy trends and examined the implications that can be drawn from them.

China is establishing itself as a global leader in the AI industry based on its vast data resources, advanced computing infrastructure, and growing AI talent pool. The study analyzed algorithm recommendation management regulations in China and the implications that can be drawn from them.

China's recent AI-related legislation and policy trends were analyzed, and the implications that can be drawn from them were examined. China is establishing itself as a global leader in the AI industry based on its vast data resources, advanced computing infrastructure, and growing AI talent pool. The study analyzed algorithm recommendation management regulations in China and the implications that can be drawn from them.

We looked at the AI governance system, focusing on major laws and regulations, such as the Regulations on the Management of Deepfakes, the Interim Measures for the Management of Generative AI Services, and others. These regulations emphasize transparency, user protection, and ethical use, and focus on ensuring that AI applications are in line with the core socialist values of the country.

In addition, China's principle of denying legal subjectivity to AI and the

Based on this, we analyzed the regulatory approach to industrial use. China's regulatory practices provide useful insights for Korea, and in particular, the mandatory use of technology labels, the regulatory registration system, and regulations to protect the socially disadvantaged are noteworthy. However, the reflection of ideological values in regulations is controversial, and it is recommended that international cooperation is needed to ensure fairness and neutrality of AI technology.

Based on this, we analyzed the regulatory approach to industrial use. China's regulatory practices provide useful insights for Korea, and in particular, the mandatory use of technology labels, the regulatory registration system, and regulations to protect the socially disadvantaged are noteworthy. However, the reflection of ideological values in regulations is controversial, and it is recommended that international cooperation is needed to ensure fairness and neutrality of AI technology.

초거대 인공지능의 형사절차에서의 활용과 법적 규제

최준혁*

인공지능은 현재 법률분야에서, 문서를 해석하고 분석함으로써 법조인의 업무를 보조하는 서비스, 복잡한 증거자료를 분석하고 분류하는 서비스, 자료를 검색하고 분석함으로써 특정 사건에 대하여 예측하는 서비스 등으로 활용되고 있어, 법률과 마찬가지로 실용적인 분야인 의학에서의 인공지능의 활용과 비슷하다.

형사절차에서의 AI는, 누적되어 있는 과거의 데이터를 기계적 알고리즘을 활용해 통계적으로 분석하여 미래에 대한 예측을 제시하는 기술이 주로 활용될 것이라는 예상이 일반적이었다. 형사절차 중 수사와 기소, 공판절차에서는 형사분쟁의 전제가 되는 사실관계의 확정이 주로 문제가 되며, 확정된 사실관계가 형사법상 어느 죄책에 해당하는지에 대한 판단과 그 판단에 의해 확정된 죄책에 따른 양형은 규범에 대한 판단으로서 모두 공판단계에서 이루어지며 각각의 단계에서 모두 약한 인공지능을 활용할 수 있다는 주장에는 낙관적인 전망도 함께 들어있다고 보인다.

이미 형사절차에서 인공지능은 다양한 형태로 활용되고 있다. 그런데 형사절차에 AI를 도입할지 여부를 판단할 때의 핵심질문은 AI가 우리의 형사절차를 더욱 공정하게 하는지 아니면 더욱 불공정하게 만드는지 이다. AI의 사용이 형사절차의 기본원칙을 우회하는 결과를 낳는 상황은 환영하기 어렵다.

형사절차와 AI의 관계를 논의할 때는 우선 AI가 지금 할 수 있는 일과 할 수 없는 일이 무엇인가, 즉 사실적 측면을 분명히 할 필요가 있다는 점에서 이 글은 현재 형사절차에서 인공지능이 어떻게 이용되는지, 그리고 형사전자소송과 인공지능의 관계는 무엇인지 설명하였다. 둘째는, '보조'라고 하면 AI의 주체성을 인정하지 않으니 그를 활용하는 인간이 책임을 진다는 점은 분명한데 어디서부터가 '보조'가 아닌가? 라는 규범적 질문에도 답할 필요가 있다는 점을 지적하였다.

---

* 인하대학교 법학전문대학원 교수. 이 글은 2024년 10월 4일 열린 4차산업혁명융합법학회 추계학술대회의 발표문을 수정하였다. 당시 사회를 맡아주신 홍선기 교수님, 한명관 교수님, 토론을 해 주신 허황 교수님, 최재식 실장님, 박병훈 대표님, 박중욱 박사님, 강지현 변호사님, 전진우 박사님께 깊이 감사드린다.

I. 들어가며

1. 초거대 인공지능

초거대 인공지능을 검색어로 넣어보면 아래의 기사가 나온다.

과학기술부는 2023년 9월 13일(수) 오전 청와대 영빈관에서 '대한민국 초거대 인공
지능 도약' 행사를 개최했다. 이날의 행사는 ChatGPT에 대응한 국내 기업의 독자적
초거대 인공지능 개발·출시를 축하하고, 개방형 혁신을 통한 초거대 인공지능 경쟁
력 강화와 인공지능 신뢰성 제고를 민관이 함께 추진하기 위해 마련되었다.[1]

그런데 이 기사에는 초거대 인공시능이 무엇인지 분명히 드러나 있지 않
다. 한국학술지인용색인에서 초거대 인공지능을 검색어로 넣으면 총 34건의
논문이 검색되는데,[2] '초거대 인공지능'을 제목에 넣은 글은 많지 않고, 서
술하는 내용은 초거대 언어모델과 다르지 않다고 보인다.

언어모델이란 '특정 문장이 등장할 확률을 계산해 주는 모델'로 전산언어
학에서 시작된 개념이지만, 딥러닝 전이학습(Transfer Learning)과 결합하여
BERT, GPT−3 공개 이후 인공지능 기술의 중요한 축으로 자리 잡았고, 언
어모델의 매개변수 크기를 늘리는 형태의 초거대 언어모델(LLM: Large
Language Models) 구축 경쟁이 촉발되었다.

초거대 언어모델은 언어모델의 한 종류인 언어 '생성' 모델을 방대한 데이
터, 수백억 개 매개변수, 이를 학습하기에 충분한 컴퓨팅 자원을 기반으로 계
산량을 크게 키워서 다음 단어 예측 정확도를 획기적으로 향상한 모델이다.[3]
초거대 언어모델은 사전학습(Pre−training) 후에 미세조정(Fine−tuning)이 필
요한 기존 언어모델과 다르게 10여 개의 소량 학습데이터로 응용 태스크에
적용이 가능한 few−shot 학습, 추가 학습이 필요없이 단지 태스크에 대한

---

1) 정책브리핑: 대한민국 초거대 인공지능(AI) 도약 방안 발표(https://korea.kr/brie−
   fing/pressReleaseView.do?newsId=156589890)
2) https://www.kci.go.kr/kciportal/main.kci(2024. 9. 27. 최종검색)
3) 권오욱·신종훈·서영애·임수종·허정·이기영, "초거대 언어모델과 수학추론 연구 동
   향", 전자통신동향분석 제38권 제6호(2023/12), 1면.

설명 문구를 지정해 주는 것만으로도 응용 태스크에 적용이 가능한 zero-shot 학습이 가능하다.

다만, 초거대 언어모델에도 문제점은 있다. 첫째, 고비용으로 인해 초거대 모델을 구축할 수 있는 국가와 기업이 국한되어 있어 인공지능 기술을 독점하는 문제가 발생한다. 둘째, 초거대 언어모델로 생성되는 자연어 문장은 의미 등을 고려하지 않고 학습데이터에서 계산된 확률값에 의존하기 때문에 종종 혐오 발언, 개인정보 데이터 노출, 폭력적 및 차별적 편향 데이터 생성뿐만 아니라 환각(Hallucination)이라고 불리는 거짓 정보를 그럴듯하게 생성하는 문제가 발생한다. 특히 특히 환각 문제는 정확성과 타당성이 요구되는 법률영역에서 큰 영향을 끼칠 수 있어서 확실히 분석되어야 할 필요가 있다.[4] 다음으로, 초거대 언어모델은 특정 분야가 아닌 사회 모든 분야의 언어를 전반적으로 학습하여 만들어지기 때문에, 특정 도메인만을 위한 고도화된 분석 모델을 생성하기에는 부족한 면이 있다.[5]

2. 상상의 날개를 펼쳐야 하는가?[6]

(1) 대중문화에서의 AI

'영화관에서 현실로'라고 최근의 AI 발전상황을 한 마디로 요약할 수 있는데,[7] 사실 영화에서 AI는 매우 친숙한 소재이다. 최근에 다시 영화화된 프랭크 허버트의 소설 『듄』에는 논리적인 사고능력을 최고로 발휘할 수 있도록 훈련받은 사람들로서 인간 컴퓨터라고 할 수 있는 '멘타트'가 등장하며, 우주선을 조종하는 우주 조합의 항법사는 컴퓨터의 도움을 받지 못하며 스

---

4) 박성미·박지원·안정민, "법률영역에서 GPT-4의 활용가능성과 시사점 - 법학적성시험(LEET)을 중심으로 -", 경제규제와 법 제16권 제1호(2023), 9면.
5) 가톨릭대학교 산학협력단, 생성형 AI의 검찰 사건처리업무 활용방안 연구, 2023, 7면.
6) 이 부분은 곧 간행될 최준혁, "인공지능에 의한 범죄와 처벌", 인하대학교 법학연구소 AI·데이터법 센터, 인공지능법 각론, 세창출판사, 321-327면의 서술을 약간 수정보충하였다.
7) Staffler/Jany, Künstliche Inteligenz und Strafrechtspflege - eine Orientierung, ZIS 4/2020, 164.

파이스를 섭취하지 않으면 일할 수 없다. 그런데 이 소설이 왜 인간이 컴퓨터의 도움을 받지 않는 설정이냐면, 컴퓨터와 생각하는 기계, 의식이 있는 로봇 등에 반대하는 성전(聖戰)인 '버틀레리안 지하드'가 일어났기 때문인데 이 성전의 가장 중요한 계명은 '인간의 정신을 본뜬 기계를 만들어서는 안 된다.'였다.[8] 영화나 소설 등에서는 인공지능이 사람을 살해하는 경우를 종종 찾을 수 있다. 『2001년 스페이스 오딧세이』(1968)의 컴퓨터 HAL은 자신의 임무를 완수하기 위해 우주선에 타고 있던 비행사들을 살해하며, 『ex machina』(2015)에 나오는 여성형 인공지능 에이바는 인간의 형태를 갖추고 건물 밖으로 탈출하기 위해 인간들을 해친다.

『Judge Dredd』[9]는 1975년 영국에서 출간된 만화를 원작으로 한 1995년 영화이다. 2139년, 핵전쟁 이후 지구의 대부분은 황무지가 되고 몇몇 대도시로 잔존인류가 모여 뉴욕은 인구 6,500만 명의 거대도시가 되었다. 기존의 정부가 거대도시의 치안을 유지하는데 실패하자 시민들은 초엘리트들인 Judge들이 도시의 치안유지 및 통치를 맡는 새로운 정치시스템을 승인한다. Judge들은 범죄현장에 출동하여 살인, 강도, 강간, 마약범죄 등을 저지른 범죄자들이 체포에 응하지 않으면 그 자리에서 사형을 선고하고 총살한다. 즉 경찰이자 배심원이자 형집행관인 것이다. 이러한 업무를 수행하기 위해서는 뛰어난 신체적 능력과 지적 능력을 갖추어야 하므로, 당대 최고라고 인정받는 특수요원의 DNA와 대법관의 DNA를 합성하여 우수한 배아를 만들고 이를 다량 복제한 클론을 만든 후, 자신이 어렸을 때 정상적인 가정에서 태어나 부모의 사랑을 받고 컸다는 기억과 자존감, 정의감, 사명감, 법률지식, 무술 등을 주입하는 방식으로 우수한 신체적 능력과 지적 능력을 겸비한 Judge를 양산하여 현장에 투입한다. 사실 법관이 신체적으로 뛰어난 능력을 가질 필요는 없지만, 수사부터 형집행까지의 전과정에서의 권력이 법관에게 집중되어 있다는 점은 규문주의 시대의 형사절차와 다르지 않다.[10]

사실, 미국의 법철학자 드워킨은 법관은 기존의 축적된 법체계 전체를 감

---

8) 프랭크 허버트(김승옥 옮김), 『듄1』, 황금가지, 2001.
9) 아래의 설명은 이상덕, "법관직의 미래", 『법의 미래』, 법문사, 2022, 77면.
10) 이상덕, 앞의 글, 79면.

안하고 그 지속성 아래 주어진 사안에서 새롭게 도덕적 원리를 가장 잘 구현할 수 있게 해야 한다고 하면서 헤라클레스로서의 법관을 상정한 바 있다. 헤라클레스로서의 법관은 "초인적인 지적 능력과 인내심을 가진 상상의 법관으로서 법을 전체로서 파악"하며 법에 대한 슈퍼컴퓨터라고 생각할 수 있다.[11] 우리가 AI 법관에게 원하는 바가 이것인가? 희망의 대상은 지적 능력에 한정되는 것인가, 아니면 공정성도 포함하는가? 인간의 판단이 완벽하지 않고 100% 공정하지도 않은데 사법부에 대한 신뢰가 낮은 상황이라면 '인공지능 판사'에 의한 재판을 기대하게 된다.[12]

(2) 개념구분

먼저 약한 인공지능/강한 인공지능/초지능의 구별이다. 1980년에 철학자 설(Searl)은 이 구분을 제시하면서 약한 인공지능은 기계가 마치 지능적인 것처럼 행동하는 것을 말하고 강한 인공지능은 기계가 사고를 시뮬레이션하는 것이 아니라 실제로 의식적으로 사고하는 것을 말한다고 보았다.[13] 2024년 9월 26일 오픈AI의 CEO인 알트먼이 자신의 블로그에서 인간의 지능을 뛰어넘는 '초지능'이 "수천 일 안에 등장할 수도 있다"고 주장했다고 한다.[14] 다음으로, 형사사법의 관점에서 인공지능은 서로 모순되는 두 가지 지위를 갖는다. 한 편으로는 형사사법의 '동지'가 될 수 있으며 다른 한 편으로는 형사사법의 '적'도 될 수 있다.[15] 위의 서술과 연결시키면 약한 인공지능은 주로 형사사법의 '동지'의 문제이며 강한 인공지능 이후는 '적'의 문제이다.

---

11) Fortson, WAS JUSTICE ANTONIN SCALIA HERCULES? A RE-EXAMINATION OF RONALD DWORKIN'S RELATIONSHIP TO ORIGINALISM, 271 WASHINGTON UNIVERSITY JURISPRUDENCE REVIEW VOL. 13:2(2021).
12) 오병철·김종철·김남철·김정환·나종갑, 인공지능과 법, 연세대학교 출판문화원, 2023, 342면.
13) 러셀·노빅(류광 옮김), 『인공지능: 현대적 접근방식 2(제4판)』, 제이펍, 2021, 411면.
14) "알트먼의 전망은 그다지 새롭지 않"으며 이 주장은 오픈AI가 최근 60억 달러(약 8조 원) 규모의 투자금을 모으고 있는 것과 무관하지 않다는 평가도 있다. 한국일보 2024. 9. 25. "오픈AI CEO 올트먼 "인간 지능 뛰어넘는 초지능 수천 일 내 등장 가능" 주장"(https://www.hankookilbo.com/News/Read/A2024092515320005922)
15) 양천수, 『인공지능 혁명과 법』, 박영사, 2022, 153면.

'적'에 대해서 이야기하였지만, 범죄와 인공지능의 관계는 인공지능에 의한 범죄와 인공지능을 이용한 범죄로 구별할 수 있다. 자율주행자동차[16]와 자율살상무기인 드론에 관하여 여러 논의가 있으며, 허위조작정보의 문제에서도 이용자의 기대와 달리 인공지능이 허위정보를 생성하는 상황과 이용자가 의도적으로 허위조작정보를 생성하는 상황을 구분할 필요가 있다.[17]

그러나 인공지능이 스스로 범죄를 저지르는 상황은 현재로서는 상정할 수 없다. 인공지능을 이용한 범죄도 형법적인 새로운 문제라기보다는 수사방법의 변화, 확장 문제를 주로 야기한다고 보인다.[18] 최근 AI를 이용한 범죄로 주로 문제가 되는 딥페이크 성범죄는 그 범죄의 성질이나 수사방법이 논의되며, 사회적으로 큰 문제가 되는 보이스피싱 사기에서도 딥페이크가 범행수단으로 이용되나, 이는 고도의 기술적 수단을 이용하는 범죄라는 점에서 양형기준에서 고려할 문제이다.[19]

(3) 무엇에 대한 논의가 필요한가?

1) 논의의 필요성과 대상

인공지능에 대한 형법의 접근에서는 기존의 이론으로 대응이 가능한지 아니면 새로운 방법론을 개발해야 하는지가 문제가 된다.[20]

그리고 무엇에 대한 논의가 진정으로 필요한가 ― 또는 무엇이 위험한가 ― 의 문제도 함께 생각할 필요가 있다. 예를 들어, 형집행단계에서 소위 로봇교도관을 도입하려는 시도가 과거에 있었으나 실패하였다.[21] 반면 일본에

---

16) EU 인공지능법은 완전자동화된 시스템뿐만 아니라 인공지능이 1차적으로 내린 의사결정을 사람이 모니터링하여 최종적으로 의사결정을 하는 경우에도 인공지능시스템으로 간주한다. 김일우, "재판업무 지원 AI 도입에 관한 헌법적 고찰", 헌법학연구 제30권 제2호(2024), 240면.
17) 김병필, "인공지능 챗봇과 허위정보", 최경진 편, 인공지능법, 박영사, 2024, 413면.
18) 이근우, "AI 시대와 형사법의 대응", 2024. 8. 19.~20. 제22회 한·중 형법 국제학술심포지엄 자료집, 66면.
19) 연합뉴스 2024. 4. 30. "보이스피싱·보험사기 형량 세진다… 13년만에 양형기준 손질"(https://www.yna.co.kr/view/AKR20240430060400004: 2024. 12. 15. 최종검색)
20) Schäfer, Artificial Intelligence und Strafrecht, Duncker & Humblot 2024, S. 67.
21) 인하대학교 법학연구소 AI·데이터법 센터, 인공지능법 총론, 466면.

서 민영교도소를 중심으로 수용자의 처우를 위해 서비스 로봇을 활용하고 있는 예가 있는데, 민영교도소에서 활용하는 로봇 중 배식이나 식기반납으로 기능이 한정되는 로봇은 단순한 서비스로봇으로 우리가 일상생활에서 식당에서 종종 볼 수 있는 것과 다르지 않으므로 교정로봇의 핵심기능인 시설의 경비와 재소자에 대한 감시를 담당하고 있다고 볼 수 없어서, 특별히 논의할 필요가 없다.

2) 지금 AI가 할 수 있는 것/할 수 없는 것

즉, 형사절차와 AI의 관계를 논의하기 위해서는 지금 AI가 무엇을 할 수 있고 무엇을 할 수 없는지 확인할 필요가 있다.

지적 능력에 한정하여 살펴보면,[22] 2023년 1월에 GPT-3.5-turbo가 미국의 법학전문대학원 입학시험인 LSAT을 통과하여 사람과 유사한 법적 추론능력의 가능성을 보이긴 했으나 당시 성적은 하위 40% 정도에 그친 반면, GPT-4의 경우 LSAT의 성적이 상위 12%의 점수를 기록하는 등 혁신적인 성능 향상을 보여줌으로써 인간 추론의 평균 수준을 상회하는 것으로 평가받는 수준에 이르렀다. 그런데, GPT-4에게 LEET의 문제를 풀어보게 한 결과, 아직까지 GPT-4가 추리논증에 대한 충분한 학습이 없었거나 논증구조를 잘 이해하지 못하고 있는 것으로 보인다는 연구[23]가 있다. 이 연구만 보면 생성형 인공지능은 아직 한국의 변호사시험을 통과하기란 쉽지 않다고 생각할 수 있다.

그런데, 2023년 4월부터 법률신문(www.lawtimes.co.kr)은 아티피셜 소사이어티(Artificial Society)와 함께 인공지능(AI)이 작성한 판결 기사를 여러 번 보도하였다. 기사작성을 위해서 오픈AI(OpenAI) 사의 초거대 언어모델 GPT-4를 활용하면서 법률 문서의 특수성으로 인한 오류를 최소화하기 위해 아티피셜 소사이어티가 자체 개발한 전·후 처리 파이프라인을 접목했다.[24] 이 기사 중에는 사실관계가 매우 잘 정리되어 있어서 법률문제 해결

---

22) 최준혁, "인공지능에 의한 범죄와 처벌", 인하대학교 법학연구소 AI·데이터법 센터, 인공지능법 각론, 세창출판사, 323면.
23) 박성미·박지원·안정민, 앞의 글, 24면.

에 대한 AI의 능력을 어느 정도 확인할 수 있는 것도 있다. 예를 들어 대법원 2023. 7. 27. 선고 2023도6735 판결 내용은 "원심판결 이유를 관련 법리와 적법하게 채택된 증거에 따라 살펴보면, 원심의 판단에 논리와 경험의 법칙을 위반하여 자유심증주의의 한계를 벗어나거나 과실치사죄에서의 주의의무, 인과관계 등에 관한 법리를 오해하는 등으로 판결에 영향을 미친 잘못이 없다." 이어서 이 판결문만으로는 어떠한 사실관계가 문제가 되었고 그에 대한 대법원의 법리는 무엇인지는 도저히 알 수 없다. 즉, 이 사건을 이해하기 위해서는 사실심법원인 1심법원과 2심법원의 판결문을 함께 검토하여야 하는데, AI가 작성한 기사는 사건의 사실관계를 적절히 요약정리한 후 그에 대한 법원의 판단이 무엇인지도 드러내고 있다.[25]

다른 방향의 예도 있다. 한국형사·법무정책연구원의 2023년 보고서는 서비스형 AI(AIaaS)[26]를 사용하여 2002년부터 2022년까지 발간된 한국형사·법무정책연구원의 연구보고서가 주요 유관부처의 국정과제와 어느 정도 부합하는지에 대한 연관성 분석, 연구동향 분석, 적용결과에 대한 연구자들의 검토의견 등을 주요 키워드를 이용하여 분석하였다. 연구보고서와 같은 방대한 문서에서 핵심 키워드를 추출하는 것은 정보검색, 문서요약, 추천시스템 등 다양한 분야로 확대응용이 가능한데, 이 연구에서도 새로운 방법론을 적용해 과거에는 막연히 추측하였던 연구의 경향성을 객관적으로 확인할 수 있었다.[27] 그러나 서비스형 인공지능 기술은 일상적인 범용의 데이터로만

---

24) 법률신문 2023. 4. 24. [AI가 작성한 판결기사] "성년후견인, 본소 및 반소 관련 소송행위와 변호사 선임에 대한 포괄적 권한 인정"(https://www.lawtimes.co.kr/news/186976)

25) 법률신문 2023. 8. 24. [AI가 쓴 판결기사] "선행행위가 위법하지 않더라도 부작위범이 성립할 수 있다"(https://www.lawtimes.co.kr/news/190498)

26) 서비스형 AI란 즉시 사용할 수 있는 AI 제품과 같은데, 다양한 AI 기반 기능을 포함하여 타사 공급업체가 고객사에 서비스 형태로 제공하는 인공지능 소프트웨어이다. 타사 공급업체는 이러한 기능들을 클라우드에서 호스팅하며, 최종 사용자가 인터넷을 통해 이를 사용할 수 있으므로 AI에 대한 접근성을 더욱 쉽게 만든다(https://www.openads.co.kr/content/contentDetail?contsId=6829).
이 연구는 카카오 엔터프라이즈의 서비스 인공지능을 이용하였다. 박성훈·이선형·임하늘·홍원신, 형사정책 분야의 국정과제 기여도 향상을 위한 인공지능기술 적용방안 연구, 한국형사·법무정책연구원, 2023, 23면 이하.

언어모델을 학습함에 따라 추출된 키워드 중 일부에 연구보고서에서 관용적으로 사용되는 단어, 유사한 단어의 중복, 연구영역(도메인)과 거리가 먼 단어가 다수 포함되기도 하였다. 예를 들어 '피의자', '범죄'라는 단어는 일반문장에서는 중요 키워드가 될 수 있지만, 연구보고서의 요약문이라는 맥락에서는 큰 의미가 없을 수도 있다. 반대로 '살인'과 '살해'처럼 같은 개념을 포함하는 키워드가 서로 다른 범주로 분류되기도 하며, '마약소지'와 '마약유통'이 동일하게 분류되어 마약범죄에 대한 키워드 추출이 정확해지지 않는 결과도 발생하였다.

II. 인공지능과 형사절차

1. 개관

현재 인공지능이 법률 분야에서 무엇을 하고 있는가를 살펴보면, 문서를 해석하고 분석함으로써 법조인의 업무를 보조하는 서비스, 복잡한 증거자료를 분석하고 분류하는 서비스, 자료를 검색하고 분석함으로써 특정 사건에 대하여 예측하는 서비스 등으로,[28] 이러한 방식은 법률과 마찬가지로 실용적인 분야인 의학에서의 인공지능의 활용과 비슷하다.[29]

형사절차에서의 AI는, 누적되어 있는 과거의 데이터를 기계적 알고리즘을 활용해 통계적으로 분석하여 미래에 대한 예측을 제시하는 기술이 주로 활용될 것이라는 전망[30]이 일반적이었다. 형사절차 중 수사와 기소, 공판절차에서는 형사분쟁의 전제가 되는 사실관계의 확정이 주로 문제가 되며, 확정된 사실관계가 형사법상 어느 죄책에 해당하는지에 대한 판단과 그 판단에 의해 확정된 죄책에 따른 양형은 규범에 대한 판단으로서 모두 공판단계에

---

27) 박성훈·이선형·임하늘·홍원신, 앞의 보고서, 95면 이하.

28) 한국포스트휴먼연구소·한국포스트휴먼학회 편저, 『인공지능의 이론과 실제』, 아카넷, 2019, 106면.

29) 인하대학교 법학연구소 AI·데이터법 센터, 인공지능법 총론, 456면.

30) 김웅재, "형사절차에서 인공지능 알고리즘의 활용가능성과 그 한계", Law & Technology 제16권 제4호(2020), 4면.

서 이루어지며 각각의 단계에서 모두 약한 인공지능을 활용할 수 있다는 설명31)에는 낙관적인 전망도 함께 들어있다고 보인다.

아래에서는 형사절차의 각 단계에서 인공지능이 어떻게 활용되고 있는지에 대하여 최근의 논의를 추가하여 설명하겠다.

2. 각 단계별 인공지능의 활용

[표 1] 형사절차에서의 인공지능의 활용32)

	위험방지	수사	기소	공판	형집행
담당기관	경찰			법원	검찰 법무부
		검찰			
내용	범죄예측			재범 위험성 판단	
	개인정보 처리			(양형과 AI)	(보호관찰)
	감시카메라				
	순찰로봇				로봇교도관?

(1) 범죄예방과 범죄수사

1) 범죄예방: 범죄예측

빅데이터를 기반으로 한 자동화된 의사결정을 법정책적으로 수용하고자 하는 추세를 보여주는 대표적인 예인 예측적 치안(Predictive Policing)은 범죄 이후보다는 해당 범죄가 발생하기 이전에 이를 예방하기 위하여 인공지능 기술을 활용한다. 예측적 치안은 빅데이터를 기반으로 범죄발생가능성을 찾아내어 사전에 예방함으로써 범죄율을 낮출 수 있다는 정책적 기대에 부응한 것으로, 이미 상용화 단계이다.33) 범죄예측은 크게 범죄 예측, 범죄피해자 예측, 범죄자 예측 등 3가지로 구분할 수 있다. 그런데 범죄자 예측과

31) 양천수, 『인공지능 혁명과 법』, 154면.
32) 인하대학교 법학연구소 AI·데이터법 센터, 인공지능법 총론, 458면 이하의 내용을 정리하였다.
33) 국회입법조사처, NARS 현안분석 제273호 "형사사법영역에서의 인공지능 활용의 쟁점과 과제", 2면.

피해자 예측은 개인의 프라이버시가 침해된다는 점과 민감한 개인정보의 수집 범위가 제한적이라는 점에서 연구 및 활용이 제한되었기 때문에 지금까지의 범죄예측 시스템은 시간별, 장소별 범죄 위험도를 기반으로 한 범죄발생의 시간과 장소를 전망하는 시공간 범죄예측이 주를 이루고 있다.34) 독일과 스위스의 일부 지역에서 경찰은 Precobs(Pre Crime Observation System의 약자)라는 소프트웨어를 사용하고 있다. 이 소프트웨어는 오버하우젠에 위치한 패턴기반 예측기술 연구소에서 개발되었는데, 기본 아이디어는 특정 범죄(특히 주거 침입)가 시간적 및 공간적으로 가까운 곳에서 종종 동일한 범죄자(또는 범죄 그룹)에 의해 추가 범죄로 이어진다는 관찰에 기반하고 있으며, 이러한 가정을 바탕으로 관련 경찰 데이터를 활용하여, 추가 범죄가 발생할 가능성이 높은 장소에 대한 데이터를 소프트웨어가 수집한다.35)

우리나라 경찰청의 범죄위험도 예측·분석 시스템(PRE－CAS: Preidctive Crime Risk Analysis System)36)은 치안·공공데이터를 통합한 빅데이터를 최신 알고리즘을 적용한 인공지능으로 분석하여 지역별 범죄 위험도와 범죄발생 건수를 예측하고 효과적인 순찰 경로를 안내한다.

2) 위험방지와 수사의 중첩
가. 개인정보처리

서울특별시 민생사법경찰단은 2018년 8월 국내 최초로 인터넷 불법 대부업 광고 등 범죄 수사에 머신러닝 기법이 적용된 인공지능 알고리즘을 도입한다고 발표하였다.37) AI 수사관은 사회관계망서비스, 블로그 등 온라인 콘텐츠 가운데 불법성이 의심되는 게시들이나 이미지를 실시간으로 수집·저장하고 불법 콘텐츠에서 자주 발견되는 패턴 등을 기계에 학습시켜 도출한 결과물을 이용해 불법게시물을 분류하는 과제를 수행하였으며, 수사관이 일

---

34) 김병수, "특정인에 대한 범죄예측 시스템의 문제점과 개선방안", 『형사법연구』제33권 제3호(2021), 243면.
35) Staffler/Jany, ZIS 4/2020, 168.
36) 안경옥, "빅데이터를 활용한 범죄예측의 문제점과 개선방향", 『비교형사법연구』제24권 제4호(2023), 69면.
37) 그에 관하여 인하대학교 법학연구소 AI·데이터법 센터, 인공지능법 총론, 459면.

일이 인터넷 사이트를 방문하거나 검색하는 기존 방식과 비교해서 막대한 양의 수사 단서를 신속하고 정확하게 찾을 수 있었고 단순 반복 업무를 자동화해 업무의 효율을 획기적으로 높일 수 있었다. 그러나 2019년 5월 개인정보보호위원회는 AI 수사관을 이용한 개인정보의 수집·이용행위를 법령상 근거 없이 이뤄지는 온라인 불심검문과 유사하다고 보아 개인정보보호법에 위반된다고 결정하였다.

최근 검찰과 경찰에서는 AI 수사관의 도입 이야기가 다시 나오고 있는데,[38] 'AI수사관'으로 불리는 AI 시스템은 유사 사건을 자동으로 찾아주는 서비스로서, AI 기술을 도입해 업무 부담은 줄이고 범죄 수사 효율을 높이겠다는 취지이다.

AI를 이용한 디지털 성범죄 모니터링도 시행되고 있다. 기존에는 피해자의 얼굴이나 특이점을 육안으로 판독해서 수작업으로 찾아내는 방식이라면, 앞으로는 인공지능(AI) 딥러닝 기술이 오디오, 비디오, 텍스트 정보를 종합적으로 분석해서 한 번 클릭만으로 피해자와 관련된 모든 피해 영상물을 즉시 찾아내는데, 2023년 7월에 서울기술연구원에서 프로그램 개발에 착수해 올해 3월 프로그램 개발을 완료했다고 한다. 키워드 입력부터 영상물 검출까지 불과 3분 정도밖에 걸리지 않아 기존 1~2시간이 소요됐던 것에 비해 검출속도가 획기적으로 개선되고, 정확도 200% 이상 향상된다. 인공지능(AI)의 학습 데이터가 축적될수록 정확도와 속도는 향상될 것으로 기대된다.[39] '인공지능(AI)이 영상물을 찾아내기 때문에 24시간 모니터링이 가능하고, 삭제지원관이 피해 영상물을 접하면서 발생할 수 있는 트라우마와 스트레스도 줄일 수 있다'는 설명에서 보듯이, 이 기술은 주로 영상물 삭제에 이용되지만 수사에도 활용될 수 있다.[40]

---

38) 법률신문 2024. 2. 25. "검경 'AI 수사관' 도입한다"(https://www.lawtimes.co.kr/news/196168)
39) 서울특별시 양성평등소식 2024. 4. 18. "전국 최초 인공지능(AI) 기술로 디지털성범죄 24시간 자동 추적·감시"(https://news.seoul.go.kr/welfare/archives/551229)
40) 마약류범죄의 우선 수사 목표를 공급자로 설정하여 수사기관이 인터넷 모니터링 시스템을 강화하여 포털사업자에게 실시간 삭제를 요청할 수 있는 시스템을 구축하자는 제안으로 조정우, "마약류 투약자 중심의 마약수사 실효성에 관한 연구", 한국범죄심

나. 사진 · 동영상 촬영

영국, 미국 등에서 CCTV를 활용해 피의자를 검거한 사례들을 찾을 수 있다.[41] CCTV를 이용해 촬영한 영상은 AI의 안면인식 기술과 결합되었을 때 매우 큰 위력을 발휘하며, 이러한 기술은 순찰로봇과 결합될 수 있다. 그런데 범죄 예방 목적으로 순찰로봇에 장착한 카메라를 통한 영상 촬영이 범죄사실의 증거수집활동이 된다면, 이는 수사이므로 법률에 근거가 있어야 하며 그렇지 않으면 위법한 수사가 될 수 있다. 즉, 순찰로봇에 의한 영상 촬영에서도 감시카메라와 동일한 문제가 발생한다는 점은 최근 뉴욕경찰의 순찰로봇 도입[42]이 잘 보여준다.[43]

사진 또는 영상촬영에 관한 '판례'[44]라고 보이는 99도2317 판결은 현재 범행이 행하여지고 있거나 행하여진 직후이고, 증거보전의 필요성 및 긴급성이 있으며, 일반적으로 허용되는 상당한 방법으로 이루어진 경우 촬영은 영장을 받지 않았더라도 적법하다고 판결하였다. 기본권 주체의 동의나 승낙 없이 수사기관이 신체오관의 작용으로 현상을 인식하는 것은 강제처분인 검증으로서, 형사소송법 제199조가 영장 없는 촬영의 적법성을 인정하는 근거가 되기는 어렵다. 나아가 비밀수사의 영역에서 이루어지는 촬영이 여기에 해당한다고 보기는 어려운데, 범행 중 또는 범행 직후에 포섭되지 않는 대상자를 지속적으로 감시하면서 향후 수사에서 범죄와의 관련성 여부를 확인할 목적으로 그의 행동 및 접촉하는 상대방을 촬영하는 것은 이 판결이

리연구 제15권 제2호(2019), 64면.

41) 그에 관하여 인하대학교 법학연구소 AI · 데이터법 센터, 인공지능법 총론, 461면 이하.

42) "현실이 된 로보캅"(https://www.youtube.com/watch?v=9hVTjtO8Ct4).

43) 카메라를 장착한 드론을 범죄수사에 활용하는 경우도 마찬가지이다. 오병철 · 김종철 · 김남철 · 김정환 · 나종갑, 인공지능과 법, 347면.

44) 나이트클럽의 운영자 등이 공모하여 클럽 내에서 성행위를 묘사하는 공연을 하는 등 음란행위 영업을 하여 풍속영업의 규제에 관한 법률 위반으로 기소되었고 경찰관들이 클럽에 출입하여 피고인의 공연을 촬영한 영상물 및 이를 캡처한 영상사진이 증거로 제출된 사안에서 대법원 2023. 4. 27. 선고 2018도8161 판결은 99도2317 판결을 인용하면서 "다만 촬영으로 인하여 초상권, 사생활의 비밀과 자유, 주거의 자유 등이 침해될 수 있으므로 수사기관이 일반적으로 허용되는 상당한 방법으로 촬영하였는지 여부는 수사기관이 촬영장소에 통상적인 방법으로 출입하였는지 또 촬영장소와 대상이 사생활의 비밀과 자유 등에 대한 보호가 합리적으로 기대되는 영역에 속하는지 등을 종합적으로 고려하여 신중하게 판단하여야 한다."고 판결하였다.

영장 없는 강제처분을 인정하기 위해 제시하는 요건을 명백히 충족하지 못한다고 보아야 한다.[45]

3) 수사와 기소

경찰에서는 '전화 사기 대응 시스템(코난)'[46]으로 민간기관 데이터를 AI 기술로 통계 분석하여 전화 사기 수사에 활용하고 있다. 코난은 보이스피싱뿐 아니라 휴대폰을 이용한 사기 범죄 모두에 활용할 수 있는데, △통계 분석 △통합조회 수사 공조 △데이터 관리 등 세 가지 기능이 있다. 통계 분석은 경찰 신고 내용을 자동으로 분석해 사기 유형별 추세를 보여주고, 지역별 통계도 제공해 어느 지역에서 전화 사기가 자주 발생하는지 한눈에 알려 준다. 또 전국 각지에서 발생한 사건을 검색할 수 있는 통합조회 시스템이 마련돼 수사 단서를 확보하기 쉬워졌다. 가령 서버에 'OOO 팀장'을 검색하면 OOO 팀장이 등장한 사건 목록이 공개돼 유사 범죄가 언제 어디서 발생했는지 파악할 수 있다. 전화 사기에 이용된 전화번호나 계좌번호, 피해자 이름 등으로도 사건을 조회할 수 있다. 사기 행각에 연루된 피의자의 얼굴과 목소리를 공유하는 시스템도 마련돼 다른 경찰서에 공조 요청을 할 수도 있다. 시스템에 피의자 정보와 인상 착의를 적어 올리면 데이터가 누적돼 동일한 피의자를 수사 중인 경찰서가 있는지 확인 가능하다. 사기 피의자의 통화 녹음파일을 업로드할 수도 있어 같은 목소리의 피의자를 추적하는 경찰에 협조 요청을 구할 수도 있다. 공군 검찰에서도 수사기관 최초 'AI 사건 처리 시스템'을 도입하여 AI의 빅데이터 학습 능력을 군내 형사사건의 합리적이고 객관적인 처리에 활용하고 있다고 한다.[47]

2020년 12월부터 성폭력 피해자에 대한 검찰의 참고인조사에서 AI가 경찰관과 피해자인 참고인 사이의 대화내용을 받아적는 기술이 도입되었는데, AI가 대화내용을 자동인식해 문자화하며 AI의 인식오류는 경찰관이 실시간

---

45) 오상지, "비밀수사의 법제화에 관한 연구 - 오스트리아의 입법례를 중심으로 -", 경찰학연구 제21권 제2호(2021), 16면.
46) 한국일보, "[단독] 경찰, 민간기관 데이터 동원해 전화 사기 뿌리 뽑는다", <https://news.nate.com/view/20211130n01419> (2024. 8. 28. 확인)
47) 연합뉴스, "방대한 판례, AI가 일목요연하게… 공군 검찰, AI시스템 도입", <https://www.yna.co.kr/view/AKR20231106044200504> (2024. 8. 28. 확인)

으로 수정하거나 음성녹음과 사후 대조해 바로잡는다. 이러한 'AI 속기사'를 통해 경찰관은 조서작성의 부담에서 벗어나면서 개방형 질문을 통해 피해자의 진술이 충분히 전달될 수 있어 경찰에서 널리 활용되고 있다고 한다.[48]

(2) 공판단계

AI에 의한 법률상담의 가능성 등 AI가 변호사를 돕는 역할을 수행할 수 있을 것이라는 전망이 나오고 있다.[49] 사실 형사재판에서의 죄책판단은 정교하게 정립된 해석방법과 범죄체계론에 기반을 두고 있기 때문에 약한 인공지능이라고 하더라도 그동안의 해석방법과 범죄체계론을 학습함으로써 규범적 판단인 죄책판단을 어느 정도 수행할 수 있다는 전망도 있다.[50] 다만 우리나라에서는 아직 형사재판에서 인공지능이 이용되고 있지 않으며, 2018년 4월 대법원은 인공지능을 도입하여 열린 지능형 법원을 만들겠다는 의지를 천명한 바 있다.[51]

재범의 위험성 판단은 피고인에 대한 판결선고 단계에서도 문제가 된다. 미국의 각 주에서 사용하는 시스템 중 상습성 평가를 위한 상용 시스템으로서 노스포인트(Nothpointe)사에서 만들었으며 범죄 참여, 관계나 생활 방식, 성격 또는 태도, 가족 및 사회적 배제와 같은 다섯 가지 주요 영역에서 변수를 평가하는 COMPAS에 대해서는 이미 많은 논의와 비판이 있었다.[52]

(3) 형집행단계

보안처분 중 하나인 보호관찰에서도 인공지능이 활용되고 있다. 법무부는 범죄 징후가 있는 고위험 대상자에 대하여 차별화된 맞춤형 지도감독을 실시할 수 있도록 범죄 징후 예측시스템을 2019년 2월부터 도입하였다.[53] 이

---

48) 오병철 · 김종철 · 김남철 · 김정환 · 나종갑, 인공지능과 법, 351면.
49) 법률신문 2023. 2. 19. "챗GPT, 곧 복잡한 법리 분석도 해낼 것" (https://www.lawtimes.co.kr/ Legal – News/Legal – News – View?serial = 185456).
50) 양천수, 앞의 책, 155면.
51) 이나래, "인공지능 기반 의사결정에 의한 법률적 규율 방안", 『LAW & TECH - NOLOGY』 제15권 제5호, 서울대학교 기술과법센터, 2019. 9, 38면.
52) 그에 관하여 인하대학교 법학연구소 AI · 데이터법 센터, 인공지능법 총론, 462면 이하.
53) 안경옥, 앞의 글, 71면.

시스템은 성폭력범죄로 인해 위치추적 전자장치(전자장치부착법 제2조 제4호. 속칭 '전자발찌')를 부착한 자를 대상으로 하며 재범에 영향을 미치는 과거 범죄수법, 이동경로, 정서상태, 생활환경 변화 등을 수집, 분석하여 이상징후가 있을 경우 이를 보호관찰관에게 알려 맞춤형 지도감독방법을 제공한다. 특히 이상징후 상시 분석 및 알림의 기능은 빅데이터 분석기법 등을 통해 자동으로 종합 분석된 정보를 통해 재범으로 이어질 수 있는 정상 패턴 이탈 등의 이상징후를 상시 탐지하여 보호관찰관에게 제공한다.[54]

보안처분의 선고과정에서 사용되고 있는 재범위험성도구는 직관적 방법, 임상적 방법, 통계적 방법, 혼합적 방법 중 임상적 방법과 통계적 방법을 혼합한 방법을 사용하고 있으나 그 출발점은 기본적으로 통계적 방법이다. 인공지능 재범위험성판단도구도 기본적으로 통계를 기반으로 한다는 점에서 기존의 재범위험성평가도구와 동일한데, 인공지능 재범위험성판단도구는 막대한 빅데이터를 기반으로 기존보다 훨씬 많은 문항을 판단기준으로 삼을 수 있다는 점에서는, 통계적 측면에서 기존의 모델보다 더 발전된 형태로 볼 수 있을 것이다.

III. 형사전자소송과 AI

1. 도입논의

소송의 전자화는 2010년 민사소송 등에서의 전자문서 이용 등에 관한 법률 제정과 함께 2010년 4월 특허소송을 시작으로 2011년 민사소송, 2013년 행정소송과 가사소송에 도입되었다.[55] 형사소송에서는 2009년 1월에 형사사법절차 전자화 촉진법과 약식절차에서의 전자문서 이용에 관한 법률안이 마련되어 5월 정부입법으로 국회에 제출되었고, 2009년 12월 29일 국회 본회의를 통과하여 2010년 5월 1일부터 촉진법, 5월 15일부터 전자약식법이 시행되었다.[56]

---

54) 안경옥, 앞의 글, 71면.
55) 김한균, "형사 전자소송과 형사사법정보: 쟁점과 과제", 형사소송 이론과 실무 제14권 제4호(2022), 1면.
56) 송길룡, "형사사법 전자화의 현황과 과제", 형사소송 이론과 실무 제2권 제2호(2010),

2020년 행정소송 1심사건 2만 2508건과 특허소송 1심사건 674건은 100% 전자소송으로, 민사소송의 경우 전체 접수건수의 91.2%가 전자소송으로 진행되는 등 전자소송이 활성화된 반면[57] 형사절차에서는 전자소송이 거의 이루어지지 않자 '형사사법절차에서 전자문서의 이용 및 관리 등에 관한 기본 원칙과 절차를 규정함으로써 형사사법절차의 전자화를 실현하여 형사사법절차의 신속성과 투명성을 높이고 국민의 권익 보호에 이바지함을 목적'으로 하는 형사사법절차에서의 전자문서 이용 등에 관한 법률(약칭: 형사절차 전자문서법)이 2021년 10월 19일에 제정되어 2024년 10월 20일부터 시행되고 있다. 법률 제정 당시 법무부의 설명은 다음 [그림 1]과 같다.

[그림 1] 형사사법절차 전자화에 따른 업무변화(법무부, 2020)

49면.

57) 김한균, "형사 전자소송과 형사사법정보: 쟁점과 과제", 23면.

법무부는 2024년 완전 개통을 목표로 차세대 형사사법정보시스템(KICS) 구축사업도 함께 추진하였는데, 이유는 '전자문서의 작성·유통을 위해서는 새로운 시스템이 필요'하기 때문이었다. 수사자료를 보다 고차원적으로 활용하기 위한 지능형 시스템이 탑재되는 점도 차세대 킥스의 특징으로서, 인공지능(AI)이 수사 담당자에게 유사사건 조서·의견서·결정문·판결문 등을 자동 추천한다. 또 보호관찰 대상자의 재범 위험성을 분석해 맞춤형 지도감독 프로그램을 설계한다. 실시간 음성인식 조서작성이 가능해져, 조사자와 피조사자 간 문답이 자동으로 기록된다는 전망58)이었다.

2. 차세대 형사사법정보시스템 개통과 AI

(1) 차세대 형사사법정보시스템

2024년 9월 19일에 법무부, 검찰청, 경찰청, 해양경찰청은 차세대 형사사법정보시스템(KICS)을 개통하였다. 33개월의 개발과정을 거친 차세대 형사사법정보시스템의 목표는 형사사법절차의 완전 전자화, 기술혁신에 따른 온라인·비대면 서비스 확대, 노후화된 시스템의 전면개편이다.

보도자료는 차세대 형사사법정보시스템의 기능으로 크게 두 가지를 제시한다.

첫째, 형사사법절차에서 국민 편의 증대와 관련하여 ① 차세대 형사사법포털(kics.go.kr)을 통해 본인인증만으로 모든 수사기관에서 계속 중인 '내 사건'의 진행 정보를 확인할 수 있고, 수사절차에 따라 검찰·경찰 등 담당 기관이 변경되더라도 변경된 사건번호를 확인할 수 있다. ② 범죄피해자지원포털이 신설되어 모든 범죄의 피해자는 본인인증만으로 수사기관에서 계속 중인 '내 사건'을 조회할 수 있으며, 피해유형에 따른 지원제도 및 지원기관 안내를 받을 수 있게 된다. ③ 참고인에 대한 원격 화상조사 도입으로 수사기관에 직접 출석하지 않고 자신이 있는 장소에서 개인 스마트폰 또는 PC를

---

58) 법률신문 2020. 9. 17, "형사사법절차 전면 전자화 추진"(https://www.lawtimes. co.kr/ news/164309)

통해 원격으로 조사를 받을 수도 있다.

둘째, 형사사법기관의 AI 기술 등 도입과 관련하여 ① AI 기반 지능형 사건처리 지원 기능으로 범죄사실, 핵심 키워드, 죄명 정보 등을 분석하여 유사한 사건의 조서, 결정문, 판결문 등의 정보를 제공받아 사건처리의 신속성과 효율성을 높일 수 있게 된다. ② 조사자와 피조사자의 음성 내용이 문자로 자동 전환되는 음성인식 활용 조서작성 기능, 사건 접수·처리, 공판 지원 및 정보조회를 스마트폰·태블릿으로 하는 모바일 KICS 등 최신 IT 기술을 도입하였다.

(2) 목표와의 비교: AI를 얼마나 활용할 것인가?

[그림 2] 검찰 단계에서의 처리과정[59]

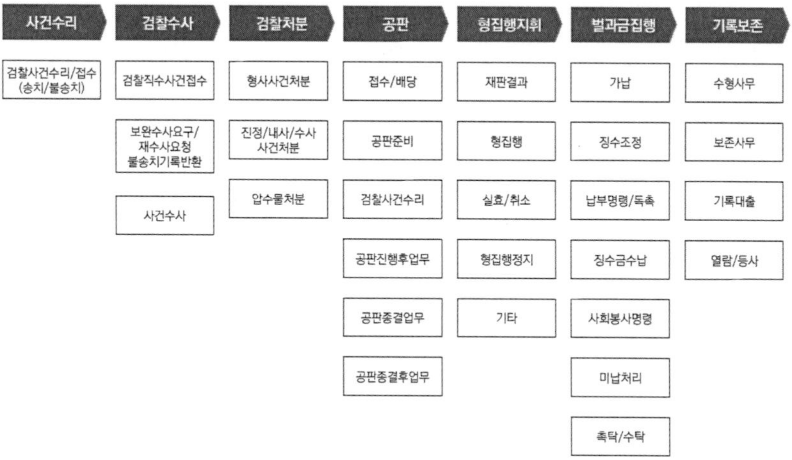

사건수리	검찰수사	검찰처분	공판	형집행지휘	벌과금집행	기록보존
검찰사건수리/접수 (송치/불송치)	검찰직수사건접수	형사사건처분	접수/배당	재판결과	가납	수형사무
보완수사요구/ 재수사요청 불송치기록반환	진정/내사/수사 사건처분	공판준비	형집행	징수조정	보존사무
사건수사	압수물처분	검찰사건수리	실효/취소	납부명령/독촉	기록대출
		공판진행후업무	형집행정지	징수금수납	열람/등사
		공판종결업무	기타	사회봉사명령	
		공판종결후업무		미납처리	
				촉탁/수탁	

검찰 업무에 AI를 도입할 경우 현재 과중한 검찰업무를 감소시킬 수 있다고 한다. 특히 공소시효 검토와 같은 단순한 업무는 완전 자동화로 대체하고 검사는 복잡한 상황의 검토와 판단에 더욱 집중할 수 있다. 또한, LLM이 방대한 양의 사건자료를 검토하고 요약분석한 아웃풋을 보조자료로 삼아, 사

---

59) 가톨릭대학교 산학협력단, 생성형 AI의 검찰 사건처리업무 활용방안 연구, 18면.

건에 대한 검사의 자료검토 및 이해의 속도를 높여 더 많은 사건을 빠르게 처리할 수 있게 된다는 것이며, 이를 통해 절감된 비용은 다른 사회복지 및 법률서비스 분야에 투입할 수 있다는 장점이 있다고 한다.[60)]

[표 2] 검찰사건업무 단계별 LLM 활용항목[61)]

	사건 수리	검찰 수사	검찰 처분	공판	형집행 지휘	벌과금 집행	기록 보존
유사사건 검색	X	O	O	O	X	X	X
진술 요약 및 분석	O	O	X	X	X	X	X
수사 정보 요약 및 서류초안 작성	O	O	O	O	X	X	O
형량 제안	X	X	X	O	X	X	X
범죄 구성요건 및 소추요건 검토	O	O	X	X	X	X	X
증거물(메신저) 내 유의미한 정보 추출	X	O	O	X	X	X	X
PC 내 유의미한 정보 추출	X	O	O	X	X	X	X
법률 표현 문장 재구성	O	O	O	O	O	O	O
누락 정보 파악	O	O	O	X	X	X	O
동일인 확인	X	O	O	X	X	X	X

검찰업무처리를 위해 LLM을 어떻게 활용할 수 있는지 판단하기 위하여 [표 2]와 같이 부분을 나누어서 어느 부분에 AI 모델을 도입하는 것이 실효성이 있을지 검토한 바에 따르면 수사정보를 요약하고 서류의 초안을 작성

---

60) 가톨릭대학교 산학협력단, 생성형 AI의 검찰 사건처리업무 활용방안 연구, 9면.
61) 가톨릭대학교 산학협력단, 생성형 AI의 검찰 사건처리업무 활용방안 연구, 28면.

하는 단계가 가장 어렵다고 한다.[62] 하나의 사건에 대한 다양한 서류가 모두 구비되어 있어야 하고, 음성이나 영상 등의 비텍스트 정보도 고려해야 하기 때문에 수사 전반에 대한 고품질의 초안을 작성하기 쉽지 않을 것이라는 이유에서이다. 범죄구성요건 및 소추요건 검토에서도 해당 요건이 항목별로 정리된 데이터가 있는 것이 아니라 법령데이터 내부의 의미론적 판단에 근거해 찾아야 하기 때문에 방대한 양의 데이터로 LLM을 학습시킨 이후에도 적절한 추가데이터를 생성하여 미세조정을 거쳐야 한다고 한다.

반면에 유사 사건 검색은, AI 모델이 문맥을 이해하고 관련성이 높은 사건을 검색해 줄 수 있는 능력이 있고 현재의 기술력으로도 높은 실효성이 있어 검찰의 업무처리 과정을 효율적으로 감소시킬 수 있다. 진술서의 요약 분석이나 메신저 또는 PC에서 유의미한 정보를 추출하는 것도 실효성이 높은 분야라고 한다.

3. 법원의 AI 모델

법원도 "AI가 도입된다면 재판 절차의 효율성을 향상하고 재판 안내나 문서 작성에 있어 정확성을 증진할 수 있을 것이며 법률서비스의 접근성이 개선되고 절차나 리서치 비용 절감도 예상할 수 있다"는 전망[63]으로 '유사 사건 판결문 추천 모델(AI 활용 분야 중 검색 기능 개발)'[64]과 더불어 AI모델 개발을 위한 사건의 정형·비정형 데이터를 수집부터 저장, 처리, 분석 등의

---

62) 가톨릭대학교 산학협력단, 생성형 AI의 검찰 사건처리업무 활용방안 연구, 89면.
63) 법률신문 2024. 6. 26. "[2024 LTAS] 원호신 법원행정처 사법정보화실장, "재판부에 유사 사건 추천하는 AI 개발 중""(https://www.lawtimes.co.kr/news/199413)
64) 두 가지 정도를 부가할 수 있다.
  첫째, 유사 사건 판결문 추천 모델에 대한 설명은 법률신문 기사의 인쇄본과 인터넷 본이 약간 다른데, 인쇄본에서는 '민사·형사·가사·행정·특허 사건 등 재판부가 진행하고 있는 사건'이라고 대상을 명시한다.
  둘째, 이 시스템은 "현재 법관들은 코트넷에서 키워드로 기존 판례, 문헌 등을 검색하는데 AI 모델이 도입되면 '~한 판결을 찾아줘' 같은 '지능형 검색'이 가능해진다."는 형태로 추측된다. 법률신문 2024. 5. 29. "사법부 자체 AI 개발 착수했다"(https://www.lawtimes.co.kr/news/198626)

과정을 통합적으로 제공해 기술을 잘 활용할 수 있도록 환경을 조성하는 '빅데이터 플랫폼'도 개발 중이라고 밝혔다. △소송절차 관련 질의나 키워드를 입력하면 답변을 안내 받고 업무별로 소송절차 기본 안내도를 제공하는 한편 △법원 웹사이트의 신청서 양식 페이지와 연계해 절차상 필요한 신청서를 안내 받고 관할 법원·연관어 찾기도 가능하도록 하는 '소송절차 안내봇' 등 소송 당사자를 위한 AI 개발도 진행되고 있다는 것이 2024년 6월의 설명이었다.

향후 개발 과제로 삼고 있는 모델은 당사자가 제출한 소정이나 답변서, 준비서면 등을 분석해 첫 변론기일 전 조정·화해 가능성에 대한 예측 정보를 제공하는 '민사조정·화해 예측 모델', 문서에서 쟁점 문장을 판결해 학습하도록 알고리즘을 설계하고 소장, 답변서, 준비서면 등 사실에 대한 반박을 기초로 쟁점 문장을 판별하도록 하는 '주장 서면 쟁점 추출 모델' 등이다. 주장 서면 쟁점 추출 모델을 통해 당사자가 제출한 문서별 쟁점을 시간 순으로 추출해 제공함으로써 법관이 한눈에 쟁점을 파악할 수 있도록 해 재판 업무를 지원할 것으로 기대되며, 모델 개발을 위해 빅데이터 플랫폼을 통해 소장, 답변서, 준비서면에서 문장 단위로 분리하고 추출된 문장의 쟁점 여부에 따른 라벨링 진행도 고려되고 있다고 하였다. 그 외에도 '당사자 제출문서 요약 모델'과 '종합적 리서치 도구', '기록 검토 도구', '계산 보조', '판결문 오류 발견 도구' 등 모델도 향후 개발 과제로 소개했다.[65]

---

65) 법률신문 2024. 5. 29. "사법부 자체 AI 개발 착수했다"의 내용을 일부 인용한다.
재판에서 소송당사자의 발언을 텍스트로 변경하는 모델(STT)도 검토 중이며 언어 모델(LLM)의 특성을 감안 이 모델을 민원응대 등에 활용하는 방안도 고려중인 것으로 전해진다.
'소송기록 비식별화 AI모델'도 개발 대상이다. 독일 등에서는 이러한 AI모델이 핵심 사업으로 꼽힌다. 우리의 경우 법원에서 익명화된 판결서를 제공하고 있다. 열람·등사해야 하는 소송기록도 개인정보보호를 위해 비식별화가 필요한데, 현재는 정확성이 떨어져 상당 부분 사람의 작업을 필요로 한다. 만약 AI가 이런 부분을 대체한다면 인력과 비용 면에서 효율성을 획기적으로 높일 수 있다.
한편 양형위도 형사판결서 작성시 입력시간을 줄이기 위해 '양형기준운영점검 시스템 및 양형정보시스템의 고도화를 위한 AI 시스템 구축 ISP'를 준비 중인 것으로 확인됐다.

4. 검토

(1) 추구하는 목표: 형사사법의 부담경감과 사용자 편의

수사기관의 불입건결정서나 불송치결정서, 공소기관의 불기소처분서와 공소장, 법원의 재판서의 초안을 만들어 주는 역할을 AI가 하는 상황은 형사사건 처리의 부담을 완화하는 차원에서 문제가 없다고 보인다.[66] 이러한 설명은 형사재판에서의 인공지능 활용을 5단계로 구분하는 입장[67]에서 2단계 정도에 해당한다고 보인다.[68]

1단계: 법률, 판례, 문헌 등의 검색, 요약, 정리 제공

2단계: 약식명령 등 단순하고 기계적인 사건의 재판서 작성 – 서면기록과 양형의 학습

3단계: 양형 권고와 손해배상액의 산정 – 서면기록 위주의 학습, 법정진술이나 반대신문은 서면기록화하여 학습, 주요 양형요소는 법관이나 배심원이

---

66) 윤동호, "형사절차의 현재와 미래", 『법의 미래』, 539면.
67) 한상훈, "인공지능과 형사재판의 미래: 인공지능 배심원의 가능성 모색", 『법의 미래』, 123면.
68) 6단계로 구분하기도 한다. 오세용, "인공지능(AI)을 이용한 양형 그리고 향후 과제", 2023. 6. 26. 양형연구회 제10차 심포지엄 "AI와 양형" 자료집, 26면.

단계	명칭	특성
0	비자동화	아직 자동화가 반영되지 않았지만, 정보검색 기능에 AI 기술이 도입되어 인간법관이 직접 검색을 통해 원하는 정보를 찾고, 이를 참고로 결론을 도출하여 재판서를 작성함
1	재판서 작성업무 지원	AI가 소송기록 검토, 분석을 통해 쟁점이나 요지, 정보를 추출하고 유사 판결문을 추천하여 관련 법령, 판례 정보를 제공하고, 법관이 작성한 판결문의 오탈자 등 오류를 검증하여 알려주는 등 재판서 작성에 도움을 주는 역할을 담당함
2	단순사건 자동화	이행권고결정, 지급명령, 경매배당표 작성, 개인회생, 변제계획안 검토, 협의이혼, 의사확인 등 단순하고 기계적이어서 인간의 가치판단이 개입할 여지가 거의 없는 분야에 AI에 의한 자동화가 도입되어 소송기록 검토 및 분석을 통해 결정문 등을 작성함
3	온라인 사건 자동화	전자상거래 등 온라인 기반 분쟁 해결을 위한 온라인 법정 사건에서 AI에 의해 사실관계 확인, 증거관계 검토 등이 이루어지고 결론이 도출되는데, 당사자들이 모두 수용하면 그에 따라 사건이 종료되고, 이의제기시 인간법관에 의한 판단을 받게 됨
4	인공지능 로클럭	AI가 일반 대면 법정, 심리내용도 바로 파악 가능하고, 소송기록 검토를 통해 사실관계를 확인하여, 증거 관계 검토 등을 통해 판결 예측결과를 도출하여 판결 초고를 생성함
5	인공지능 법관	AI가 독립적으로 소송기록을 검토, 분석할 수 있을 뿐 아니라 법정에서의 심리내용을 파악하여 직접 결론을 내리고 판결문도 작성 가능함

직접 입력하는 방안 병행

　4단계: 유무죄 권고, 결정

　5단계: 증거채부결정, 압수·수색, 구속, 보석 등 재판을 포함한 소송지휘

　다만 형사전자재판에서 수사기관이 어느 정도로 인공지능을 활용하고 있는지는 확인할 필요가 있는데, 한편으로는 형사절차전자문서법의 하위규범으로서 형사전자재판의 구체적인 형태를 결정하는 대법원규칙과 시행령이 만들어진지 얼마 되지 않았고, 다른 한편으로 형사절차전자문서법이 말하는 '형사전자소송'은 종이문서를 전자문서로 대체하는 의미[69]이지 AI의 활용은 주된 목표라고 볼 수 없기 때문이다.

(2) 보조도구로서의 AI: 양형의 예

　재판과 관련해서, 현재의 시점에서 중요한 것은 AI가 사람을 대체할 수 있는가가 아니라 인공지능과 인간의 협업을 통한 보다 좋은 재판의 구현이다. 즉, 사법절차에서 인간 판사가 인공지능을 도구로 활용하면서 장점을 극대화하고 부작용을 최소화하는 타당한 기준의 수립이다.[70]

　그리고 인간의 작업을 '보조'하는 인공지능에 대해서는 일반적으로 큰 거부감이 없다는 사실은 아래에 인용하는 낙관적인 청사진[71]이 보여준다.

　아침에 출근하면 AI 비서가 일정을 체크하여 그날 꼭 해야 할 업무부터 알려 준다. 접수된 문건들은 중요도에 따라 분류되어 있고, 요약본과 함께 종전 제출된 문서들과 달라진 부분이나 새롭게 추가된 부분이 표시되어 있다. 새 문건이 들어올 때마다 기존 소송의 진행정도나 간략한 개요도 함께 제공된다. 재판에서는 증인의 증언이 음성인식으로 바로 속기되어 기존 증거나 소송서류와의 모순된 점을 표시해주고, 해당 부분에 대해 재판장이 직권신문할 질문 후보군도 실시간으로 작성해 준다. 변론 종결 직전에는 생성형 AI가 당사자들의 주장을 각 단계별 부인

---

69) 최준혁, "형사전자소송과 형사절차의 '전환'", 형사법연구 제36권 제4호(2024), 72면.
70) 한상훈, "인공지능과 형사재판의 미래: 인공지능 배심원의 가능성 모색", 『법의 미래』, 117면.
71) 정진아(수원고등법원 부장판사), "AI 시대의 법관상", 법률신문 2024. 11. 24.

주장과 함께 청구원인 – 항변 – 재항변 – 재재항변단계로 정리하여 쟁점을 추출하고, 단계별 쟁점에 관한 증거와 법리에 입각한 결론을 표시한 보고서를 작성한다. 보고서에는 사안과 유사도 높은 선례와 판례들이 중요도 순서대로 제시되어 있다. 변론 종결 후에는 판결서 초안을 몇 가지 버전으로 작성해 준다. 작성된 초안을 보고 적용될 법리나 핵심적 증거에 기반한 판단을 좀 더 강조하는 방향으로 보완시킬 수도 있다.

다만, 아무런 걱정 없이 '보조'라는 낙관적인 예측을 해도 좋을지에 대한 의문을 보여주는 영역이 양형이라고 생각한다. 양형은 특히 형평성이라는 관점에서 통계분석이 유의미하고 재범가능성의 예측과 예방이라는 관점에서 예측적 기제가 작동하므로, 인공지능의 유익성을 기대할 수 있는 구조를 갖는다. 반면 양형 결정은 규범적 가치판단을 거친 법관의 결정이므로 인공지능이 미칠 영향에 대한 세심한 접근도 필요하다.[72]

변호사가 수행하던 판결의 예측 기능을 인공지능이 무리없이 수행할 것이라는 예상[73]도 있기는 하다. 예를 들어 미시간 주립대학교 교수인 Katz가 동료들과 함께 2017년 개발한 알고리즘은 미연방대법원의 전체 결정을 70% 정도 예측하였다고 한다.[74] 그러나 이러한 알고리즘은 불충분한 법률지식은 물론 부주의한 필터링, 데이터세트의 결함 등의 문제점으로 인해 미래의 판결을 실제로 예측하지도 못한다.[75]

형법 제51조와 법원조직법 제81조의6은 양형상 고려할 사항과 양형에서 준수해야 할 원칙을 열거하고 있을 뿐, 법률 어디에도 양형의 '정답'을 계산할 함수식은 도출되지 않는다. 양형에 적용되는 양형인자에서 형벌의 목적에 관한 여러 설명이 어떠한 의미를 갖는지에 대한 설명도 분명하지 않

---

72) 김진, "양형조사에서 인공지능의 활용에 관한 시론적 고찰", 형사정책 제36권 제1호 (2024), 177면.
73) 권경휘, "인공지능과 법관의 미래", 『법의 미래』, 284면.
74) 양종모, "Litigation Trolls made by Machine Learning", 『법의 미래』, 175면. 정확하게 말하자면 '분석'인데, 1953년부터 2013년까지의 대법원 데이터인 7,700건의 사건과 68,000건 이상의 결정에 대하여 – 이미 결정된 사례에 대하여 – 백테스트한 것이다. 유럽인권법원의 판결을 예측하는 연구에 대한 설명으로 Staffler/Jany, ZIS 4/2020, 170.
75) 양종모, "Litigation Trolls made by Machine Learning", 『법의 미래』, 175면.

다.[76] 그렇다면 양형 인공지능은 '규칙 기반 알고리즘'이 아니라 대량의 양형 데이터를 학습시켜 통계적 추론을 하는 '사례 기반 알고리즘'이 될 수밖에 없다.[77] 사실 Katz의 연구가 제시하는 70% 정도의 적중률이라면 COMPAS에 대한 비판이 그대로 적용된다. 물론 이 사안은 '법원의 양형'에 관한 '일반인의 예측'이다 보니 피고인의 미래를 바로 결정하는 중요한 의미를 가지지는 않겠지만, 70%의 적중률을 가진 양형 예측 시스템의 예측결과를 일반인이 바로 신뢰한다면, 양형기준을 이탈하는 판결이 나왔을 경우 법원 및 판결문의 신뢰성이 – 이유 없는 근거로 인해 – 떨어질 수 있다. 그렇다고 해서 이러한 예측결과를 반영하는 형태로 법원이 양형을 한다면, 개별사건에서 올바른 양형결과가 도출될 수 있는지 의문이다.[78] 그리고 알고리즘이 정확성과 투명성을 갖추었다고 하더라도 알고리즘의 조력을 받은 인간의 의사결정이 공정한지는 다른 문제이다. 판사에게 보석결정을 할 때 재범예측도구를 사용하되 이를 따르지 않을 재량을 부여한 경우 오히려 전보다 인종간 격차가 증가하였다는 연구결과 및 재범위험예측도구를 사용하지 않은 경우에 비해 재범의 위험을 더욱 중요한 요소로 여기게 된다는 연구결과도 있다.[79]

결국 양형 인공지능과 관련된 문제인 인공지능 법관으로서의 규범적 대체 가능성, 법적·윤리적 위험성, 편향성과 불투명성, 사법데이터 공개, 비용 등[80]에서 이미 첫 번째 단계의 문제가 발생한다고 보인다. 인공지능이 더

---

76) 처벌불원과 특별예방의 관계에 대하여 최준혁, "양형과 피해자", 피해자학연구 제32권 제2호(2024), 53 – 86면.

77) 권보원, "양형의 미래: 인공지능이 우리를 구원할 수 있을까?", 『법의 미래』, 205면.

78) 그러한 점에서 2023년 도입된 대만의 인공지능 양형정보시스템에는 의문이 있다. 연합뉴스 2023. 2.7. "대만 법원, 인공지능 양형정보시스템 가동 개시"(https://www.yna.co.kr/view/AKR20230207083600009#)
: 사법원은 다량의 재판 기록들이 실시간으로 업데이트가 이뤄진 AI 양형정보시스템을 통해 유사 사건에 대한 양형 추세를 파악할 수 있어 양형이 더욱 공정하고 투명해질 것으로 내다봤다. ... 사법원은 해당 시스템이 음주운전, 사기, 절도, 상해 등의 범죄유형에 적용 가능한 사실형 모델과 총기류, 마약 사건 등에 적용이 가능한 평가형 모델 등 2종류로 구분된다고 설명했다.

79) 박혜진, "양형과 인공지능", 2023. 6. 26. 양형연구회 제10차 심포지엄 "AI와 양형" 자료집, 85면.

잘 할 수 있는 것은 무엇인지, 그 경우에 판단을 완전히 떠맡길 때의 규범적 문제는 무엇인지 등의 질문은 아직 해결되지 않았는데, 이러한 문제는 컴퓨터가 우리보다 똑똑하다고 생각한다고[81] 해결되지는 않는다. 이러한 문제들이 해결되어야 가령 AI 법관이 도입되었을 때 '법관에 의해 재판받을 권리(헌법 제27조)'가 침해되는지[82] 등의 쟁점들로 나아갈 수 있다. 다른 한편으로, 실제로 인공지능의 강점인 빅데이터 분석과 예측 기능을 통해 효율적으로 양형인자를 수집·분석하여 보다 객관화·과학화된 양형자료를 법관에게 제공함으로써, 현행 양형조사의 비전문성을 보완하고 합리적 양형판단에 기여할 수 있을 것으로 기대되나, 인공지능의 편향성 우려를 제거하고 정확도와 신뢰도를 높이기 위해, 법관에게 양형판단의 근거로 제공하기에 앞서 충분한 검증을 거쳐야 한다는 설명[83]은 '보조'라는 명목으로 완전히 일을 AI에게 떠맡겨서는 안 된다는 생각을 강화시킨다.

IV. 맺으며

이미 형사절차에서 인공지능은 다양한 형태로 활용되고 있다. 그런데 형사절차에 AI를 도입할지 여부를 판단할 때의 핵심질문은 AI가 우리의 형사절차를 더욱 공정하게 하는지 아니면 더욱 불공정하게 만드는지 이다.[84] AI의 사용이 형사절차의 기본원칙을 우회하는 결과를 낳는다면 이는 환영할만한 상황이라고 보기 어렵다.

형사절차와 AI의 관계를 논의할 때는 우선 AI가 지금 할 수 있는 일과 할 수 없는 일이 무엇인가, 즉 사실적 측면을 분명히 할 필요가 있다. 둘째는, '보조'라고 하면 AI의 주체성을 인정하지 않으니[85] 그를 활용하는 인간이 책

---

80) 오세용, "인공지능(AI)을 이용한 양형 그리고 향후 과제", 2023. 6. 26. 양형연구회 제10차 심포지엄 "AI와 양형" 자료집, 26면.
81) 같은 지적으로 권보원, "양형의 미래: 인공지능이 우리를 구원할 수 있을까?", 『법의 미래』, 214면.
82) 김일우, 앞의 글, 233면.
83) 김진, "양형조사에서 인공지능의 활용에 관한 시론적 고찰", 212면.
84) Asenger, Künstliche Intelligenz im Strafverfahren und Fairness, InteR 3/23, 4.
85) 형법학자에게는 개에 대한 정당방위가 가능한가? 라는 질문이 익숙한데, 그에 대한 홍

임을 진다는 점은 분명한데 '어디서부터가 '보조'가 아닌가?' 라는 규범적 질문에도 답할 필요가 있다.

• 주제어: 형사절차, 인공지능, 공정성, 능력, (보조)도구

미로운 논의로 Mitsch, Notwehr gegen autonome Fahrzeuge? Juristische Rundschau 2018, 606ff.

참고문헌

1. 국내문헌
(1) 단행본 · 보고서
가톨릭대학교 산학협력단, 생성형 AI의 검찰 사건처리업무 활용방안 연구, 2023.

러셀 · 노빅(류광 옮김), 『인공지능: 현대적 접근방식 2(제4판)』, 제이펍, 2021.

박성훈 · 이선형 · 임하늘 · 홍원신, 형사정책 분야의 국정과제 기여도 향상을 위한 인공지능기술 적용방안 연구, 한국형사 · 법무정책연구원, 2023.

양천수, 『인공지능 혁명과 법』, 박영사, 2022.

오병철 · 김종철 · 김남철 · 김정환 · 나종갑, 인공지능과 법, 연세대학교 출판문화원, 2023.

인하대학교 법학연구소 AI · 데이터법 센터, 인공지능법 총론, 세창출판사, 2023.

최경진 편, 인공지능법, 박영사, 2024.

(2) 논문
권오욱 · 신종훈 · 서영애 · 임수종 · 허정 · 이기영, "초거대 언어모델과 수학추론 연구동향", 전자통신동향분석 제38권 제6호(2023/12), 1 - 11면.

김웅재, "형사절차에서 인공지능 알고리즘의 활용가능성과 그 한계", Law & Technology 제16권 제4호(2020), 3 - 23면.

김일우, "재판업무 지원 AI 도입에 관한 헌법적 고찰", 헌법학연구 제30권 제2호(2024), 219 - 257면.

김진, "양형조사에서 인공지능의 활용에 관한 시론적 고찰", 형사정책 제36권 제1호(2024), 175 - 219면.

박성미 · 박지원 · 안정민, "법률영역에서 GPT - 4의 활용가능성과 시사점 - 법학적성시험(LEET)을 중심으로 -", 경제규제와 법 제16권 제1호(2023), 7 - 28면.

최준혁, "형사전자소송과 형사절차의 '전환'", 형사법연구 제36권 제4호(2024), 67 - 103면.

2. 독일어문헌
Asenger, Künstliche Inteligenz im Strafverfahren und Fairness : Ein Ausblick auf internationale und nationale KI - Systeme und Anwendungen, InTeR 3/23. 134.

Schäfer, Artificial Intelligence und Strafrecht, Duncker & Humblot 2024.

Staffler/Jany, Künstliche Inteligenz und Strafrechtspflege - eine Orientierung, ZIS 4/2020, 164.

3. 영어문헌

Fortson, WAS JUSTICE ANTONIN SCALIA HERCULES? A RE−EXAMINATION OF RONALD DWORKIN'S RELATIONSHIP TO ORIGINALISM, 271 WASHINGTON UNIVERSITY JURISPRUDENCE REVIEW VOL. 13:2(2021).

Abstract

The Utilization of Hyperintelligent AI in Criminal Procedures and Its Legal Regulation

CHOI Jun-Hyouk*

Artificial intelligence(AI) is currently utilized in the legal field in various ways, such as providing services that assist legal professionals by interpreting and analyzing documents, analyzing and categorizing complex evidence, and searching and analyzing data to make predictions about specific cases. This is similar to the practical applications of AI in the field of medicine.

In criminal procedures, it has generally been anticipated that AI would primarily be utilized for technologies that analyze accumulated past data through mechanical algorithms to provide statistical predictions about the future. In the stages of investigation, prosecution, and trial within criminal procedures, the primary issue lies in determining the facts that form the basis of the criminal dispute. The judgment of which criminal liability these established facts correspond to under criminal law, as well as the sentencing based on the determined liability, are normative decisions made during the trial phase. Optimistic views also suggest that weak AI could be utilized at each of these stages.

AI is already being utilized in various forms within criminal procedure in Korea. However, the key question when determining whether to adopt AI in criminal procedures is whether it makes the process more fair or less fair. Situations where the use of AI results in bypassing the fundamental principles of criminal procedure are difficult to welcome.

When discussing the relationship between criminal procedure and AI, it is first necessary to clearly identify what AI can and cannot do at present—in other words, to clarify the factual aspects. In this context, this article explains how AI is currently utilized in criminal procedure and examines the relationship between AI and 'electronic criminal procedure'. Second, it highlights the need to address the normative question: while the term "assistance" implies that AI has no agency of its own and that humans utilizing it bear responsibility, where does the boundary lie between "assistance" and something more autonomous?

---

* Professor in INHA University Law School

• Keywords: AI, criminal procedure, fairness, AI as assistance, capacity of AI

변화하는 환경에 따른 수사 중 처분으로서 범죄수익의 동결 제도의 개선방향*

이근우**

디지털 시대의 발전과 금융 시스템의 글로벌화는 범죄 환경에 근본적인 변화를 가져왔다. 특히 가상화폐, 비대면 거래, 국제 금융 네트워크의 확산은 범죄 수익의 은닉과 세탁을 정교하게 만들었으며, 보이스피싱과 같은 조직적 사기 범죄는 피해 회복을 어렵게 하고 있다. 한국의 형사사법 체계는 전통적으로 민사와 형사를 엄격히 분리하여 피해 회복을 피해자 개인의 책임으로 두고 있으나, 이러한 구조는 디지털 시대의 새로운 범죄 양상에 적합하지 않다.

본 연구는 디지털 시대의 범죄 특성을 반영하여, 범죄 수익 동결 및 보전 제도의 현황과 한계를 분석하고, 이를 보완하기 위한 대안을 제시한다. 특히, 긴급 동결 제도의 도입 필요성, 국제 공조의 확대, 그리고 피해자 보호를 위한 몰수보전 및 추징보전 제도의 개선 방안을 중점적으로 논의한다. 이러한 제도적 정비는 단순히 범인을 처벌하는 데 그치지 않고, 피해자의 신속한 권리 회복을 실현하며 형사사법 체계의 새로운 패러다임을 구축하는 데 기여할 것이다.

* 이 글은 2024.10.11.－12. 중국 광저우에서 개최된 제13회 중한형사소송법 국제세미나에서 발표하였던 내용을 정리한 것이다.
** 법학박사, 가천대학교 법학과 교수

Ⅰ. 들어가며

현대 사회는 다양한 기술 발전과 금융 시스템의 복잡화로 인해 범죄 수익의 은닉과 세탁이 갈수록 정교해지고 있다. 특히, 비대면 사기 범죄나 조직적 금융 범죄와 같은 새로운 유형의 범죄는 단순히 범인을 검거하는 데서 그치는 것이 아니라, 범죄로 인해 발생한 수익을 신속히 추적하고 동결하여 피해자에게 되돌려주는 문제까지도 중요한 과제로 대두되고 있다. 그러나 한국의 형사사법 체계는 전통적으로 민형사 절차를 엄격히 분리하여, 형사절차는 범죄자 처벌에 집중하고 피해 회복은 주로 민사소송의 영역으로 맡기는 접근법을 취해왔다.

이와 같은 구조적 한계 속에서 범죄 피해자가 피해 재산을 회복하기 위해서는 민사적 소송을 통해 피고인의 재산을 특정하고, 이를 근거로 손해배상을 청구하는 복잡한 절차를 거쳐야 한다. 그러나 현실적으로 피해자가 범죄자의 재산 정보를 입수하거나 이를 민사적 구제 절차로 연결하는 데는 상당한 어려움이 따른다. 더 나아가, 범죄자가 범죄 수익을 해외로 이전하거나 가상화폐로 전환해 은닉하는 경우에는 이러한 피해 회복 과정이 사실상 불가능에 가깝게 된다.

따라서 피해자의 신속한 구제를 위해 수사 중에 범죄 수익을 보전하고 동결하는 절차는 반드시 필요하다. 이는 단순히 형사사법의 범죄자 처벌이라는 전통적 목표를 넘어, 범죄로 인한 피해를 최소화하고 피해자의 권리를 보호하기 위한 새로운 방향성을 제시하는 것이다. 본 글에서는 한국의 범죄수익 동결 및 보전 제도를 중심으로 그 한계와 대안을 살펴보고, 국제 공조를 통한 실질적 피해 회복의 가능성을 모색하고자 한다.

Ⅱ. 수사 중 보전처분의 필요성과 확장

종래에 수사기관에게 있어서 형사소송절차의 제1목표는 범인을 발견, 추적하고 적법한 증거를 수집하여 그를 기소하여 유죄의 판결을 받아내는 것이었다면, 최근에는 해당 범인이 범죄로 인한 수익을 보유하지 못하도록 이를 박탈하는 것에 대해서도 많은 제도적 보완이 이루어지고 있다. 하지만 피해자 고려의 경향이 강해진 최근의 경향을 감안할 때, 범인이 그 범죄수익을 보유할 수 없도록 해야 한다는 관점과 함께 범죄피해자의 피해를 신속하게 회복시키는 것도 중요한 과제로 인식될 필요가 있다. 물론 과거에는 범인에 대한 형사절차와 그 손해를 회복하는 민사절차를 분리하여, 민사절차는 피해자가 직접 통상적 민사절차를 통하여 자신의 손해를 회복해야 한다고 생각했다. 우리가 계수한 일본법제 이래 경찰도 재산범죄를 수사하더라도 피해자의 피해회복에 대해서는 민사적 문제는 개입하지 않는다는 '민사불개입'이라는 원칙에 따라 특별한 적극적 조치를 취하지는 않았다.

그래서 한국 법제에서는 아주 특수한 경우에만 제1심 형사절차에서 민사적 손해배상 결정을 함께 내리는 것으로 규정하고 있고, 이 제도에 대해서도 다양한 찬반 양론이 있고, 실제에서 광범위하게 적용된다고 말하기 곤란한 정도이다.[1] "2021년, 지방법원을 기준으로 총 14,945건, 1,010억 상당의 배

---

1) 이를 '형사배상명령'이라 하는데, 형사사건의 대상 범죄로 인하여 재산상 피해나 상해 등의 결과가 발생한 경우, 피해자의 신청 또는 법원의 직권에 의하여 당해 형사재판 절차와 병행하여 신속하게 배상받을 수 있도록 형사재판의 피고인(범죄자)에게 손해 배상을 명하는 제도로서 "소송 촉진 등에 관한 특례법"에서 그 절차와 대상 범죄의 범위를 규정하고 있다.
※ 소송 촉진 등에 관한 특례법
제25조(배상명령) ① 제1심 또는 제2심의 형사공판 절차에서 다음 각 호의 죄 중 어느 하나에 관하여 유죄판결을 선고할 경우, 법원은 직권에 의하여 또는 피해자나 그 상속인(이하 "피해자"라 한다)의 신청에 의하여 피고사건의 범죄행위로 인하여 발생한 직접적인 물적(物的) 피해, 치료비 손해 및 위자료의 배상을 명할 수 있다.
　1. 「형법」 제257조제1항(상해), 제258조제1항 및 제2항(중상해, 존속중상해), 제258조의 2 제1항(제257조 제1항의 죄(특수상해)로 한정한다)·제2항(제258조 제1항·제2항의 죄로 한정한다), 제259조제1항(상해치사), 제262조(존속폭행치사 상의 죄는 제외한다), 같은 법 제26장(과실치사상죄), 제32장(강간과 추행의 죄)(제304조의 죄는 제외한다), 제38장부터 제40장까지 및 제42장에 규정된 죄(절도와 강도의 죄, 사기와 공갈의 죄, 횡령과 배임의 죄, 손괴의 죄)
　2. 「성폭력 범죄의 처벌 등에 관한 특례법」 제10조부터 제14조까지, 제15조(제3조부터 제9조까지의 미수범은 제외한다), 「아동·청소년의 성 보호에 관한 법률」 제12조 및 제14조에 규정된 죄
　3. 제1호의 죄를 가중처벌하는 죄 및 그 죄의 미수범을 처벌하는 경우 미수의 죄
② 법원은 제1항에 규정된 죄 및 그 외의 죄에 대한 피고사건에서 피고인과 피해자

상명령사건이 인용되었는데, 그 중 전체 건수의 92.7%에 해당하는 13,851건, 전체 액수의 65.7%인 664억 상당이 사기와 공갈의 죄에 해당하였다. 사기와 공갈의 죄로 배상명령을 신청한 사건의 1건 평균 배상명령액은 479만 원이고 전체사건의 82.1%인 11,377건이 100만 원 이하에 대한 배상명령인 것으로 확인되었다. 그리고 가액이 5,000만 원 이상인 사건은 261건으로 전체 사건의 1.9%에 불과하였다고 한다. 비교적 소액사건을 위주로 배상명령이 결정된다는 점에서는 전세사기와 같이 다액의 복잡한 사건에 대해서는 신청이 적거나 인용률이 낮다는 것을 추정해볼 수 있다. 관련하여 「소송촉진 등에 관한 특례법」은 '배상명령으로 인하여 공판절차가 현저히 지연될 우려가 있거나 형사소송 절차에서 배상명령을 하는 것이 타당하지 아니하다고 인정되는 경우'에는 배상명령을 하지 않을 수 있다라고 정하고 있고, 실제 일부 사건에서는 해당 사유로 배상명령신청을 각하한 판례도 있다고 한다.2)

이처럼 민형사의 엄격한 분리를 취하는 한국 법제에서는 범죄피해를 피해자 스스로 민사소송을 통해 구제받아야 한다는 관점이 자연스러운 것이지만, 거래관계를 전제로 하는 통상적 민사 손해배상소송과 달리, 범죄라는 불법행위를 원인으로 하는 손해배상소송에서 피고가 될 범인이 누구인지부터, 그의 재산이 어떤 형태로 어디에 소재하는지 등을 원고인 피해자가 알아내어 민사소송을 제기하여 자신의 손해를 실질적으로 전보(塡補) 받는 것은 매

사이에 합의된 손해배상액에 관하여도 제1항에 따라 배상을 명할 수 있다.
③ 법원은 다음 각 호의 어느 하나에 해당하는 경우에는 배상명령을 하여서는 아니된다.
 1. 피해자의 성명·주소가 분명하지 아니한 경우
 2. 피해 금액이 특정되지 아니한 경우
 3. 피고인의 배상 책임의 유무 또는 그 범위가 명백하지 아니한 경우
 4. 배상명령으로 인하여 공판절차가 현저히 지연될 우려가 있거나 형사소송 절차에서 배상명령을 하는 것이 타당하지 아니하다고 인정되는 경우
즉 모든 범죄가 형사배상명령의 대상이 되는 것은 아니고, 재판 과정에서 피해자의 피해사실이 확실히 드러나는 사건 가운데 피해자가 상해를 입어 치료가 필요하거나, 후유증이 있는 범죄 또는 그로 인한 사망에 이르는 범죄 및 성범죄 그리고 재산범죄 가운데 절도와 강도, 사기와 공갈, 횡령과 배임 그리고 손괴의 죄 등이 해당한다.
2) 최재훈, "수사과정에서의 전세사기 피해자 보호대책에 관한 고찰: 몰수보전을 중심으로", 경찰학연구, 제23권 제2호(통권 74호), 경찰대학 2023, 100면.

우 어렵다. 하지만 개인적 법익 가운데 특히 재산범죄에 있어서 피해자에게
는 범인의 발견, 처벌도 중요하지만, 무엇보다 자신의 재산적 피해를 신속하
게 회복하는 것이 주된 관심사가 되는 것임에도 형사절차에서 그에 대한 적
절한 제도가 마련되어 있다고 보기는 힘들다.

그래서 실무에서는 일단 형사고소를 선행시킨 후 수사기관의 수사를 통해
일정한 사실을 확인한 후 민사절차를 개시하는 것이 보편화되어 있다.3) 그
러나 설사 이렇게 해서 범인이 누구인지 알아낸 후, 민사소송을 제기하여도
피고가 재산을 은닉하여 그의 명의로 된 재산이 없는 경우에는 승소 판결을
받고도 자신의 피해를 회복할 길이 없게 되는 것이다. 이러한 측면에서 보면
최근에 한국의 수사기관도 이를 주목하여 다양한 제도를 개발하고 적극 활
용하고 있는 점은 고무적이지만 여전히 업무수행의 우선순위에서 주목받고
있지 못한 것으로 보인다. 종전의 관점에서만 접근하게 되면 피해재산을 발
견하여 피해자에게 되돌려주는 일은 수사기관의 과업이 아닌 것으로 여겨질
수 있기 때문이다.

하지만 특히 보이스피싱과 같은 특별한 형태의 (비대면) 사기범죄에서는
범인들이 획득한 수익의 이전과 은닉을 위해 다층으로 이루어진 점조직 형
태의 '수거책'과 '대포통장', '국제적 이전', '가상화폐' 등과 같은 수단이 활용
되기 때문에 한번 범인들에게로 이전된 재산을 추적하여 회수하는 것은 피
해자 개인에 있어서는 거의 불가능한 일이라고 할 수 있다. 그러나 민사상의
권한밖에 없는 피해자와 달리 유권적 권한을 행사할 수 있는 국가기관인 수
사기관이 더 적극적으로 기능할 수 있다면, 재산범죄, 특히 새로운 유형의
사기범죄에 대한 피해의 신속한 회복에 크게 기여할 수 있다. 또한 국가간
자금이동이 대단히 활발한 오늘날의 사정을 고려할 때, 개인인 피해자로서
는 불가능한 국가수사기관의 국제공조를 통해 신속하게 피해재산을 보전할
수 있다면, 범인들이 이를 세탁, 은닉하는 것을 막을 수도 있을 것이다. 최

---

3) 물론 이처럼 사기 사건 피해자로 고소하기만 하면 자동으로 입건되고, 수사기관이 알
   아서 관련 정보를 수사해주는 것은 그 자체로서 단순 민사사건의 당사자에 해당하는
   피의자에게 상당한 압박이 되고, 수사기관에도 상당한 업무부담을 가중하는 것이므로
   현재의 관행을 개선할 필요가 있다.

근의 동향을 보면 이용자의 편이성을 위해 고안된 많은 수단들이 범인들이 획득한 재산을 유무형의 자산, 가상자산 등으로 세탁, 분산, 은닉하는 것도 용이하기 때문에 이러한 국가적 공조의 필요성은 매우 높고, 인터폴에서도 이를 활성화하려는 움직임을 보이고 있다.

물론 지금도 수사기관이 수사 중에 범죄수익을 압류할 수 있는 절차가 있다. 통상 이를 몰수보전, 추징보전이라고 부르는데, 그 명칭에서 알 수 있듯, 몰수보전, 추징보전은 본래 피해자를 보호하기 위한 제도라기보다, 장차 선고될 유죄판결에서 선고될 몰수와 그에 갈음하는 추징이라는 형벌의 집행의 실효성을 확보하는 절차로 관념되어 왔다. 즉 몰수보전은 판결이 확정된 후에야 집행할 수 있는 형벌로서의 몰수(추징) 집행상 문제점을 보완하고자 재판(수사)단계에서 추후 몰수가 예상되는 범죄수익에 대해 처분을 금지하는 제도라고 할 수 있다.

다만 몰수보전은 모든 범죄에 적용 가능한 것이 아니라, 「범죄수익은닉의 규제 및 처벌 등에 관한 법률」, 「부패재산의 몰수 및 회복에 관한 특례법」, 「마약류 불법거래방지에 관한 특례법」, 「공무원범죄 몰수 특례법」, 「불법정치자금 등의 몰수에 관한 특례법」과 같은 특별법에서 별도로 절차를 정하는 경우에만 가능하다는 한계가 있다. 한국 헌법은 이례적으로 제27조 ④에서 '형사피고인은 유죄의 판결이 확정될 때까지는 무죄로 추정된다.'고 규정하고 있어서 당해 재판의 재판부를 구성하는 판사들 외에도 다른 관여자들, 다른 법률 제도에도 '무죄추정'의 원칙이 강하게 적용되고 있기 때문이다.

이러한 한계점을 극복하기 위해 「부패재산의 몰수 및 회복에 관한 특례법」 (이하 '부패재산몰수법')[4]은 횡령, 배임 그리고 사기 범죄 가운데 범죄단체를

---

4) 임인규, 부패재산의 몰수 및 회복에 관한 특례법안(정부) 검토 보고, 법제사법위원회, 2007(최재훈, 앞의 글, 103면에서 재인용)에서 "부패재산몰수법은 2008년 제정될 당시 횡령, 배임의 죄에 대해서만 범죄피해재산의 예외로서 규정하고 있었다. 부패재산몰수법은 2003년에 체결된 「국제연합부패방지협약」(이하 '부패방지협약')을 우리나라가 이행하기 위해 제정한 법률이다. 부패방지협약은 각 당사국이 다른 나라 공무원의 뇌물수수, 횡령, 배임, 외국공무원의 뇌물제공, 범죄수익 세탁 등에 대한 조치 및 의무를 내용으로 담고 있는데, 당시 우리나라는 범죄수익은닉규제법에서 범죄피해재산을 몰수할 수 없도록 규정하고 있었기에 법률과 조약의 충돌을 방지하고자 특별법으로 부패재산몰수법을 제정하였다. 법률은 부패범죄를 규정하고 피해재산을 다른 나라로

조직하여 범행한 경우, 유사수신 또는 다단계판매 방법을 이용한 경우, 전기통신금융사기에 해당한 경우(특정사기범죄)에 대해서는 '범죄피해재산'으로서 몰수할 수 있도록 규정하면서 보전된 금액을 피해자에게 환부하는 제도로 운영하고 있다. 다만 이 '특정사기범죄'에 해당하는 경우에도 모두 몰수가 가능한 것이 아니라 범죄피해자가 재산에 관해 범인에 대한 재산반환청구권 또는 손해배상청구권 등을 행사할 수 없는 등 피해회복이 심히 곤란하다고 인정되는 경우에만 제한적으로 가능하다(부패재산몰수법 제2조 제3호, 제6조 제1항, 제2항).

다만 피해자 보호의 관점에서 이 제도의 실효성을 높이기 위해서는 더 많은 보완이 필요하다. 이하에서는 한국의 몰수보전, 추징보전 제도를 간략하게 소개하기로 한다.

Ⅲ. 몰수보전, 추징보전

1. 기본형태

몰수, 추징 보전의 기본형태는 공판을 중심으로 규정된 우리 형사소송법의 기본형태에 충실하다. 즉 아래 예시에서 보는 바와 같이 법원이 피고인에 대한 형사사건에 관하여 몰수할 수 있는 재산에 해당한다고 판단할 만한 상당한 이유가 있고 그 재산을 몰수하기 위하여 필요하다고 인정하면 검사의 청구를 받아 또는 법원의 직권으로 몰수보전명령을 함으로써 그 재산에 관한 처분을 금지하는 형태이다. 이는 규정상 기소 후, 즉 공판 중 처분을 전제로 한다고 볼 수 있다.

돌려주기 위한 선행절차로 몰수를 이용했기 때문에 횡령과 배임에 대해서 범죄피해재산의 예외로 인정하였다."라고 한다.

> **[예시] 마약류 불법거래 방지에 관한 특례법[법률 제17826호, 2021.1.5.,
> 일부개정]**
>
> 제33조(몰수보전명령) ① 법원은 마약류범죄 등에 관련된 피고인에 대한 형사사건에 관하여 이 법, 「마약류관리에 관한 법률」, 그 밖의 법령에 따라 몰수할 수 있는 재산(이하 "몰수대상재산"이라 한다)에 해당한다고 판단할 만한 상당한 이유가 있고 그 재산을 몰수하기 위하여 필요하다고 인정하면 검사의 청구를 받아 또는 법원의 직권으로 몰수보전명령을 함으로써 그 재산에 관한 처분을 금지할 수 있다.
>
> ② 법원은 지상권·저당권 또는 그 밖의 권리가 그 위에 존재하는 재산에 대하여 몰수보전명령을 한 경우 또는 하려는 경우, 그 권리가 몰수에 의하여 소멸된다고 볼만한 상당한 이유가 있고 그 재산을 몰수하기 위하여 필요하다고 인정할 때 또는 그 권리가 가장된 것이라고 볼 만한 상당한 이유가 있다고 인정할 때에는 검사의 청구에 의하여 또는 법원의 직권으로 별도의 부대보전명령을 하여 그 권리의 처분을 금지할 수 있다.
>
> ③ 몰수보전명령서 또는 부대보전명령서에는 피고인의 성명, 죄명, 공소사실의 요지, 몰수의 근거가 되는 법령의 조항, 처분을 금지하는 재산 또는 권리의 표시, 이들 재산이나 권리를 가진 자의 성명, 발급연월일, 그 밖에 대법원규칙으로 정하는 사항을 적고 재판한 법관이 서명날인하여야 한다.
>
> ④ 재판장은 긴급한 조치가 필요한 경우에는 제1항 또는 제2항에 따른 처분을 하거나 합의부의 구성원에게 그 처분을 하게 할 수 있다.
>
> ⑤ 부동산 또는 동산에 대한 몰수보전은 「형사소송법」에 따른 압수를 방해하지 아니한다.
>
> 제34조(기소 전 몰수보전명령) ① 검사는 제33조제1항 또는 제2항에 따른 이유와 필요가 있다고 인정하는 경우에는 공소가 제기되기 전이라도 지방법원 판사에게 청구하여 같은 조 제1항 또는 제2항에 따른 처분을 받을 수 있으며, 사법경찰관은 검사에게 신청하여 검사의 청구로 처분을 받을 수 있다.
>
> ② 사법경찰관은 몰수보전명령 또는 부대보전명령이 내려진 경우에는 지체 없이 관계 서류를 검사에게 송부하여야 한다.
>
> ③ 제1항에 따른 청구는 검사가 소속된 지방검찰청 또는 지청 소재지를 관할하는 지방법원 또는 지원의 판사에게 하여야 하고, 고위공직자범죄수사처에 소속된 검사의 경우에는 그에 대응하는 법원의 판사에게 하여야 한다. <개정 2021.1.5>
>
> ④ 제1항에 따른 청구를 받은 판사는 몰수보전에 관하여 법원 또는 재판장과 동일한 권한을 가진다.

⑤ 검사는 제1항에 따른 몰수보전 후 공소를 제기한 경우에는 그 요지를 몰수보전명령을 받은 자(피고인은 제외한다)에게 통지하여야 한다. 다만, 그 사람의 소재가 분명하지 아니하거나 그 밖의 이유로 통지를 할 수 없을 때에는 통지를 갈음하여 그 요지를 소속 지방검찰청이나 그 지청 또는 고위공직자범죄수사처의 게시판에 7일간 게시하여 공고하여야 한다.

제52조(추징보전명령) ① 법원은 마약류범죄 등에 관련된 피고인에 대한 형사사건에 관하여 제16조에 따라 추징하여야 할 경우에 해당한다고 판단할 만한 상당한 이유가 있는 경우로서 추징재판을 집행할 수 없게 될 염려가 있거나 집행이 현저히 곤란하게 될 염려가 있다고 인정할 때에는 검사의 청구에 의하여 또는 법원의 직권으로 추징보전명령을 하여 피고인에 대하여 재산의 처분을 금지할 수 있다.

② 추징보전명령은 추징재판을 집행하기 위하여 보전하는 것이 상당하다고 인정되는 금액(이하 이 조에서 "추징보전액"이라 한다)을 정한 후 특정재산에 대하여 하여야 한다. 다만, 유체동산에 관하여는 그 목적물을 특별히 정하지 아니할 수 있다.

③ 추징보전명령에는 추징보전명령의 집행정지나 집행처분의 취소를 위하여 피고인이 공탁하여야 할 금액(이하 "추징보전해방금"이라 한다)을 정하여야 한다.

④ 추징보전명령서에는 피고인의 성명, 죄명, 공소사실의 요지, 추징의 근거가 되는 법령의 조항, 추징보전액, 처분을 금지하는 재산의 표시, 추징보전해방금, 발급연월일, 그 밖에 대법원규칙으로 정하는 사항을 적고 재판한 법관이 서명날인하여야 한다.

⑤ 추징보전에 관하여는 제33조제4항을 준용한다.

제53조(기소 전 추징보전명령) ① 검사는 제52조제1항에 따른 추징보전의 이유와 필요가 있다고 인정하는 경우에는 공소가 제기되기 전이라도 지방법원 판사에게 청구하여 같은 항에 규정된 처분을 받을 수 있으며, 사법경찰관은 검사에게 신청하여 검사의 청구로 처분을 받을 수 있다. <개정 2020. 6. 9.>

② 사법경찰관은 추징보전명령이 내려진 경우에는 지체 없이 관계 서류를 검사에게 송부하여야 한다.

③ 검사는 사법경찰관에게 추징보전과 관련한 신청, 보완·수정, 취소 등의 요구를 할 수 있다.

④ 제3항의 요구가 있는 경우 사법경찰관은 지체 없이 검사의 요구에 따른 조치를 취하여야 한다.

⑤ 제1항에 따른 추징보전에 관하여는 제34조제3항 및 제4항을 준용한다.

※ 이 법률에 따른 구체적 절차는 "마약류범죄 등의 몰수보전 등에 관한 규칙[시행 2021.1.29.] [대법원규칙 제2949호, 2021.1.29., 타법개정]"에서 상세하게 규정하고 있다. 특히 제3장 몰수재판 및 추징재판의 집행과 보전에 관한 국제공조절차에서 제27조 공조요청에 대한 심사청구의 방식, 제28조 집행공조 허가결정의 취소청구의 방식, 제29조 공조요청에 의한 몰수보전등의 청구의 방식 등을 규정하고 있다.

특히 제53조(기소 전 추징보전명령)은 매우 중요한 의미를 갖는 규정인데, (경찰)수사 단계에서 곧바로 피의자 재산에 대한 '보전명령'이 가능하기 때문이다. 민사절차에서 '가압류'에 해당하는 효과를 가지는 보진명령의 효과를 고려할 때, 가압류 요건에 준하는 요건을 충족할 때, 발부된다면 적정성 시비를 피할 수 있을 것이다.

다만 "마약류 불법거래 방지에 관한 특례법"이라는 특성상 구체적 '피해자'를 상정하기 어려워서 동법 상의 제도를 '피해자를 위한' 수사 중 보전 처분이라고 부르기에 적절하지 않은 측면이 있다. 또한 수사 중 처분이라는 점에서 '압수'와의 관련성을 검토할 필요도 있다. 몰수는 소유권의 귀속을 종국적으로 국고로 하는 것임에 비하여 몰수보전처분은 그에 미치지 못하는 '보전'의 효과만 가지는 것이기 때문이다.

2. 피해자 보호를 위한 보전

한국법에서 피해자 보호를 위한 몰수의 예로 볼 수 있는 것은 "부패재산의 몰수 및 회복에 관한 특례법"(약칭: 부패재산몰수법)[법률 제8993호, 2008.3.28., 제정], 현행법은 [법률 제18191호, 2021.5.18., 타법개정]이다. 동법 제1조는 "이 법은 「국제연합부패방지협약」 및 그 밖의 관련 국제협약을 효율적으로 이행하기 위하여 부패재산의 몰수 및 추징, 환수 등에 관한 특례를 규정함으로써 부패범죄를 조장하는 경제적 요인을 근원적으로 제거하여 부패범죄를 효과적으로 방지·척결하고 청렴한 국제사회질서 확립에 이바지함을 목적으로 한다.”고 규정하여 피해자 보호의 취지가 잘 드러나지 않지만, 제2조(정의) 제3호에서 “범죄피해재산”을 규정하고, 제6조에서 피해자 환부를 명시하여 그 취지를 보여주고 있다. 형벌로서 국가에 그 소유권이 귀속되는 몰수, 추징과 달리 ‘특정사기범죄’관련 범죄피해재산의 경우 피해자에게 환부할 목적의 몰수, 추징을 인정하고 있는 것이다.

> 제2조(정의) 3. “범죄피해재산”이란 별표에 규정된 죄 가운데 다음 각 목의 어느 하나에 해당하는 죄의 범죄행위에 의하여 그 피해자로부터 취득한 재산 또는 그 재산의 보유·처분에 의하여 얻은 재산을 말한다.
> 　가.「형법」제2편제39장 사기와 공갈의 죄 중 제347조, 제347조의2 및 제351조(제347조 및 제347조의2의 상습범만 해당한다)에 해당하는 죄[「형법」제114조에 따른 범죄단체를 조직하여 범행한 경우,「유사수신행위의 규제에 관한 법률」제2조에 따른 유사수신행위 또는「방문판매 등에 관한 법률」제2조제5호에 따른 다단계판매의 방법으로 기망(欺罔)하여 범행한 경우 및「전기통신금융사기 피해 방지 및 피해금 환급에 관한 특별법」제2조제2호에 따른 전기통신금융사기에 해당하는 경우(이하 “특정사기범죄”라 한다)로 한정한다]와「특정경제범죄 가중처벌 등에 관한 법률」제3조 중「형법」제347조, 제347조의2 및 제351조(제347조 및 제347조의2의 상습범만 해당한다)에 해당하는 죄(특정사기범죄로 한정한다)
> 　나.「형법」제2편제40장 횡령과 배임의 죄 중 제355조, 제356조 및 제359조의 죄와「특정경제범죄 가중처벌 등에 관한 법률」제3조 중「형법」제355조 및 제356조에 해당하는 죄
> 　제6조(범죄피해재산의 특례) ① 제3조의 재산이 범죄피해재산으로서 범죄피해자가 그 재산에 관하여 범인에 대한 재산반환청구권 또는 손해배상청구권 등을 행사할 수 없는 등 피해회복이 심히 곤란하다고 인정되는 경우에는 몰수·추징할 수 있다.
> 　② 이 법에 따라 몰수·추징된 범죄피해재산은 피해자에게 환부(還付)한다.
> 　③ 범죄피해재산의 환부 요건 및 절차 등 범죄피해재산의 환부에 필요한 사항은 대통령령으로 정한다.

이 법에 따른 경찰청의 2023년 실적[5])을 보면, “경찰청 국가수사본부는 범죄수익 환수를 위해 2023년 상반기(1~6월) 동안 총 797건의 몰수·추징보

---

5) 경찰청 보도자료, “2023년 상반기 범죄수익 보전성과” 2023. 7. 26.(수)

전에 대한 법원 인용 결정을 받아, 총 1,410억 원 상의 재산을 보전(처분금지)했다고 밝혔다. 죄종별 보전 건수는 도박장소개설과 특정사기범죄6)가 비슷한 수준으로 큰 비중을 차지하였고, 보전된 재산의 가액은 특정사기 범죄가 570억 원으로 전체의 40%를 차지하였다. 경찰의 몰수·추징보전 건수는 2019년 범죄수익추적 전담팀 신설 이후 계속 증가하고 있으며, 지난해 상반기와 비교하면 76% 증가한 수치이다. 이는 경찰이 범인 검거뿐만 아니라, 범인으로부터 범죄수익을 환수하는 데에도 전문역량을 투입하며 노력한 결과이다."

연도별로도 '19년 96건(702억 원), '20년 234건(813억 원), '21년 858건(8,351억 원), '22년 1,204건(4,389억 원), '23.1.~6. 797건(1,410억 원)으로 나타나서 상당한 성과를 거두고 있는 것으로 보인다.

[표] 죄종별 범죄수익 보전성과

※ 법원 인용 결정문 기준

구분		합계	특정사기	도박장소 개설	성매매알선	횡령·배임	기타
건수		797건	187건	227건	129건	13건	241건
		(100%)	(23%)	(28%)	(16%)	(2%)	(30%)
보전된 재산 가액		1,410억	570억 원	361억 원	175억 원	119억 원	185억 원
		(100%)	(40%)	(26%)	(12%)	(8%)	(13%)

또한 "상반기 성과 중 주목할만한 점은 경찰서 수사팀에서 범죄수익을 직접 보전한 건수가 작년과 비교해 161%가량 대폭 증가한 것을 들 수 있다. 그간 경찰의 범죄수익 추적 및 보전업무는 2019년 신설된 시도경찰청 소속 범죄수익추적수사팀이 주로 전담해왔다. 이후 관련 법률의 개정으로 기소 전 추징보전 신청 권한을 새로이 부여 받고,7) 보전 가능한 대상 범죄가 대폭 증가한 것8) 등을 계기로, 전담팀은 물론 경찰서 수사팀에서도 직접 보전

6) 전기통신금융사기, 유사수신투자사기, 불법다단계사기, 범죄단체조직사기.
7) 개정 「마약거래방지법」 시행('20.9.10.): 사법경찰관의 기소 전 추징보전 신청 권한 신설.
8) 개정 「범죄수익은닉규제법」 시행('22.1.4.): 뇌물 등 200여 개 범죄 → 장기 3년 이상

<u>신청이 가능하도록</u> ❶ 경찰서 범죄수익 보전 전담인력 지정, ❷ 경찰서 수사과장 등 대상 교육, ❸ 교육자료 배포 등을 적극적으로 추진해왔다. 그 결과, 올해 상반기 경찰서 수사팀에서 보전한 재산의 가액이 전년 대비 1,369% 증가하면서, 경찰의 범죄수익 보전에 관한 노력에 부응하는 의미 있는 성과를 보여주었다."

발제자 역시 이 점을 높이 평가하고 있다. 수사 초기에 이러한 보전청구가 가능할수록, 즉 피의자 혹은 범죄연관 계좌가 무엇인지 확인하는 시점과 보전 시점이 근접할수록 범인들이 해당 재산을 은닉할 가능성이 낮아질 것이기 때문이다.

3. 한계

이 제도의 연혁에서 보듯, 본래 한국 법제에서는 몰수 및 추징은 형벌의 일종으로만 파악되어 왔으므로 피고인에 대한 유죄 판결이 확정되어야만 집행될 수 있는 것이었다. 그리고 당연히 그 집행 후 몰수, 추징된 재산은 국고로 귀속되어야 하는 것이었다. 그러던 중에 국제조약 비준에 따라 우리 법제에 형법상 몰수, 추징과 그 법적 성격이 다른 몰수, 추징 제도가 도입된 셈이어서 다른 제도와 서로 상충되는 면이 있다.[9] 형법의 개정과 별도 법전화 작업을 통하여 몰수의 성격을 형벌과 보안처분의 효과를 동시에 가지는 것임을 명시할 필요가 있다.

이러한 법적 성격과 관련된 이론적 측면의 한계 이외에도 실무상의 한계도 있다. 즉 경찰－검사－법원－검사의 집행으로 이어지는 절차에 소요되는 시간 때문에 대상자가 해당 재산을 은닉할 가능성이 높아지기 때문이다. 즉 경찰이 검사에게 몰수보전을 신청하고, 검사는 법원에 몰수보전을 청구하고

범죄 등.

9) 이 점에 대한 지적과 그 밖의 대안에 대해서는 조서연, 범죄수익 몰수·추징제도의 현황 및 입법과제, 현안보고서 No. 324, 국회입법조사처(2017.12.29.) 참조. 다만 작성 시점을 감안해야 한다.

법원은 결정의 형태로 몰수보전명령을 내리지만, 몰수보전명령만으로 재산이 바로 동결되는 것이 아니라 검찰에서 결정문을 근거로 집행을 완료해야 피의자 등은 더 이상 해당 자산을 처분하지 못하는 효과가 발생하는데, 여기에 과도한 시간이 소모된다면, 전문적이고 직업적인 사기 범죄자(집단)는 충분히 그 재산을 빼돌릴 시간을 가질 수 있기 때문이다.[10] 물론 이 경우에는 사건 초기 수사를 담당하는 경찰이 체계적, 전문적으로 몰수보전절차에 숙달하여 형식적, 실질적 측면에서 신청 절차의 완결성을 높인다면 어느 정도까지는 그 시간을 단축시킬 수는 있다.

나아가 더 신속한 범죄수익 동결을 위한 실무적 제도 보완이 필요한 부분도 있다. 보이스피싱 범죄 등에 의한 피해 구제를 위해 「전기통신금융사기 피해 방지 및 피해금 환급에 관한 특별법」 제2조의5(이용자계좌에 대한 임시조치), 제4조(지급정지)를 규정하는데, 오히려 이를 악용하는 (보이스)피싱 범죄도 존재한다. 또한 종전에 실무상 활용되던 '부정계좌 등록'이라는 방법도 이제는 활용하기 어려운 방법이라고 할 수 있다. 신속한 동결제도를 법률에 명시할 필요성이 높다.

Ⅳ. 대안 및 국제공조

1. 대안

앞서 수사기관에 의한 몰수(추징)보전 절차가 수사 중의 처분이라는 점에서 '압수'와 비교, 검토할 필요가 있다고 보았는데, 그 점은 영장 발부를 전제로 하는 통상적 압수 절차와 달리 긴급성을 이유로 한 예외적인 긴급압수 절차가 몰수보전청구에도 원용될 필요성이 있지 않을까 하는 것이다. 즉 법원에 의한 절차에 소요되는 시간 동안 범죄피해재산을 동결하기 위하여 수

---

10) 최재훈, 앞의 글, 106면에 따르면 '실제로 2021년경에 있었던 브이글로벌 사건에서 경찰에서는 회사 계좌 내에 있는 2,400억 상당을 몰수보전결정을 받아냈으나 신청에서 인용까지 2주 동안 2,300억의 범죄 수익이 인출되어 실제로는 110억 원 밖에 처분 금지를 하지 못한 사례도 존재한다'고 한다.

사기관에 의한 단기간의 임시재산동결이 필요한 경우 긴급압수의 요건[11])을 원용한 법률 규정이 신설될 필요가 있다는 것이다.[12])

2. 국제공조

최근의 보이스피싱 등의 범죄는 치안력이 높지 않은 제3국에 거점을 마련해 두고, 집단적, 조직적으로 범행이 이루어지며, 일부 유형에서 대면활동을 하는 하위 수거책이 존재하지만, 결국 그 범죄 수익은 국내계좌를 거쳐 외국계좌 등으로 이전되는 형태를 나타내고 있다. 이 점에서 범죄수익 계좌 동결에 있어서 국제적 협력, 공조의 필요성이 크다고 할 수 있다.

최근 인터폴을 통한 국제적 계좌동결 협력(I-GRIP)에 관한 내용이 다수 보도되고 있다.[13]) 경찰청도 범죄피해 후 1주일 내에 신청했을 때 효과가 크다고 보고 전국수사부서에 긴급요청절차를 안내했다는 기사도 있다. 'I-GRIP'(아이그립, INTERPOL Global Rapid Intervention of Payments)은 국제 사기 피해가 늘자 인터폴에서 2022년 11월 신설한 제도로, 전기 통신을 이용한 금융범죄로 인해 돈이 나간 것으로 의심되는 국가의 계좌 등 정보를

---

11) 형사소송법 제216, 제217조는 사전영장이 없더라도 체포현장 및 범죄 장소에서의 압수, 긴급체포된 자가 소유, 소지 또는 보관하는 물건에 대한 압수를 인정하고 있다. 물론, 각 요건에 맞춰 압수한 경우에는 48시간 이내 혹은 지체 없이 압수수색영장을 청구하여야 한다.
  물론 특정사기범죄에 의한 범죄피해재산의 경우 수사 단계에서 피의자에 대한 체포가 있는 경우는 극히 드물 것이므로 전제되지 않으므로 이 규정이 직접 적용될 수는 없고, 다만 '긴급성'에 의한 영장주의의 예외가 인정된다는 점에서 특히 긴급성이 요구되는 경우 수사기관의 검사에 대한 보전 신청과 동시에 법관에 의한 보전 명령과 검사의 집행이 이뤄지는 시간까지의 계좌동결 조치의 필요성이 있음을 강조하려는 것이다. 물론 여기에 대한 계좌명의인의 이의신청도 충실하게 마련되어야 한다.
12) 상세한 내용은 고경희, "검찰압수물사무규칙에 의한 지급정지의뢰제도의 문제점", 법학논문집, 중앙대학교 법학연구소, 제39권 제2호, 2015, 169-170면, 최재훈, 앞의 글, 107-108면 참조.
13) KBS 우한솔 기자, 수정 2024.07.29. (15:15), "미국 나간 범죄수익 인터폴 통해 첫 '동결'… 비결은 '아이그립'"; 보안뉴스, 2024. 8. 7. "인터폴, BEC 공격으로 잘못 송금된 4천 만 달러 회수에 성공"; 디지털 투데이, 입력 2023.12.21. 15:39, "인터폴, 사이버 범죄 소탕 작전 "3500명 체포 3900억원 압수"" 등 참조.

즉시 공유하는 방식으로 진행되는데, 각 나라의 계좌 동결 및 환수를 담당하는 기관과 근거 법 등이 모두 다른 상황에서 인터폴이 공조 과정에 개입해 범죄 수익을 빠르게 동결하고 조치하기 위한 목적으로 만들어졌다. 우리 경찰은 2023년 11월부터 본격적으로 참여했다고 한다. 이러한 국제 협력은 범죄피해재산이 국외로 은닉되는 것을 방지하는데에 크게 기여할 것으로 판단된다.

다만 인터폴에도 이 제도에 대한 상세한 안내는 없고, 한국 경찰에도 비공식적으로 문의한 바 있으나, 아직 답을 받지는 못했다.

V. 맺는말

한국 헌법의 포괄적 무죄추정 원칙 규정은 피해자 보호에 장애를 만들고 있다. 형사재판의 공판정에서 피고인의 유무죄를 판단하는 법관은 절대적으로 그의 무죄를 추정하여야 함이 당연하지만, 그 밖의 형사절차의 다른 국면에서까지 그러한 절대적 무죄추정을 하여야 한다는 것은 다분히 교조적으로 들린다. 민사재판에서 본재판이 확정되기 전에 가압류, 가처분이 가능한 것처럼 형사절차 특히 수사 초기단계에서 장차 손해배상 청구의 상대방이 될 자의 재산을 가압류하는 효과를 부여하는 절차가 무죄추정 원칙 때문에 지나치게 억제되어서 피해자 구제의 관점에서 안타까운 일이다. 물론 우리 형사절차가 이를 피해자의 권리를 대위하는 절차가 아니라, 형벌의 일종으로 규정된 몰수(추징) 보전 절차를 활용하는데에서 오는 문제 때문이기도 하다. 신속한 피해자 구제를 위해 전향적 절차가 마련되고, 정교화되기를 기대한다.

• 주제어: 디지털 시대, 범죄수익 동결, 가상화폐, 국제 공조, 피해자 보호

참고문헌

권순철, "해외 유출 범죄피해재산의 피해자 환부 사례 연구" 대검찰청 (55) : 1 – 41, 2017.

김지웅, "재산범죄로 인한 범죄수익의 몰수·추징에 관한 해석론과 입법론 – 대법원 2015. 9. 24. 선고 2015도8319 판결에 대한 평석을 겸하여 – " 법조협회 69 (69): 656 – 687, 2020.

단성한, "재산범죄로 취득한 범죄수익의 환수 및 피해자 환부" 33 : 2018.

이주형, "차명으로 은닉된 범죄수익의 종국적 환수방안 연구 – 명의신탁과 채권자 대위소송, 사해행위 취소소송 및 민사상 가압류를 중심으로 – " 법조협회 69 (69): 350 – 394, 2020.

이진국, "범죄피해재산의 피해자환부를 위한 입법적 과제" 법학연구소 (23) : 85 – 119, 2012.

이흔재, 미국의 범죄피해재산에 대한 형사몰수제도와 우리 법제와의 비교, 연세법학 제38권, 연세법학회, 2021.

[Abstract]

Freezing of criminal proceeds as a disposition during an investigation in response to changing circumstances

Lee, Keun-woo

The development of the digital age and the globalization of the financial system have brought about fundamental changes to the criminal environment. In particular, the spread of cryptocurrency, non-face-to-face transactions, and international financial networks has made the concealment and laundering of criminal proceeds more sophisticated, and organized fraud crimes such as voice phishing are making it difficult to recover damages. The criminal justice system in Korea has traditionally strictly separated civil and criminal matters, leaving the recovery of damages to the responsibility of the individual victim, but this structure is not suitable for the new criminal patterns of the digital age.

In particular, the spread of cryptocurrency, non-face-to-face transactions, and international financial networks has made the concealment and laundering of criminal proceeds more sophisticated, and organized fraud crimes such as voice phishing are making it difficult to recover damages.

This study analyzes the current status and limitations of the crime proceeds freezing and preservation system in light of the characteristics of crime in the digital age, and proposes alternatives to complement it. In particular, the study focuses on the need to introduce an emergency freezing system, the expansion of international cooperation, and the improvement of the confiscation and back-tax preservation systems for victim protection. Such institutional reforms will not only punish criminals, but also contribute to the rapid restoration of victims' rights and the establishment of a new paradigm for the criminal justice system.

• Keywords: digital age, freezing of criminal proceeds, cryptocurrency, international cooperation, victim protection

AI 및 빅데이터를 이용한
잠재적 범죄예측기법에 관한 연구*

정웅석**

스티븐 스필버그 감독/톰 크루즈 주연의 영화 「마이너리티 리포트」를 보면, 2054년 워싱턴, 범죄가 일어나기 전 범죄를 예측하여 범죄자를 처단하는 최첨단 치안시스템인 프리크라임(Pre‒crime)은 범죄가 일어날 시간과 장소, 범행을 저지를 사람을 미리 예측해내고, 이를 바탕으로 미래의 범죄자들을 체포하는 등 완벽한 치안사회를 구현하는 존재로 나온다. 이에 범죄예방관리국이 예지시스템을 이용하여 예비범죄자를 검거한다는 발상이 과연 미래에 실현가능한 기술인지 한번쯤 고민한 사람들도 많았을 것으로 보인다.

논리적으로만 따진다면, 범죄해결을 위해서는 단순히 범죄자에게 대응하는 것보다는 사전 예방적 조치가 현명하고 효과적이다. 범죄예방을 위한 다양한 방법이 과거에도 있었지만, 범죄가 발생할 가능성이 높은 장소와 시기, 이전에 범죄를 저지른 경력이 있는 범죄자, 미래에 범죄를 저지르거나 범죄피해를 당할 가능성이 높은 사람을 예측해 내는 예측적 경찰활동 기법이 범죄예방에 효과적인 것은 부인할 수 없는 사실이다.

따라서 범죄예측의 위험성은 별론으로 하고, 과거의 방대한 데이터에서 인간이 상상할 수 없는 사물과 사물의 상관관계나 패턴을 발견, 인식하고, 그 관계나 패턴을 특정 개인에 관한 데이터 세트(data set)에 적용함으로써 범죄정보를 자동으로 분석·예측이 가능해진다는 점에서, AI의 가장 중요한 특징인 예측(predictions)능력을 활용하여, 영화 「마이너리티 리포트」에서 나오는 범죄가 일어나기 전 범죄를 예측하여 범죄자를 처단하는 최첨단 치안시스템인 프리크라임(Pre‒crime)이 가능한 시대가 도래할 수 있지 않을까 예측해 본다.

---

* 본 논문은 2022년 학회지에 제출되었으나, 학회지가 출간되지 못한 관계로 조금 보완하여 이번 학회지에 다시 제출한 연유로 논문 내용이 업데이트 되지 못한 부분도 있다는 점을 밝힌다.
** 서경대학교 공공인재학부(법학) 교수

Ⅰ. 서설

스티븐 스필버그 감독/톰 크루즈 주연의 영화「마이너리티 리포트」를 보면, 2054년 워싱턴, 범죄가 일어나기 전 범죄를 예측하여 범죄자를 처단하는 최첨단 치안시스템인 프리크라임(Pre-crime)은 범죄가 일어날 시간과 장소, 범행을 저지를 사람을 미리 예측해내고, 이를 바탕으로 미래의 범죄자들을 체포하는 등 완벽한 치안사회를 구현하는 존재로 나온다. 이에 범죄예방관리국이 예지시스템을 이용하여 예비범죄자를 검거한다는 발상이 과연 미래에 실현가능한 기술인지 한 번쯤 고민한 사람들도 많았을 것으로 보인다.

논리적으로만 따진다면, 범죄해결을 위해서는 단순히 범죄자에게 대응하는 것보다는 사전 예방적 조치가 현명하고 효과적이다. 범죄예방을 위한 다양한 방법이 과거에도 있었지만, 범죄가 발생할 가능성이 높은 장소와 시기, 이전에 범죄를 저지른 경력이 있는 범죄자, 미래에 범죄를 저지르거나 범죄피해를 당할 가능성이 높은 사람을 예측해 내는 예측적 경찰활동 기법이 범죄예방에 효과적인 것은 부인할 수 없는 사실이다.

그런데 2016년 1월 다보스 포럼에서 클라우스 슈밥(Klaus Schwab)이 "기술혁명이 우리의 삶을 근본적으로 바꿔놓고 있다"며 의제로 4차산업혁명(the 4th industrial revolution)에 대한 논의가 세계적으로 주목받기 시작하면서, 인공지능(artificial intelligence) 및 빅데이터(Big-data) 등을 이용하여 잠재적 범죄예측기법에 변화를 가져올 가능성에 대한 연구필요성이 제기되었다. 즉, 4차산업혁명은 인공지능과 빅데이터를 핵심으로 하는 지능 정보기술이 우리 삶의 다양한 분야에 보편적으로 활용됨으로써 새로운 가치가 창출되고 발전하는 사회를 의미하므로 미래에 발생하게 될 수사와 기소 등에서도 인공지능 등의 새로운 과학기술에 따른 미지의 변화에 대한 예측과 분석을 하는 것이 가능할 것으로 보이기 때문이다. 다만, 4차 산업혁명시대에 전 세계적으로 인공지능과 빅데이터에 대한 관심과 다양한 분야에 적용이 활발하게 이루어지고 있으나, 우리나라의 경우 인공지능과 빅데이터 등을 활용한 국내의 수사정보 수집 및 초기 범죄 수사 활용이 미진한 실정이다.

이에 본 논문에서는 예측적 경찰활동의 시론적인 논의를 하는 선에서 예측적 경찰활동기법을 살펴보고자 하며, 향후 대한민국 형사사법체계 내에서 활용방법이 무엇인지 계속 논의를 이어가기를 희망한다.

Ⅱ. 예측적 경찰활동의 등장배경 및 프로세스

1. 개 념

예측적 경찰활동 (Predictive Policing)이란 정량적 기법을 사용하여 경찰개입대상을 식별하고 통계적 예측을 통해 범죄를 예방하거나 과거 범죄를 해결해 내는 제반활동을 말한다.[1] 범죄위험을 예측하기 위하여 통계 및 지리공간 정보를 사용하는 것은 수십년 동안 존재해 왔다. 그러나, 최근 몇 년 동안 범죄예방 및 치안활동을 위한 빅데이터를 사용하는 분석방법에 대한 관심이 급증해왔다. 이러한 분석방법은 데이터의 수집, 유지 및 분석을 의미하며 일선 경찰서의 IT 기술에 대한 의존도를 크게 높여왔다.

엄밀하게 말하자면, 위의 분석방법은 민간 기업의 경제활동을 위하여 개발된 측면이 크다. 대학 및 전자기업들은 소비자의 행동을 예측하는 모델을 기반으로 컴퓨터 프로그램을 만들어 왔으며, 기업 또한 예측분석기법을 활용하여 판매전략을 결정해왔기 때문이다. 예를 들어, 대형마켓들은 날씨패턴을 분석하여 응급기상상황이 발생하기 전에 매장에 생수, 과일 및 야채를 과도하게 공급하고 있지는 않은지 확인한다.

이러한 분석기법으로 형사사법체계내의 법 집행기관들이 치안활동을 하기 위해 활용하는 것이 바로 예측적 경찰활동이다. 경찰은 범죄를 예측하고 예방하기 위해 과거에 발생한 범죄, 지역 환경 및 기타 관련정보에 대한 데이터분석을 사용한다. 이 기법은 일선경찰이 효과적이고 효율적인 경찰활동 전략개발에 활용되며, 나아가 데이터에 기반하여 범죄발생 예측을 통하여

---

1) Perry, W.L., McInnis, B., Price, C.C., Smith, S.C., & Hollywood, J.S., "Predictive Policing: The Role of Crime Forecasting in Law Enforcement Operations", RAND, 2013. pp.1-5.

범죄사건, 범죄자 및 피해자 발생 방지를 위한 전략을 개발할 수도 있다. 따라서 일선 경찰은 이러한 기법을 통하여 제한된 자원으로 보다 효율적으로 사건해결이 가능할 것이다.

그러나 예측적 경찰활동을 일선경찰에 적용하는 것은 그리 단순한 일이 아니라는 것을 명심해야 한다. 예측적 경찰활동이 범죄예방에 효과적이라는 결론을 도출하려면, 객관적인 결과를 생산해야 하기 때문이다. 예를 들어, 관할지역 범죄율은 낮아야 하고, 중범죄에 대한 체포율은 증가해야 하며, 사회안전망 구축에 긍정적으로 작용해야만 한다.

현재 예측적 경찰활동의 예측방법은 크게 네 가지 범주로 나눌 수 있는데, 첫째, 범죄 발생 위험이 높은 장소와 시간을 예측하는데 사용되는 접근방식인 지역 기반 범죄예측방법(Area-based Predictive Policing), 둘째, 미래 범죄를 저지를 위험이 있는 개인을 식별하는 대상 기반 범죄자 예측방법(Target-based Predictive Policing), 셋째, 범죄를 저지를 가능성이 있는 범죄자와 특정 과거에 발생한 범죄를 정확하게 일치시키는 프로필을 만들어 내는 데 사용하는 빅데이터 기반 예측방법(Big Data Driven Predictive Policing), 넷째, 위 3가지 방법과 유사하게 피해자가 될 가능성이 높은 집단 또는 개인을 식별하는데 사용하는 범죄 피해자 예측방법(Crime Victims Predictive Policing)이 그것이다.

2. 등장배경

미국 LA 경찰(LAPD)이 예측적 경찰활동 모델을 구상한 것으로 알려져 있다. 2008년 당시 경찰서장을 지낸 William J. Bratton 서장은 갱폭력을 예측하고 실시간 범죄 모니터링을 지원하기 위한 예측분석 프로그램 도입을 주도한 주인공으로 인정받는데, Bratton 서장은 커뮤니티 중심의 치안 및 정보 주도의 치안을 포함한 새로운 접근방식을 강화하였다.[2] 즉, 2009년 Bratton 서장은 예측치안 심포지엄을 개최하여 연구원, 실무자, 공무원 및 법집행 담

---

2) "What Is Predictive Policing?" WP's Police Tech, March 16, 2012.

당자들과 함께 새로운 개념의 예측치안 및 법집행 기관에 미치는 영향에 대하여 긴밀히 협력하는 방안을 모색하였는데,3) 이 심포지엄에 가능한 수준의 법집행기관들이 광범위하게 참여하였고, 예측치안이라는 주제가 전통적인 미디어와 SNS에서 많은 관심을 야기한 것이다. 이에 민간기업와 연구소들은 예측적 경찰활동에 유용하다고 판단되는 서비스 및 컴퓨터 프로그램 소프트웨어를 앞다투어 개발하였다.

Bratton 서장의 강력한 추진력으로 2010년 6월 로드 아일랜드 주 프로비던스에서 두 번째 심포지엄이 개최되었다. 첫 번째 심포지엄보다 확장된 토론이 이루어졌으며, 예측치안에 대한 지속적인 탐색이 필요하다는 일반적인 합의가 이루어졌다. 여기서는 도전, 성공, 한계 및 확장성이 주요 의제였는데, 참가자들은 데이터 공유 및 지역화에 대한 강한 필요성과 강력한 분석능력의 필요성을 강조하였다.4) 그 후 2년 동안, 예측치안에 대한 관심이 폭발적으로 증가하였으며, 이러한 관심의 상당부분은 캘리포니아주 산타크루즈와 LA에서 사용되는 예측 소프트웨어 패키지인 PredPol에 대한 언론의 대대적인 보도에서 비롯되었다. PredPol은 문자 그대로 범죄가 발생할 위치를 예측 할 수 있고, 고위험으로 지정된 주차장에서 용의자를 체포하는 것이 실현 가능하다는 것을 보여주었다. 이에 민간부문에서는 컨설팅 및 소프트웨어 개발에 힘을 쏟는 반면, 미 국방부는 반란군이 조직된 범죄조직과 매우 유사하게 행동하기 때문에 예측분석이 군사용으로 유용하다고 판단하고 있다.

다만, 이처럼 예측치안 분야에 관심을 갖는 이해 당사자들이 많이 존재한다는 점에서 발전가능성이 높은 것은 사실이지만, 우려 또한 존재한다. 즉, 연구원들은 예측모델을 설계할 수 있는 배경과 전문지식을 가지고 이러한 접근방식이 치안환경을 개선하고 더 유용하게 만드는 방법이라고 보지만, 시민운동가들은 이러한 기술이 시민, 특히 빈곤층과 소수민족의 권리를 침

---

3) "Transcript: Perspectives in Law Enforcement—The Concept of Predictive Policing: An Interview with Chief William Bratton," U.S. Department of Justice, Bureau of Justice Assistance, November 2009.
4) National Institute of Justice, "Predictive Policing Symposiums: What Chiefs Expect from Predictive Policing—Perspectives from Police Chiefs," web page, last updated January 6, 2012.

해할 수 있다고 우려한다. 인공지능 사용에 관한 첫 번째 포괄적 규제인 EU 인공지능법(AI Act, 2024. 8. 1. 발효) 제5조 역시 개인의 성향이나 특성을 프로파일링하거나 평가하여 범죄를 저지를 위험을 예측하는 시스템을 금지하고 있으며, 실제 범죄활동과 직접적으로 연결된 객관적이고 검증 가능한 사실을 기반으로 한 평가만 허용하고 있다(AI법 제5조 제1항 d호).

3. 진행과정

예측적 경찰활동 프로세스는 Center for Problem – Oriented Policing의 SARA(스캔, 분석, 대응 및 평가) 모델을 기반으로 한다.[5] 처음 두 단계는 범죄사건 및 범죄자 데이터를 수집하고 분석하는 단계이며, 예측을 생성한다. 서로 다른 소스의 데이터에는 일종의 데이터 융합이 필요하기 마련이다. 그러나 이러한 데이터를 결합하려는 노력은 쉽지가 않다. 마지막 두 단계는 예측에 대한 응답에 중점을 두는 단계인데, 일선 경찰이 예측을 사용하여 응답을 알리고 증거에 기반한 접근방식을 사용하여 응답한다. 보통 범죄자들은 변화하는 환경에 반응하기 마련인데, 일부는 환경에서 제거되기도 한다. 여전히 환경에 적응하는 범죄자들은 그들의 관행을 바꾸거나 다른 지역으로 이동할 수도 있기 마련인데, 경찰의 응답에 관계없이 환경이 변경되거나, 초기 데이터가 오래되었으면, 분석을 위한 새로운 데이터를 수집하여야 한다.

(1) 데이터 수집

데이터에 따라 모든 방식의 예측기술은 달라진다. 이러한 데이터의 양과 품질 모두 접근방식의 유용성을 결정하기 마련이다. 이러한 분석에는 "쓰레기 투입, 쓰레기 배출"이라는 말이 강력하게 적용된다. 일부 기술은 다른 기술보다 작은 오류에 덜 민감하지만, 데이터가 정확하고 완전한지 확인하기 위해 노력하여야 한다. 따라서 데이터 세트가 최신상태이고, 개입의 효과를 반영하도록 주기적으로 업데이트를 하여야 한다. 특히 잘 훈련된 분석가와

---

5) Perry 외 4인, 앞의 논문, pp.11–15.

연구원들이 예측방법에 매우 중요하다. 깨끗한 데이터를 사용하더라도 정확한 분석이 이루어지지 않는다면, 바람직하지 않은 결과를 가져오기 때문이다.

(2) 데이터 융합

대부분의 범죄데이터는 정상적인 업무과정에서 일선 경찰이 수집할 가능성이 높지만, 환경을 설명하는 정보는 다른 많은 곳에서 수집되기 마련이다. 범죄 데이터와 함께 사용할 수 있는 데이터가 유용한데, 예를 들면, 비즈니스 인프라 및 인구통계에 대한 데이터가 포함된다. 데이터 수집 및 분석 프로세스의 일부인 분석가 역시 서로 다른 정보소스를 결합할 수 있는 능력이 있어야 한다. 다만, 부서가 서로 다른 소스의 데이터를 결합하여 고위험 장소, 개인 및 그룹에 대한 일관된 그림을 형성하는 공통된 규칙이 개발되었다는 증거는 현재 거의 전무하다.

(3) 데이터 분석

범죄와 범죄자를 예측하기 위한 분석방법에는 다양한 유형의 방법이 존재한다. 이러한 방법은 상호 배타적인 것으로 간주되어서는 안 되며, 실제로 많은 기술을 함께 사용하며, 부분의 합보다 더 많은 것을 제공할 수 있다. 회귀 및 데이터 마이닝 기술을 사용하여 사용 가능한 데이터 세트를 탐색하면, 특정지역에 고유한 범죄패턴에 대한 이해력을 얻을 수 있다. 이러한 탐색적 분석에서 식별된 패턴은 핫스팟(hot-spot)을 식별하는 방법의 설계를 가능하게 한다. 예를 들면, 이 기술은 범죄패턴을 찾기까지 얼마나 거슬러 올라 갔는지 또는 분석에 포함되어야 하는 계절적 또는 주간 추세가 있는지 여부까지 알려준다. GIS 데이터 마이닝은 회귀를 통해 정보를 얻을 수 있으며, 데이터를 탐색하는데 사용될 수 있다. 클러스터링 기술에서 파생된 지리적 프로필은 연쇄범죄를 나타내는 패턴을 식별가능케 한다.

(4) 경찰개입

최고의 분석조차도, 경찰의 기존 관행에 영향을 미치지 않는다면, 범죄율에 영향을 줄 수가 없다. 따라서 핫스팟으로 식별된 위치는 추가순찰 및 다른 적절한 조치가 필요하며, 핫스팟에서 발생하는 범죄의 효과적인 개입 역시 지속적인 평가 프로세스와 병행해서 이루어져야만 한다. 일선 경찰의 대응으로 범죄가 어느 정도 감소했는가를 평가하는 것이 중요하기 때문이다. 따라서 공격적이고 객관적인 평가 프로세스는 이러한 경찰의 개입을 개선하는데, 매우 중요하다. 개입유형은 상황 및 개입 담당부서에 따라 상이한데, 일반적으로 더 복잡한 개입이 더 많은 자원을 필요로 하고 또한 그게 더 좋을 것이라고 예상하기도 한다. 따라서 개입계획의 중요한 부분은 지휘자와 일선 실무자 사이에 필요한 상황인식을 생성하는 정보를 제공하는 것에 있다.

(5) 범죄자 반응

경찰이 개입을 시작하면, 일부 범죄자들이 거리에서 체포되어 경찰서나 유치장에 수감된다. 이에 다른 사람들은 범죄를 저지르는 것을 중단하거나, 범죄를 저지르는 것을 변경하거나, 경찰의 개입에 대응하여 범죄를 저지르는 방식을 변경할 수 있다. 따라서 일부 범죄활동이 다른 지역으로 이동하면서 범죄율이 높았던 장소는 낮아질 경우도 발생한다. 이러한 변경으로 인해 원래 데이터 세트는 더이상 사용되지 않게 된다. 이러한 방식으로 새로운 단계의 데이터 수집, 분석 및 개입으로 주기가 다시 시작된다.

Ⅲ. 잠재적 범죄예측기법의 유형

1. 의 의

예측적 경찰활동 프로세스 중 전술적 또한 전략적 관점에서 미래의 범죄사건을 예측하려면, 일반적으로 항상 패턴을 갖는 과거 범죄 및 피해자에 대한 데이터를 연구하여야 한다. 즉, 최근의 과거(전술적 접근의 경우 몇 일, 전략적 접근의 경우 몇 달) 언제, 어디서, 무엇을, 누가 사용하는지에 대한 질문을 통해서 범죄예측을 하는 것을 잠재적 범죄예측기법이라고 한다.

이러한 잠재적 범죄예측기법으로 핫스팟 분석(Hot−Spot Analysis), 회귀분석 (Regression Analysis), 데이터−마이닝 (Data−Mining) 예측 분석, 근접−반복 모델링(Near-Repeat Modeling) 분석, 시공간 분석 (Spatiotemporal Analysis), 위험지역 분석(Risk Terrain Analysis) 등이 논의되고 있으므로 차례로 소개하기로 한다.

2. 구체적 고찰

(1) 핫스팟 분석(Hot−Spot Analysis)

핫스팟 분석은 과거 범죄데이터를 기반으로 범죄위험이 증가하는 영역을 예측한다. 범죄가 균일하게 분포되지 않는다는 사실을 활용하여 범죄규모 또는 비율이 가장 높은 지역을 식별하는 것으로, 기본가정 및 예측은 범죄가 이미 발생한 곳에서 범죄가 발생할 가능성이 있다는 것이다. 예를 들면 워싱턴 DC의 강도범죄에 대한 과거 범죄데이터를 기반으로 범죄위험 지역을 예측하는 것이다.

[그림 1-1] 워싱턴 DC의 강도범죄[6]

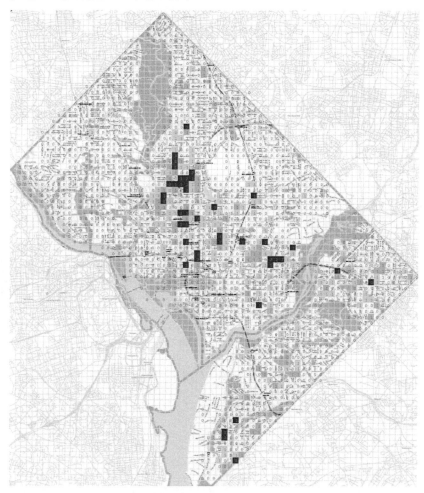

물론 핫스팟을 식별할 때 장단점이 공존한다. 식별된 영역이 너무 작으면 결과에서 일부 관심 영역이 제외될 가능성이 있는 반면, 너무 크면 리소스 할당에 유용하지 않을 수 있으므로, 실행 가능하지 않을 수 있다. Grid mapping 또한 주제별 mapping과 같은 매우 간단한 방법이 일반적으로 사

6) Preliminary findings from an RTI International, Structured Decisions Corporation, and RAND project funded by NIJ's Office of Science and Technology (OST).

용되지만, 이러한 방법은 초기 데이터 세트 및 맵 분할에 크게 의존할 수 있다. 이러한 핫스팟을 예측함에 있어 중요한 고려사항은 바로 그에 대한 조치이다. 즉, 분석결과로 무엇을 하여야 하는가? 핫스팟에서 범죄를 억제하기 위한 최적의 순찰기간을 식별하기 위한 연구에서 Christopher Koper는 범죄가 발생할 가능성을 결정하기 위해 통계분석을 사용하였는데,[7] 핫스팟은 다양한 기간의 경찰순찰에 의해 영향을 받았다. 즉, Koper박사의 연구로 인해 핫스팟에서의 정지시간과 다른 범죄가 저질러질 가능성을 줄이는 곡선의 상관관계가 발견된 것이다. 이에 13-15분의 순찰활동, 그동안 경찰관들이 지역사회 구성원들과 교류하는 것이 가장 효과적인 것으로 밝혀졌으며, 따라서 범죄 핫스팟 분석은 보다 효과적인 직접 순찰을 장려하고 있다.

(2) 회귀분석(Regression Analysis)

회귀는 예측할 변수와 독립적인 설명변수 간의 수학적 관계에 적합하다. 핫스팟 분석과 달리 회귀는 과거 범죄뿐만 아니라 광범위한 데이터가 될 수 있는 항목을 기반으로 미래 범죄위험을 예측한다. 예를 들면, 미래의 강도에 대한 회귀모델에는 이전 강도의 입력뿐만 아니라, 다른 유형의 범죄에 대한 수, 기물파손 및 기타 유형의 장애 수, 해당지역의 주택 수, 빈집 수, 개인 인구 수, 최근 재산범죄에 대한 유죄판결 등이 있다.

범죄와 관련된 문제에 대해 통계적 회귀는 오랫동안 적용되었는데, 더 정교한 기술이 추가정보를 제공하거나, 일부 함정을 피할 수 있지만, 회귀는 여전히 많은 유형의 범죄분석에 유용하다. 물론 기본 데이터 세트에 상당한 변동성이 있거나, 데이터 세트가 작은 경우 회귀분석 예측이 불안정 할 수 있지만, 회귀는 답변이 일부 신뢰값과 관련된 숫자인 질문에 유용할 수 있다. 따라서 질문이 "다음 주에 동네에서 강도가 얼마나 많이 발생합니까?"라고 가정해 보자. 회귀분석은 "8개가 있을 가능성이 높지만, 90%는 2개 사이에 있을 것"이라고 확신한다. 허용되는 수학적 관계의 종류에서 분석사가

---

7) Christopher S. Koper, "Just Enough Police Presence: Reducing Crime and isorderly Behavior by Optimizing Patrol Time in Crime Hot Spots," *Justice Quarterly,* Vol. 12, No. 4, 1995, pp. 649–672.

사용할 입력변수와 데이터 세트를 선택하는 방법에 이르기까지 다양한 회귀 분석 기술을 예측적 경찰활동 정책에 반영할 수 있다.

[그림 1-2] 지역별 범죄건수[8]

(3) 데이터 마이닝(Data Mining) 분석

입력 데이터를 기반으로 예측을 수행하기 위해 수학적 모델을 적용하는 개념의 일반화를 일반적으로 데이터 마이닝 분석이라고 한다. 공식적으로 데이터 마이닝은 "유용한 패턴과 추세를 찾기 위해 대량의 컴퓨터 데이터를

---

8) Eck et al., 2005, p. 24, Exhibit 9. RAND RR233-2.6.

검색하는 방법"이다.9) 회귀분석 방법도 데이터 마이닝의 하위개념이지만, Classification method 및 Clustering method도 이 범주에 속한다.

'Classification method'란 회귀에서와 같이 연속적인 숫자가 아니라 결과에 대한 범주를 예측하는 것으로, 예컨대 "다음 달에 강도사건이 발생할 확률이 85%입니다"가 여기에 해당한다. 반면에 'Clustering method'는 레코드를 수학적으로 유사한 그룹으로 세분화하는데, 이러한 모델은 미래상황이 이전 상황의 클러스터와 유사할 가능성이 높다고 예측한다. 예컨대 "이 이웃은 다음과 같은 레이블이 지정된 다른 이웃과 유사한 속성을 나타낸다"고 판단하는 것이다.

현재 컴퓨터가 더 빨라지고 단기간에 더 많은 데이터를 처리할 수 있게 됨에 따라 선형회귀를 넘어선 데이터 마이닝 모델의 사용이 더욱 보편화되고 있다. 실제로, 가장 잘 수행되는 모델링 접근방식을 선택하여 다양한 알고리즘과 매개변수를 실험하는 것이 매우 일반적이다. 물론 데이터 마이닝에 사용되는 특정 계산 기술은 분석되는 데이터의 특성에 따라 다르다. 따라서 첫 번째 단계는 데이터를 이해하는 것이 중요한데, 종속변수(흔히 목표변수)가 이산형10)인지 연속형11)인지에 따라 다른 기술이 적용되기 때문이다. 여기서 이산변수는 소수의 값 집합(예: 인종, 성별 또는 기타 범주값)만 취할 수 있는 변수이며, 연속변수는 범위(예, 속성 값, 온도) 내의 모든 값을 취할 수 있는 숫자 값이다.

---

9) 이 정의는 Merriam‒Webster 사전에서 발췌하였다.
10) 소수의 값 집합(예: 인종, 성별 또는 기타 범주 값)만 취할 수 있는 변수를 말한다.
11) 범위(예컨대 속성 값, 온도) 내의 모든 값을 취할 수 있는 숫자 값을 말한다.

[그림 1-3] 워싱턴 DC 의 강도범죄 Map[12]

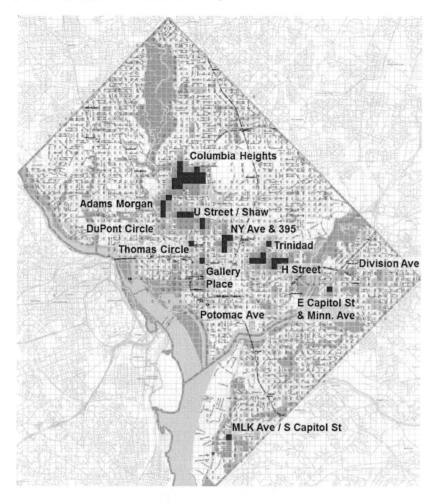

예측적 경찰활동에 가장 중요하게 활용될 수 있는 데이터 마이닝 기술에는 회귀, 클러스터링 및 classification 세 가지를 들 수 있다. 예를 들어, 수많은 입력변수 중에서 선택하기 위해 복잡한 최적화 문제를 해결하는 알고리즘을 사용하여 어떤 가중치 조합이 회귀분석에서 최상의 성능을 제공하는

---

12) Preliminary findings from an RTI International, Structured Decisions Corporation, and RAND project funded by NIJ OST. RAND RR233 - 2.7.

지 결정하는 것으로, 클러스터링 접근방식은 데이터 기록을 그룹화하는 것이고, 마찬가지로 classification은 데이터 기록을 범주화하는 것이다.

(4) 근접-반복 모델링(Near-Repeat Modeling) 분석

근접-반복 모델링 분석은 최근 범죄율이 높은 지역은 가까운 미래에 범죄율이 더 증가하게 될 것이라는 등 미래 일어날 범죄가 특정 시간과 장소에서 곧 발생할 것이라는 가정 하에 작동하는 기법을 말한다. Santa Clara 대학의 George Mohler 박사는 이러한 가정을 뒷받침하는 여러 연구를 실시하였는데,[13] 예컨대 지역적인 취약점이 강도사건을 저지르는 범죄자들에게 잘 알려져 있으므로 강도사건의 표적이 되는 대상을 반복적으로 공격하며, 갱단 총격사건은 라이벌 갱단의 관할지역에서 보복사건의 형태로 다수 발생할 수 있다는 것이다. 이에 Mohler 박사는 범죄가 전염병처럼 지역 환경을 통해 확산된다고 주장하면서, 방금 범죄가 발생했다면 범죄의 위험은 짧은 시간동안 짧은 거리에서 증가하게 된다고 말한다. 특히 절도사건에서 이런 특징이 두드러지는데, 예컨대 2001년부터 2005년까지 LA의 San Fernando 계곡에서 이전 강도사건으로부터 3시간 내에 반경 200미터 내에서 100건 이상의 강도사건이 발생하였다고 한다.

이러한 특징들을 활용하여 Mohler 박사는 "지진 모델링" 알고리즘을 개발하였는데, 정교한 수학적 공식에 기반한 접근방식으로 이 알고리즘의 특징으로는 첫째, 기존 Grid-mapping에서와 같이 관할구역에 그리드를 배치하는 것이고, 둘째, 각 그리드 사각형에 새로운 범죄가 발생하는 현재 비율을 추정하는데, 이 비율은 각 그리드 스퀘어의 특성과 관할권 전체의 시간 효과에만 의존하며, 셋째, 방금 범죄가 발생했을 때, 새로운 범죄율이 일시적으로 증가한다고 가정하는 것이다(물론 이 증가는 그리드 스퀘어가 새로운 범죄를 보지 않고 오래 갈수록 감소한다고 본다).

이 알고리즘을 활용하여, 캘리포니아의 산타클라라 카운티의 재산범죄

13) G. O. Mohler, M. B. Short, P. J. Brantingham, F. P. Schoenberg, and G. E. Tita, "Self-Exciting Point Process Modeling of Crime", *Journal of the American Statistical Association*, Vol. 106, No. 493, 2011.

(주거침입 및 차량강도사건)에 적용하였는데, 2011년 및 2012년의 결과는 놀라웠다[14]고 한다. 즉, 주거침입 및 차량강도사건의 가장 일반적인 발생시각은 화요일과 목요일 오후 5시 및 오후 8시로 관할 경찰서 담당 경찰관에게 핫스팟 위치와 피해자 프로필을 제공하였고 이로 인해 2010년부터 2011년까지 웨스트 밸리 순찰지역의 재산범죄율이 23% 감소하였다고 한다.

(5) 시공간 분석(Spatiotemporal Analysis)

시공간 분석이란 범죄현장의 다양한 환경 및 시간적 특징을 포함하도록 하게 하고, 이 특징들을 범죄사건 정보와 함께 활용하여 미래 범죄의 위치와 시간을 예측하는 기법을 말한다. 위에서 논의된 예측기법이 범죄유형, 위치 및 시간 또는 현재 범죄패턴과 같은 범죄사건에 중점을 두었다면, 범죄패턴은 시간이 지남에 따라 바뀔 수 있고, 시간 경과에 따른 범죄와 환경 간의 관계 또한 고려되어야 한다는 점 등을 고려하여, 범죄장소뿐만 아니라, 범죄와 관련된 다른 장소 또한 고려되어야 한다는 것이다. 예를 들면, 성폭행 또는 강도는 실제 강도 또는 폭행이 발생한 위치와 별도로 가해자가 피해자를 '획득'하는 위치와 시간이 포함될 수 있다는 것이다. 한 지역에서 차량을 도난당하고 범죄에 사용하기 위해 다른 지역으로 운전한 후 세 번째 지역에 버릴 수가 있는데, 이러한 관련 영역은 종종 더 큰 예측 가치를 가지게 된다는 것이다.

시공간 분석을 수행하는 가장 간단한 방법에는 색상강도를 통해 날짜, 시간 및 조건이 다른 범죄와의 상대빈도를 보여주는 표인 히트맵을 만드는 것이다. 이러한 히트맵을 준비하는 과정에는 범죄가 발생한 것으로 알려진 요일과 시간, 요일에 대한 새로운 변수를 만드는 것이 포함된다. 엑셀 프로그램의 피벗 테이블 기능을 사용하여 시간과 요일별로 범죄수를 보여주는 테이블을 만들고, 그런 다음 조건부 서식 기능을 사용하여 색의 색상을 지정하는 것이다.

시공간분석을 수행하는 복잡한 방법에는 버지니아 대학의 Wang 박사와

---

14) Josh Koehn, "Algorithmic Crime Fighting," *SanJose.com,* February 22, 2012.

Brown 박사가 개발한 시공간 일반화 가법모델 (ST-GAM)과 로컬 시공간
일반화가법모델(LST-GAM)이 있다.[15) 이러한 모델은 그리드에 대한 회귀모
델의 확장인데, 입력 데이터에 각 그리드 셀이 특정시간에 특정 시공간적 특
징을 가질 확률이 포함된다. 여기서 '시공간적 특징'은 이전 범죄의 일반적
속성 또는 그리드 셀 내의 지리공간적 특징의 존재이며, 모두 시간별로 색인
화될 수 있다. 두 모델 모두 범죄지역의 시공간적 특징과 범죄사건 데이터를
결합하여 미래 범죄의 위치와 시간을 예측하는데, ST-GAM은 전체 관심지
역의 범죄를 예측하도록 설계되었고, 기본패턴이 지역전체에 동일하다는 가
정에서 시작한다. 하지만 LST-GAM은 다른 지역을 허용한다. 두 모델 모
두 과거 범죄가 저질러진 지역의 시공간적 특징에 따라 특정 장소와 시간에
서 범죄가 저질러질 확률을 계산해 내는 방식이다.

Wang과 Brown 박사는 버지니아주 샬롯스빌의 강도데이터를 활용하여
공간 일반화 선형 모델(GLM)과 핫스팟 방법에 대해 두 모델을 테스트하였는
데, ST-GAM 및 LST-GAM모델에 사용된 입력 데이터에는 GIS데이터와
인구 통계학적 데이터가 포함되어 있다. 이 두 모델이 전술한 핫스팟(Hot
Spot) 예측방법보다 월등하게 우수함을 입증하였다고 한다.

---

15) Xiaofeng Wang, and Donald E. Brown, "The Spatio-Temporal Modeling for
    Criminal Incidents," Security Informatics, Vol. 1, No. 2, February 2012.

[그림 1-4] 버지니아 주 리치몬드 범죄 핫스팟16)

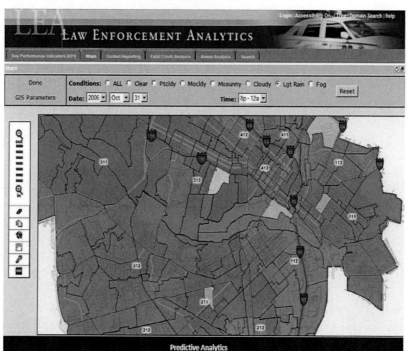

(6) 위험지역 분석(Risk Terrain Analysis)

위험지형 모델링(RTM)이란 Joel Caplan과 뉴저지 주립대학 동료들이 개발한 지리 공간적 요인이 범죄위험에 어떻게 기여하는지를 평가하는 간단한 접근방식을 말한다.17) Caplan과 그의 동료에 따르면, '위험지형 모델링(RTM)이란 범죄위험 요인의 공간적 영향과 강도를 나타내는 별도의 지리정보 시스템(GIS)에서 생성되는 위험 평가에 대한 접근방식'이라고 한다. 이러한 위험지역 분석은 범죄위험에 기여하는 지리적 특징(술집, 주류판매점, 특정

16) Information Builders, Law Enforcement Analytics interface. Used with permission. RAND *RR233-2.10*

17) Joel M. Caplan, and Leslie W. Kennedy, eds., *"Risk Terrain Modeling Compendium for Crime Analysis"*, Rutgers Center on Public Security, Newark, N.J.: Rutgers Center on Public Security, 2011.

유형의 주요도로)을 식별하려고 시도하며, 주어진 정도에 따라 범죄위험에 대한 예측을 하는 일련의 기술로 구성된다.

위험지형 모델링(RTM)은 ArcGIS에 연결되는 툴킷이기도 한데, 사용방법은 매우 간단하다. 첫째, 데이터 분석가는 분석할 지역에 격자를 배치한다. 그 후, 그리드 셀의 특정 지리공간 기능의 존재와 해당 그리드 셀 내에서 관심범죄의 존재 간의 통계적 관계를 테스트한다. 여기서 범죄와 긍정적인 연관성이 강한 기능이 모델로 선택되게 되는데, 그런 다음 각 그리드 셀에 있는 선택된 대상의 수를 계산하며, 위험을 유발하는 기능이 가장 많은 그리드 셀은 핫스팟(Hot Spot Analysis)으로 표시되는 방식이다.

위험지형분석에 대한 통계적 접근방식에는 두 가지 주요 단계가 포함되는데, 첫 번째 단계에서 알고리즘은 범죄사이의 거리와 관심 있는 지형공간기능 유형을 비교하고 범죄와 각 유형의 가장 가까운 지형공간기능 사이의 거리를 추적한다. 두 번째 단계에서 알고리즘은 그리드의 각 지점이 기지공간기능까지의 거리와 관련하여 범죄를 목격한 위치와 얼마나 유사한지를 평가한다. 이에 지리공간적 특징과의 거리가 범죄장소와 유사한 지점은 더 높은 위험에 처한 것으로 판단하는 것이다. 예를 들면, 도시의 몇 개의 술집에서 50미터 떨어진 곳에서 많은 수의 강도사건이 발생한다고 가정해 보면, 도시의 모든 술집에서 50미터 떨어진 그리드 지점은 위험한 곳으로 평가되는 경향이 있다.

결국 위험지형 접근방식에는 두 가지 주요 장점이 있는데, 첫째, 이러한 기법이 단순히 이전 범죄이력를 추정하는 것이 아니라 지리적 속성을 기반으로 위험을 예측한다는 점에서 좀 더 세밀하게 예측한다는 점이다. 이는 이러한 방법이 다른 핫스팟과 유사한 새로운 핫스팟을 예측할 수 있음을 의미한다. 새로 예측된 핫스팟은 최근 범죄를 보지는 못하지만, 이전의 핫스팟과 유사하여 위험도가 높은 것으로 간주해야 하는 것이다. 둘째, 장점은 범죄를 예측하기 위해 모델에 사용된 지리공간기능 유형을 보여줄 수 있다는 점이다. 아주 적은 양의 사고 데이터를 사용하여 예측하고 위험한 기능을 식별할 수도 있는 것이다.

[그림 1-5] 루이지애나 주 Shreveport RTM 결과[18]

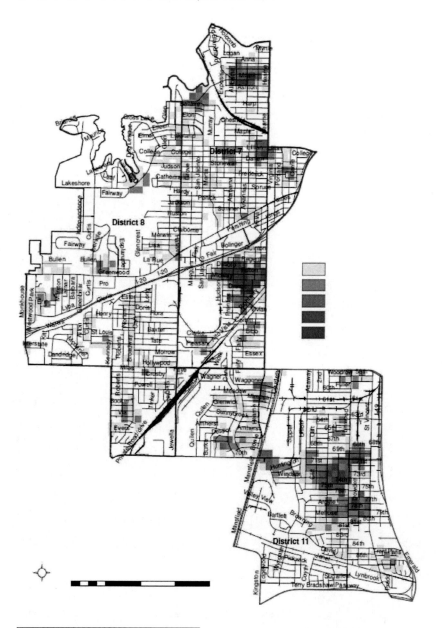

18) Susan Reno, Police System Administrator, Shreveport Police Department, "PILOT: Predictive Intelligence Led Operational Targeting," presentation at the

Ⅳ. 범죄예측의 유용성 및 위험성

1. 범죄예측의 유용성

범죄가 발생할 장소와 시간에 대한 예측이 가능하게 되면서 일선 경찰서는 치안에 관련한 부서를 더 많이 만들 수 있게 될 것이다. 경찰의 규모를 늘리는 것보다 알고리즘 개발이 더 저렴하며, 거리에서 사람들이 경험하는 불필요한 괴롭힘의 양을 줄여 줄 수 있기 때문이다. 즉, 더 낮은 경제적 비용과 낮은 사회적 비용으로 더 안전한 거리를 만들 수 있게 되는 것이다. 이처럼 예측적 경찰활동은 불필요한 감시조치를 줄이려는 시도 외에도 치안의 사회적 비용을 줄이기 위해 집중하므로 예측적 경찰활동은 제한된 치안자원의 적절한 분배를 위한 기반을 제공해준다.

일반적으로, 치안은 불필요한 침입과 물리적 침입으로 인해 필요한 것보다 더 많은 개인적인 불편을 야기시킨다. 일선 경찰관이 개인이나 그들의 소유물을 검문하거나 수색할 때마다 개인의 자율성과 존엄성이 침해되고, 아무런 결실이 없는 무분별한 검색은 그들에게 괴롭힘을 야기하기 때문이다.

반면에 예측적 경찰활동은 이론적으로 불필요한 접촉을 방지하여 법집행에 따르는 사회적 비용을 최소화한다. 데이터 생산은 경찰서 내 담당부서에 대한 감사 및 평가를 용이하게 하고, 법집행 기관에 합법성을 부여하고 기존 정책을 개선할 수 있는 수단을 제공한다. 물론 아무도 예측적 경찰활동이 모든 이들에게 해결책이라고 주장하지는 않는다. 그러나 법집행 과정에 있어 예측 알고리즘이 다른 도구와 함께 활용된다면, 더 효과적이고 효율적이며 합법적이며 공정하다는 점은 확실해 보인다.

National Institute of Justice Conference, Arlington, Va., June 19, 2012. Courtesy of the Shreveport Police Department. RAND *RR233-2.12*

2. 범죄예측의 위험성

(1) 질 낮은 데이터의 의존

범죄예측을 하는 과정에서 데이터의 오류는 결과분석에서의 오류로 이어진다는 점이다. 예컨대 데이터가 생략되면, 특정 지역에 범죄가 없는 것으로 나타날 것이다. 이것이 바로 일선 경찰서가 예측분석을 수행할 때, 담당 분석가는 종합적인 이해를 해야 하는 이유이다. 이에 Hart와 Zandbergen 박사는 2012년에 출간한 보고서에서 핫스팟 예측분석에 대한 4가지 권장사항을 제시하였는데, 다음과 같다. 1) 여러 가지 기술로 데이터 분석을 해야 하고, 2) 범죄사건을 세분화하고 개별적으로 분석하여야 하고, 3) 연구영역을 고려해야 하며, 4) 예측 정확도를 측정하는 방법을 결정하여야 한다.

마찬가지로, 데이터 편향이 발생할 수 있으므로, 데이터가 수집되는 방식을 이해하는 것도 매우 중요하다. 적절성은 데이터 품질과 관련된 중요한 문제이다. 일부 범죄 클러스터의 경우 데이터를 수개월 또는 수년 전으로 되돌리는 것이 매우 유용할 수 있다. 예를 들면, 강도가 술집을 자주 찾는 사람을 대상으로 하는 경우, 몇 달 동안의 데이터가 주요 핫스팟을 식별하는 데 유용하다. 반대로 매우 유사한 강도의 행위가 있는 경우, 같은 범죄자가 저지른 것으로 보이는 데이터는 활동 중인 범죄자의 강도행위와 오래된 사례를 모두 캡처하여 패턴을 찾기가 더 어렵기 때문에, 몇 달 간의 데이터는 그다지 유용하지 않다. 따라서 첫 번째 경우에는 데이터 포인트 간의 주요 공통점이 대상이므로 핫스팟을 구축하기 위해 가능한 한 멀리 돌아가는 범죄를 포함하는 것이 합리적일 수 있는 반면, 두 번째 경우는 분석에 사용되는 데이터 세트는 범죄행위에만 집중을 해야 할 것이다.

(2) 예측의 불완전성

예측활동을 하는 실무자는 핫스팟을 없애는 작업을 담당하며, 주어진 핫스팟에 대해 어떤 요인이 범죄위험을 유발하고 있는지에 대한 합리적인 의심을 해야만 한다. '컴퓨터가 그렇게 분석하였다'는 것은 적절한 대답이 아니다. 일반적으로 예측도구는 불가능하지는 않지만, 특정영역의 위험요소를 강조하기 어렵게 하는 방식으로 설계되기 때문이다.

특히 회귀분석 또는 데이터 마이닝 변형과 같은 기술을 적용할 때, 상식을 사용하여 모델에 통합된 요인을 조사한다면 허위관계를 피하는데 도움이 되는데, 예측의 동인에 대한 호기심을 갖는 것이 매우 중요하다. 예를 들어, 경찰관의 위치와 관련된 범죄 발생을 테스트하면, 범죄가 발생한 위치와 경찰관이 시간을 보낸 위치 간에 높은 상관관계가 있음을 알 수 있다. 다만, 일반적으로 경찰은 범죄 발생 후 현장에 도착하므로 경찰의 위치를 보고 범죄 발생 위치를 예측할 수 있다는 의미는 아니다. 따라서 이 관계는 매우 강력할 수 있지만, 예측에 유용한 정보를 제공하지는 않는다.

반면에 특정 지하철 정류장과 범죄가 발생하는 위치 간에 높은 상관관계가 발견되면, 이 분석을 통해 범죄자 또는 대상에 대한 유용한 예측과 추가정보를 모두 얻을 수 있다. 이 지하철 정류장에는 범죄자가 사는 곳, 피해자가 어디에서 왔는지 등을 설명하는 공통된 연관성이 있을 수 있기 때문이다. 이 정보를 통해 무장한 경찰은 이러한 범죄유형에 대한 개입을 보다 효과적으로 실시할 수 있다.

범죄가 발생할 시간과 장소를 예측하기 위해 데이터 마이닝 예측방법을 사용할 때 특히 조심하여야 한다. 범죄를 예측하기 위해 변수를 모델에 넣었다고 해서, 그 변수가 범죄를 유발한다는 것을 의미하지는 않기 때문이다. 반대로 변수가 특정 모델에 나타나지 않는다고 해서 그 변수가 범죄행위에 영향을 끼치지 않는 것은 결코 아니다. 오직 훈련된 범죄 분석가만이 컴퓨터가 출력한 결과의 내용을 평가할 수 있으며, 분석의 인적 요소가 중요한 이유이기도 하다. 컴퓨터는 결국 결과를 통해 예측을 이끌어 낼 수는 있지만, 예측의 평가를 수행할 수는 없기 때문이다.

(3) 개인정보보호 및 인권침해

특정지역과 그 지역의 사람들을 법집행의 주요목표물로 삼는 것은 바로 본질적으로 그들의 자유와 프라이버시 침해를 불러일으킨다. 예측적 경찰활동을 사용하여 핫스팟을 식별하면 일반적으로 데이터에 개인식별 정보가 포함되어 있지 않으므로 그러한 정보를 획득하기 위하여 프라이버시 침해가 발생한다. 따라서 수집된 정보유형과 해당 정보사용에 대한 투명성만이 개인정보침해에 대한 두려움을 완화하는데 도움이 될 수 있다.

종래 형사사법체계 내에서는 곧 석방될 개인을 재범 위험에 처한 것으로 분류하기 위하여 다양한 모델을 사용하여 왔다. 가석방자는 우연보다는 훨씬 낮지만, 아직 확정적이지 않은 경우 재범의 위험이 높다는 예측을 어떻게 하여야 하는가? 지금까지의 일반적인 대답은 대부분의 고위험군에 속한 개인이 이미 어떤 형태의 교정 감독을 받고 있으므로 법 집행기관은 그들에 대한 합리적인 수사 및 예방조치를 취할 수 있는 권한을 가지고 있다는 것이다. 다시 말해서, 합리적인 것이 어떤 조건하에서는 그렇지 않다는 것이다. 이것은 향후 몇 년 동안 상당한 추가 연구 및 프로그램 개발이 필요함을 시사한다.

V. 결론

위에서 제시된 예측방법은 완전한 기법이 아니다. 다른 방법이 존재하며 앞으로도 다른 방법이 개발될 것이기 때문이다. 그러나 핫스팟 분석(Hot Spot Analysis)은 다른 예측방법보다 정교하지는 않지만, 대부분의 미국 경찰서에서 사용되고 있으며, 회귀분석 예측은 통계적 유의성을 생성하는데 충분한 데이터를 사용할 수 있는 부서에서 광범위하게 사용되는 익숙한 기법이다. 데이터 마이닝 예측방법도 마찬가지이다. 데이터가 충분하고 데이터 마이닝 소프트웨어를 사용할 수 있는 경우 데이터 마이닝은 흥미로운 범죄 패턴을 나타낼 수 있기 때문이다. 근접－반복 모델링 예측은 미래의 범죄를, 지리 공간적 예측방법은 범죄지점을 그래픽으로 표현한다.

결국 위에서 논의된 예측방법으로는 다음 범죄가 언제, 어디서 일어날 지를 예측하지 못하지만, 범죄가 특정 시간 및 장소와 관련된 위험의 상대적인 수준을 예측할 수는 있다는 점이다. 과거 데이터 분석을 기반으로 예측이 이루어지기 때문이다. 따라서 최근 범죄 발생 위치 및 설명, 주요 통화 장소 및 설명, 범죄 타깃대상 위치, 특정 지역의 범죄경력이 있는 사람에 대한 보고서 등의 정보가 있다면, 범죄예방을 위한 경찰의 사전개입의 정책적 기반이 마련될 수도 있을 것이다. 이는 대중에게도 범죄율이 높은 지역을 알리는 예측적 경찰활동의 일환으로 작용하는데, 특히 범죄율이 높은 지역을 식별하는 도시지도(매핑(Mapping)정보)는 대중에게 이러한 지역을 피하도록 경고하고, 범죄를 예방하거나 개인이 범죄 피해자가 되는 것을 방지하는 또 다른 전략으로 활용될 수 있을 것이다.

결국 과거의 방대한 데이터에서 인간이 상상할 수 없는 사물과 사물의 상관관계나 패턴을 발견, 인식하고, 그 관계나 패턴을 특정 개인에 관한 데이터 세트(data set)에 적용함으로써 범죄정보를 자동으로 분석·예측이 가능해진다는 점에서, AI의 가장 중요한 특징인 예측(predictions)능력을 활용하여, 영화「마이너리티 리포트」에서 나오는 범죄가 일어나기 전 범죄를 예측하여 범죄자를 처단하는 최첨단 치안시스템인 프리크라임(Pre−crime)이 가능한 시대가 도래할 수 있지 않을까 예측해 본다.

● 주제어: 범죄예측, 치안시스템, 예비범죄자, 예측적 경찰활동

참고문헌

Aleš Završnik, Algorithmic Justice: Algorithms and big data in criminal justice settings. European Journal of Criminology 1 - 20, 2019.

Andrew Ferguson, Big Data and Predictive Reasonable Suspicion. University of Pennsylvania Law Review 163, 2015.

Bundesregierung. Deutsche Nachhaltigkeitsstrategie. Aktualisierung 2018 (Bundesregierung (BReg.), Hrsg.). Berlin, 2018.10.

Bundesregierung. Strategie Künstliche Intelligenz der Bundesregierung (Bundesregierung (BReg.), Hrsg.). Berlin, 2018.

Bundesverband Informationswirtschaft, Telekommunikation und neue Medien e. V. & Deutsches Forschungszentrum für Künstliche Intelligenz GmbH, Künstliche Intelligenz. Wirtschaftliche Bedeutung, gesellschaftliche Herausforderungen, menschliche Verantwortung (Bundesverband Informationswirtschaft, Telekommunikation und neue Medien e. V. (BITKOM) & Deutsches Forschungszentrum für Künstliche Intelligenz GmbH (DFKI), Hrsg.). 2017.

Devins, Felin, Kauffman, & Koppl, The Law and Big Data. Cornell Journal of Law and Public Policy 27, 2017.

Dotton, An Overview of National AI Strategies (medium.com, Hrsg.), 2018.

Dratwa, J, Statement on Artificial Intelligence, Robotics and 'Autonomous' Systems (European Group on Ethics in Science and New Technologies, Hrsg.). Brüssel, 2018.

Eberl, U, Was ist Künstliche Intelligenz. - Was kann sie leisten? Aus Politik und Zeitgeschichte (APuZ), S. 8-14. Elsevier (Hrsg.). (2018). Artificial Intelligence: How knowledge is created, transferred, and used. Trends in China, Europe, and the United States, 2018.

Emily Berman, A Government of Laws and Not of Machines. Boston University Law Review 98, 2018.

Europäische Kommission, Artificial Intelligence. A European approach to Artificial Intelligence. Policy (Europäische Kommission, Hrsg.), 2019.

Europäische Kommission, The Age of Artificial Intelligence. Towards a European Strategy for Human—Centric Machines (European Political Strategy Centre, Hrsg.) (EPSC Strategic Notes Nr. 29). 2018.

F Hartle III, M Parker, C Wydra. The Digital Case File: The Future of Fighting Crime with Big Data, Issues in Information Systems 15 (1), 2014.

Goertzel, B., Pennachin, C. & Geisweiller, N, A Brief Overview of CogPrime. In B. Goertzel, C. Pennachin & N. Geisweiller (Hrsg.), Engineering General Intelligence, Part 1. A Path to Advanced AGI via Embodied Learning and Cognitive Synergy (Atlantis Thinking Machines, Bd. 5, S. 21-40). Paris: Atlantis Press, 2014.

Herweijer, C., Combes, B., Ramchandani, P. & Sidhu, J. (2018). Harnessing Artificial Intelligence for the Earth (World Economic Forum, Hrsg.) (Fourth Industrial Revolution for the Earth Series). Genf, 2018.

Intergovernmental Panel on Climate Change (Hrsg.). (2018). Global warming of 1.5°C. Summary for Policymakers (Special report). Genf, 2019.

Joh, Elizabeth E Feeding The Machine: Policing, Crime Data, & Algorithms. William & Mary Bill of Rights Journal 26, 287 - 302.

Joh, Elizabeth E., The New Surveillance Discretion: Automated Suspicion, Big Data, and Policing, Harvard Law & Policy Review. 10, 2015.

Joppa, L. N, The case for technology investments in the environment. Nature, 552 (7685), 2017.

Keyvanpour, M.R., Javideh, M., & Ebrahimi, M.R., Detecting and investigating crime by means of data mining: A general crime matching framework. Procedia Computer Science. 3, 2011.

Lange, S. & Santarius, T, Smarte grüne Welt? Digitalisierung zwischen Überwachung, Konsum und Nachhaltigkeit. München: oekom verlag, 2018.

Lessig, L. (Harvard Magazine, Hrsg.), Code Is Law. On Liberty in Cyberspace. 2000.

McClendon & Meghanathan ,Using Machine Learning Algorithms to Analyze Crime. Data. Machine Learning and Applications: An International Journal (MLAIJ) 2.

Moser, S. & Kleinhückelkotten, S, Good Intents, but Low Impacts. Diverging Importance of Motivational and Socioeconomic Determinants Explaining Pro—Environmental Behavior, Energy Use, and Carbon Footprint. Environment and Behavior, 50 (6), 2017.

OECD, Frascati Manual 2015. Guidelines for collecting and reporting data on research and experimental development. – Guidelines for collecting and reporting data on research and experimental development. The measurement of scientific, technological and innovation activities. (OECD, ed.). Paris, 2015.

Patrick Perrot, What about AI in criminal intelligence? From predictive policing to AI perspectives. European Police Science and Research Bulletin, 2017.

Petschow, U, Kybernetische Governance als Planwirtschaft 2.0? Ökologisches Wirtschaften - Fachzeitschrift, 33 (2), 2018.

Richardson, Schultz, & Crawford, Dirty Data, Bad Predictions: How Civil Rights Violations Impact Police Data, Predictive Policing Systems, and Justice. New York University Law Review 94, 2019.

Rohde, N, Gütekriterien für algorithmische Prozesse. Eine Stärken- und Schwächenanalyse ausgewählter Forderungskataloge (Bertelsmann Stiftung, Hrsg.). Gütersloh, 2018.

Seifert, I., Bürger, M., Wangler, L., Christmann-Budian, S., Rohde, M., Gabriel, P. et al. (Gabriel, P., Hrsg.), Potenziale der Künstlichen Intelligenz im produzierenden Gewerbe in Deutschlan -Studie im Auftrag des Bundesministeriums für Wirtschaft und Energie (BMWi) im Rahmen der Begleitforschung zum Technologieprogramm PAiCE - Platforms | Additive Manufacturing | Imaging | Communication | Engineering, Institut für Innovation und Technik in der VDI/VDE Innovation, Technik GmbH., 2018.

Sieden, L. S, A Fuller View. Buckminster Fuller's Vision of Hope and Abundance for All. New York: Divine Arts, 2014.

Stephen Henderson, A Few Criminal Justice Big Data Rules. Ohio State Journal of Criminal Law 15, 2018.

Sustainable Development Solutions Network (Hrsg.), Indicators and a Monitoring Framework for the Sustainable Development Goals. Launching a Data Revolution. Abridged Report, 2015.

Tech UK representing the future, sing big data and AI to accelerate police investigations, 2019.

Terzidis, O., Jahn, B. & Waldmann, L, Internet der Energie - Künstliche Intelligenz aus der Sicht von Energie und Klima. Strategie Künstliche Intelligenz der Bundesregierung vom 16.11.2018. Position (Bundesverband der Deutschen Industrie e. V. (BDI), Hrsg.). Berlin, 2018.

Tobias Jetzke/Stephan Richter/Jan-Peter Ferdinand/Samer Schaat, Künstliche Intelligenz im Umweltbereich, Künstliche Intelligenz im Umweltbereich - Anwendungsbeispiele und Zukunftsperspektiven im Sinne der Nachhaltigkeit Kurzstudie-, Bundesministerium für Umwelt. 2019.

Wilts, H. & Berg, H, Digitale Kreislaufwirtschaft (Wuppertal Institut für Klima, Umwelt, Energie GmbH, Hrsg.), 2017.

Wissenschaftlicher Beirat der Bundesregierung Globale Umweltveränderungen

(Hrsg.), Entwicklung und Gerechtigkeit durch Transformation. Die vier großen I (Sondergutachten). Berlin, 2016.

Wissenschaftlicher Beirat der Bundesregierung Globale Umweltveränderungen (Hrsg.), Unsere gemeinsame digitale Zukunft. Zusammenfassung. Berlin, 2019.

Yerpude & Gudur, Predictive Modelling of Crime Dataset Using Data Mining. International Journal of Data Mining & Knowledge Management Process 7, 2017.

[Abstract]

A Study on the Potential Crime Prediction Techniques Using AI and Big Data

Jeong Oung-Seok*

According to the movie "Minority Report," directed by Steven Spielberg and starring Tom Cruise, Pre-crime, a state-of-the-art security system that predicts crimes before crimes occur in Washington in 2054 and punishes criminals, appears to be a perfect security society, such as predicting the time and place of the crime and arresting future criminals based on it. As a result, it seems that many people have thought about whether the idea of the Crime Prevention Administration to arrest prospective criminals using a predictive system is a feasible technology in the future.

Logically speaking, preventive measures are wise and effective rather than simply responding to criminals in order to solve crimes. Although there have been various ways to prevent crimes in the past, it is undeniable that predictive police activity techniques that predict the place and time where crimes are likely to occur, criminals who have committed crimes before, and those who are likely to commit crimes or suffer criminal damage in the future are effective in preventing crimes.

Therefore, aside from the risk of crime prediction, it is possible to automatically analyze and predict crime information by discovering and recognizing correlations or patterns between objects that humans cannot imagine from vast amounts of data in the past, and applying those relationships or patterns to data sets about specific individuals. Using AI's most important feature, predictions, we predict that a state-of-the-art security system, Pre-crime, which predicts crimes before crimes in the movie 「Minority Report」, can come.

• Key word: Crime predictions, security systems, prospective offenders, predictive police activities

---

* Professor, College of Social Sciences, Department of Law, Seokyeong University.

메타버스에서의 법적 침해행위에 대한 형사법 적용 및 형사특별법 제정가능성에 관한 연구*

최진호**

본 글에서는 메타버스에서 발생하고 있는 법적 침해행위에 대해 과연 어느 정도 형사법의 규율이 가능한지에 대해 살펴보았다. 우선 메타버스관련 법적 침해행위를 알아보기 위해 메타버스가 무엇이고 메타버스에서 나타나는 법적 침해행위의 유형이 무엇인지 파악하였다. 이러한 법적 침해행위들이 과연 형사법상 규율이 가능한 것인지 가능하다면 어떠한 법들이 적용 가능할 수 있는지에 대해서도 살펴보았으며 최근 제정된 「가상융합산업 진흥법」의 주요 내용들을 살펴봄으로써 해당 법률 하에서 과연 메타버스에서의 법적 침해행위들이 과연 어느 정도 규율 가능한지도 살펴보았다.

이는 결국 메타버스 시대가 도래함에 따라 새로운 법적 침해형태가 발생되고 있고 향후에도 발생될 가능성이 있다는 것이다. 메타버스라는 새로운 세상에서 끝없는 수의 사용자가 아바타를 통하여 경제·사회·문화 활동을 추구하면서 기존의 형태로는 해석하기 어려운 매우 독특한 시장이 활성화됨으로써 현재 인터넷 세상과 다르게 아무도 경험하지 못한 생태계가 나타나고 있다. 메타버스에서의 아바타 대상 성적 자율성 침해, 타인사칭, 명예훼손, 모욕적 행위, 지적재산권, 그리고 재산범죄 형태의 법적 침해행위는 이미 나타나고 있으며 앞으로 기술의 발전으로 인하여 폭행, 범죄단체조직, 선거, 도박, 공무원 직무에 관한 법적 침해행위들이 발생할 가능성이 높다.

그러므로 향후 고민해야 할 부분은 이러한 메타버스에서 발생되고 있거나 앞으로 발생될 수 있는 법적 침해행위들에 대해 우리 형사법이 어느 선까지 적용 가능할지, 그리고 적용이 과연 필요한지에 대한 것이다. 우선 메타버스에서 발생되고 있는 법적 침해행위들의 형태는 주로 성범죄 또는 스토킹, 온라인 타인사칭 및 적대적 언행, 지식재산권보호의 문제, 블록체인 기술 관련 법적 침해 형태들이다. 이러한 형태들의 법적 침해형태들은 주로 형사특별법 상에서 규율되는 부분으로서 해당 법률의 적용 및 해석의 한계가 있을 수밖에 없다. 그렇다면 지속적인 기술의 발달에 따라 메타버스 또한 진화를 거듭날 것으로 보이는데 이러한 법적 침해에 대한 대응을 과연 특별법의 개정을 통해 해결해야 할지 아니면 메타버스 형법 체계의 구축이 필요할지에 대한 부분을 심도 있게 살펴봐야 할 것이다. 물론 지금의 메타버스산업환경 및 규제기준을 볼 때 메타버스상 법적 침해행위 등에 관한 규율은 자율규제를 기반으로 규제하되 필요시 형법 또는 개별 형사특별법상의 관련 규정들의 해석론을 통해 적용 가능성을 살펴보아야 할 것이며 동시에 해당 법률들이 규율하지 못하는 부분에 대해서는 부분 개정을 통해 해결해야 할 것이다.

I. 서 론

메타버스는 현실세계와 가상세계 공간이 상호적으로 작용함으로써 발생되는 새로운 플랫폼의 형태로 지금 현재 우리가 이용하고 있는 온라인 공간이나 게임 등과는 분명히 다른 점이 존재한다.[1] 이 새로운 플랫폼에서는 사용자가 아바타라는 또 다른 존재를 통해 현실과 거의 유사한 경제·사회·문화 활동을 할 수 있는데 현실과 거의 유사한 의사소통이 가능함을 넘어 메타버스라는 공간에서 사용자인 자신의 창작물을 만들어 내고, 특정 아이템을 사고팔고 하는 등의 거래도 가능하며 아바타를 통하여 메타버스 내의 독자적인 캐릭터를 구축할 수 있다.[2] 이는 결국 기술의 발전함으로써 현실세계와 다른 가상세계에서의 특성을 가진 가상 인류의 탄생을 보여주는 것이라고 할 수 있다.[3]

---

* 본 글은 지난 2023년 한국형사·법무정책연구원에서 발제한 「메타버스 시대의 새로운 매커니즘에 따른 법제도적 대응방안(Ⅰ)」에 대한 연구과제 내용을 기반으로 2024년 한국비교형사법학회 추계학술대회에서 발표한 글의 일부를 수정·보완하여 작성한 것임.
** 고려대학교 법학연구원 형사법센터 전임연구원, 대덕대학교 경찰행정학과 겸임교수, 법학박사.
1) 최진호, "메타버스 관련 법적 침해에 따른 형법 및 형사정책 분야 대응방안 연구", 비교법연구 제24권 제2호, 2024, 352면, 이경렬·이준영, "메타버스 공간의 신종범죄와 형사입법대책: 메타버스 범죄 2.0을 중심으로", 형사정책, 제34권 제4호, 2023, 69면.
2) 최진호, 앞의 논문, 352면, 허재은·이경렬, "메타버스 시대 현대형법의 한계와 미래형법의 마련 – 메타 형법의 제정을 위한 시론 – ", 형사정책, 제34권 제3호, 2022, 67면.
3) 김상균, 「메타버스 Ⅱ – 10년의 미래를 먼저 보다 –」, 플랜비디자인, 2022, 100면, 최진호, 앞의 논문, 352면.

    이러한 가상 인류의 탄생은 새로운 규범을 요구하게 되고 이러한 규범은 새로운 인류사회에서 어떤 역할을 수행해야 할지에 대해 고민이 생긴다. 과연 메타버스는 무엇이고 현재 어디까지 왔으며 향후에는 어떻게 발전이 될지, 아바타는 무엇이며 법적 침해행위 발생 시 규제를 해야 할지 아니면 처벌을 해야 할지, 아니면 다른 방법을 통해 규제할 수 있을지에 대한 검토가 필요하다. 더 나아가 메타버스 상에서의 법적 침해행위를 살펴봄으로써 발전된 메타버스의 정책적 재언 및 메타버스발전을 위한 형사법의 적용가능성에 대해 살펴봐야 할 것이다.

    따라서 본 글에서는 메타버스에서 발생되고 있는 법적 침해행위에 대하여 과연 어느 정의도 형사법 적용이 가능한지에 대해 살펴보았다. 일단 메타버스관련 법적 침해행위를 살펴보기 위해 메타버스가 무엇이고 메타버스에서 나타나는 법적 침해행위의 형태가 무엇인지 파악하였다. 이러한 법적 침해행위들이 진정 형사법상 적용이 가능한 것인지 가능하다면 어떠한 법들이 적용 가능한지에 대해서도 살펴보았으며 최근 제정된 「가상융합산업 진흥법」의 주요 내용들을 살펴봄으로써 해당 법률 하에서 과연 메타버스에서의 법적 침해행위들이 과연 어느 정도 규율 가능한지도 살펴보았다. 지금의 메타버스의 기술 및 법적 침해행위 등을 살펴볼 때 현행 형사법적으로 규율 가능한 것은 해당 법률에 의거 규율하면 될 것이다. 다만 메타버스 기술이 더욱 발전되어서 가상세계가 매우 실감나게 구현된다면 메타버스에서 나타나고 있는 법적 침해행위들에 대한 규제는 좀 더 현실적으로 고민할 필요가 있다. 만약 메타버스의 기술적 발전이 비약적으로 이루어진다면 메타버스 상에서 발생하는 법적 침해행위 규제를 위한 형사특별법 제정에 대한 논의도 이루어질 것으로 보인다.

Ⅱ. 메타버스에서 일어나고 있는 법적 침해행위

1. 메타버스란 무엇인가

메타버스(Metaverse)의 정의는 여러 가지로 설명되고 있다. 일반적으로 메타버스란, "가상과 현실이 서로 작용하며 공진화하고 그 속에서 경제·사회·문화 활동이 이루어지며 가치를 창출하는 세상"이라고 말하기도 하고[4] "실시간 렌더링(합성)된 3D 가상 세계로 구성된 네트워크로, 엄청나게 규모가 큰 확장과 서로간 운용이 가능하며, 사실상 끝없는 수의 사용자가 소유권, 역사, 정체성, 결제, 소통, 계체 등 다양한 데이터의 연속성과 개별적 실재감을 가지면서 동시에 영속적으로 경험할 수 있는 세상"[5]이라고 뜻하기도 한다. 이는 기술이 발전함으로써 메타버스라는 개념이 지속적으로 변하고 진보하고 있다는 것을 말해주고 있다.

그렇다면 이러한 메타버스라는 새로운 세계도 앞서 말하였던 것과 같이 무한한 수의 사용자가 경제·사회·문화 활동을 할 것인데 이에 대한 이슈가 존재한다. 특히 메타버스에 대하여 정부는 어떻게 관리를 해야 할 것이며 필요시에는 어떻게 규제해야 할지에 대해 메타버스가 부흥하기 시작한 COVID-19시기에 논의가 되어 왔다. 현재 유럽연합은 AI가 발전함에 따라 역사상 가장 많은 규모의 디지털 시대 법적·윤리적 규제 플랫폼을 규율하고 있으며, 이를 통하여 '빅테크' 기업을 단속해야 한다는 당위성을 대중적 지지에 힘입어 오늘날의 AI와 메타버스의 개발을 거의 통제하려고 한다. 또한 우리나라 과학기술정보통신부에서는 약 450여 개의 국내 기업 중심의 한국 메타버스 얼라이언스를 설립하여 운영하고 있다.[6]

이후 국회에서는 2024년 8월 28일 [법률 제20352호, 2024. 2. 27. 제정]

---

4) 이승환,「메타버스 비긴즈; 인간×공간×시간의 혁명」, 굿모닝미디어, 2021. 24면, 최진호, 앞의 논문, 352면.
5) Matthew Ball,「메타버스 모든 것의 혁명; THE META-VERSE」, 다산북스, 2023, 83면, 최진호, 앞의 논문, 353면.
6) Matthew Ball, 앞의 책, 527면, 최진호, 앞의 논문, 354면.

「가상융합산업 진흥법」이 제정되어 시행하게 되었다. 이 법 제2조(정의) 제1호에는 "가상융합세계(메타버스)"란 이용자의 오감을 가상공간으로 확장하거나 현실공간과 혼합하여 인간과 디지털 정보 간 상호 작용을 가능하게 하는 기술(이하 "가상융합기술"이라 한다)을 바탕으로 다양한 사회적·경제적·문화적 활동을 할 수 있도록 구성한 가상의 공간이나 가상과 현실이 결합한 공간(이하 "가상융합세계"라 한다)을 말한다고 하여 메타버스를 법적으로 정의하고 있다.

「가상융합산업 진흥법」은 메타버스사업을 위한 추진체계 및 메타버스산업의 기반조성, 메타버스산업의 진흥과 이에 대한 규제의 개선 및 이용자 보호 등을 명시하고 있다. 다만 이 법은 메타버스 상에서 발생하는 여러 법적 침해행위에 대한 규제 및 처벌에 대한 규정은 마련되어 있지는 않다. 따라서 메타버스에서 발생되고 있고 앞으로 발생될 가능성이 농후한 법적 침해에 대비하기 위해서는 관련 법적, 제도적 검토가 가능한지 살펴보아야 할 것이다. 특히 형사법적 침해에 대한 검토는 선행되어야 할 필요가 있다. 따라서 향후 메타버스에서 발생될 가능성이 있는 여러 가지 법적 침해형태의 발현 가능성에 대한 연구는 메타버스의 끊임없는 발전에 맞춰 비례적 접근이 필요할 것이다.[7)]

---

7) 메타버스에서 발생되고 있는 법적 침해행위들이 범죄의 개념으로 설명되기 위해서는 사이버 범죄와의 차이점을 살펴보아야 할 것이다. 사이버범죄에서 '사이버(cyber)'라는 의미는 인공두뇌를 의미하는 '사이버네틱스(cybernetes)'라는 단어에서 유래하고 있다. 따라서 사이버 범죄의 사이버는 현실 공간과 대치되는 '사이버공간(cyberspace)'을 말함으로 '사이버공간의 범죄'라고 말할 수 있다. 그러나 기존 사이버 범죄에서 보지 못한 새로운 개념들이 메타버스에 나타나면서 메타버스에서 나타나고 있는 법적 침해형태유형 중 여러 범죄에 대해 깊이 있는 형사법적 재재방안에 대한 검토가 필요한 사항들이 나타나고 있다. 예를 들어 NFT는 기존에 형법상의 재물로 다룰 수 없었던 전자적 정보를 마치 유체의 물건처럼 볼 수 있게 하는 성질을 가지고 있으며, NFT 저작물 자체가 현실적으로 통제하기 어려운 새로운 암호화폐의 결합 또는 이를 포함하고 있는 경우도 나타난다. 특히 메타버스에서 가상세계 형태에서는 아바타라는 새로운 자아가 등장하게 되어 또 다른 유형의 범죄 주체가 나타날 수도 있는 가능성을 열었다고 볼 수 있다. 사이버공간이라는 개념은 다소 포괄적이나 메타버스라는 개념은 가상공간을 통하여 새로운 세계가 만들어진다는 점에서 사이버공간보다 좀 더 구체적이다. 따라서 메타버스 범죄는 근본적으로 사이버 범죄를 포함하게 된다. 따라서 현실공간과 사이버공간의 결합으로 인해 발생하는 범죄까지 포섭하게 되는데 문제는 아직

2. 메타버스에 일어나고 있는 새로운 법적 침해행위

(1) 성적 자율성 침해

메타버스는 다양한 기술이 얽혀있기 때문에 가상세계에서 기존 위협의 영향이 증폭되어 더욱 심각해질 수 있는 법적침해 행위가 바로 성적 자율성 침해에 대한 문제이다.[8] 성과 관련된 문제는 인류 역사가 시작된 이후 지금까지 끊임없이 문제가 되어왔다. 그리고 메타버스 기술의 발전으로 새로운 시대가 시작되고 있는 시점에서도 성과 관련된 문제는 여전히 제기되고 있다.[9] 메타버스 상에서 발생하는 성적 자율성 침해는 현실의 성범죄보다 더 큰 문제가 될 수 있다. 현재 사용자가 가장 많은 메타버스 플랫폼인 로블록스와 제페토의 경우 사용자 연령대가 7~18세가 대부분이고 로블록스는 62.3%, 제페토는 71%의 18세 이하의 사용자가 이용하고 있다. 이 연령대의 사용자들은 메타버스상의 자신의 아바타를 만들 때 생기는 심리적 일체감은 성인에 비하여 강하게 느껴 내 아바타와 현실의 나 사이에 분명한 경계를 두지 않는 것이 특징이라고 할 수 있다. 만약 이들을 대상으로 메타버스에서 성적 자율성 침해에 대한 행위가 발생된다면 기존의 성범죄 피해자들이 느끼는 충격과 다르지 않을 가능성이 기성세대가 겪는 성범죄 피해자들이 느끼는 충격과 거의 같다고 볼 수 있다.[10][11]

메타버스 범죄 개념이 일반적으로 법제화되지 않았기에 이에 대한 방안 또한 살펴보아야 할 것이다; 자세한 내용은 이원상, "'사이버' 개념을 통한 사이버 모욕죄의 고찰과 대안", 형사정책, 제20권 제2호, 2008, 255면, "메타버스에서의 형법의 역할", 법학논총, 제42권 제3호, 2022, 177면, 송혜진, "메타버스 내 범죄발생 유형과 법적 한계에 관한 연구", (사)한국재난정보학회 정기학술대회 논문집, 제2021호, 2021, 159면, 이경렬·이준영, 앞의 논문, 76면, 정완, "메타버스의 법적 이슈에 관한 고찰", 경희법학, 제57권 제1호, 2022, 144면, 최진호, 앞의 논문 354면 이하 참조.

8) 권민주·강연아, "SNS 기반 메타버스 플랫폼의 윤리적 문제에 관한 연구", 한국디지인학회, 2022, 162면.

9) 심민규 외 4인, 「메타버스의 윤리적 사례 분석」, 인공지능 윤리연구, 한국인공지능윤리학회, 2023. 67면.

10) 심민규 외 4인, 앞의 보고서, 68면.

11) 온라인상에서 위계 또는 강요 등의 방법을 통해 성범죄가 일어나는 경우 현실적으로 발생한 침해행위는 일반적으로 형사법을 적용하게 된다. 하지만 현실세계가 아니라 가상공간에서 타인의 아바타를 대상으로 성적 유린과 유사한 상황이 나타나기도 하는

위와 같은 사례는 대표적으로 1993년 미국의 유명한 가상사회 형태의 게임 중 하나인 람다무(LambdaMOO)안에서 이른바 가상강간(virtual rape) 사건을 예로 들 수 있다.[12] 이러한 사례들은 나중에 개발된 가상공간 서비스에서 간헐적으로 발생해 왔다. 2007년 세컨드 라이프(Second Life)라고 불리는 가상공간에서 벨기에인 유저가 람다무사건과 유사한 가상강간 사건을 일으켰고 2016년에는 퀴브이알(QuiVR)이라는 몰입하기 쉬운 메타버스 공간에서 두 손으로 표현되는 사용자 아바타가 피해 여성이 사용하는 아바타의 신체중요 부위를 추행하는 모습이 발생하였다.[13] 또한 2021년 12월에도 메타의 자회사 중 하나인 호라이즌이 운영하는 '호라이즌 월드'에서 메타버스를 연구하는 업체의 부사장이 남성 아바타로부터 아바타의 상체를 만지는 형태의 성희롱을 당했다고 언론에 폭로하기도 하였다.[14]

이러한 메타버스에서 발생하는 성적 침해행위는 어디까지나 가상의 공간에서 일어나는 전자적 이미지라는 점에서 현실의 사람 신체에 대한 성적 자유를 보호법익으로 하는 지금의 형사법을 직접 적용하기는 쉽지 않다.[15] 하

데 아바타 대상 성범죄는 피해자의 신체를 대상으로 물리적으로 침해하는 것은 아니지만, 피해자는 마치 자신이 실제 범죄를 당한 것과 같이 치욕을 느끼게 된다. 이러한 사이버 성범죄는 전통적인 형법상의 강간죄 등 성범죄의 범주에 포함시키기 어려운 점이 있다; 이상수, "메타버스에서 성범죄 또는 스토킹에 대한 형법적 규제방안", 인공지능 및 메타버스의 쟁점과 해결방안 모색, (사)한국경영법률학회 하계공동학술대회 자료집, 2023, 209면.

12) 람다무는 텍스트 기반의 가상환경으로, 참가자들은 별명을 지어 아바타를 만들고 텍스트로 하는 상황의 묘사를 통해 서로 소통하는데, 'Mr. Bungle'이라는 한 아바타 캐릭터가 다른 사람들의 아바타 캐릭터를 임의로 움직일 수 있는 프로그램을 통해 다른 두 여성 참여자의 아바타 캐릭터가 자신의 아바타와 성행위를 하거나 또는 두 여성 아바타 사이에 마치 성행위를 하는 것과 같이 나타내어, 대상이 된 두 여성 참여자와 해당 공간에 접속하고 있는 또 다른 참여자들이 이러한 상황을 보게 하였다. 이러한 상황을 구체적으로 묘사한 작가에 의하면 이러한 상황묘사의 대상이 되어버린 피해자들은 현실에서의 신체침해를 당하지는 않았지만 마치 현실에서 강간을 당하는 것처럼 정신적 고통을 상당히 받았다고 한다; 류부곤, "메타버스(metaverse)에서의 형사정책적 과제", 형사정책 제34권 제2호, 2022, 15면, 최진호, 앞의 논문, 358면.

13) 김종구, "온라인 성착취 범죄와 사이버 강간에 관한 고찰", 법학논총 제28집 제2호, 2021, 55면, 최진호, 앞의 논문, 358면.

14) 류부곤, 앞의 논문, 16면, 최진호, 앞의 논문, 359면.

15) 류부곤, 앞의 논문, 16면, 최진호, 앞의 논문, 359면.

지만 기술의 발전으로 인해 다가오는 미래에는 일상적인 영역에서도 메타버스 플랫폼 사용 확장 가능성이 크기 때문에 이러한 새로운 형태의 법적 침해에 대한 적절한 규제 또는 대응방안에 대한 고민을 등한시 할 경우 앞으로의 대응 또한 쉽지 않을 것으로 보인다.[16)]

(2) 메타버스상 타인사칭, 명예훼손, 모욕적 행위

메타버스에서 잘못된 전자정보 혹은 특정 참여자의 신원정보를 활용하여 그 특정된 참여자가 아닌 다른 특정인의 아바타를 만들어서 마치 그 특정인이 조종하는 것처럼 활동하여 결과적으로 그 특정인, 그리고 다른 참여자의 이익을 침해하는 경우이다.[17)] 메타버스에서의 타인사칭은 또 다른 온라인 타인사칭으로 보이며 이를 규제해야 할 입법의 필요성이 제기되고 있다.[18)] 이는 메타버스상 가상공간에서의 명예훼손 및 모욕적 행위들에 대하여 어떻게 규율할 것인가에 대한 문제이기도 하다.[19)]

구체적인 유형으로는 특정된 참여자를 사칭하는 아바타를 만든 후 메타버스의 내에서의 규범이나 질서를 어기는 행위를 스스로 행하여 메타버스 내에서의 사칭된 특정 참여자에 대한 명예를 떨어트리거나 활동하지 못하게끔 처분을 받게 한다든지, 혹은 사칭된 참여자와 교류하거나 아니면 거래하기를 원하는 다른 참여자에게 다가가서 일정한 행위를 요구 혹은 이익만을 얻은 후 사라지면서 해당 참여자에게 피해를 불러일으키는 행위 등이 규율 대상의 유형으로 볼 수 있다.[20)]

최근 대법원의 판례를 살펴보면 온라인상에서 타인을 사칭하여 대화 혹은 게시된 글을 작성한 경우 명예훼손죄의 성립을 부정한 사례[21)]가 있었다. 그

---

16) 김정화·김윤식·차호동, "메타버스 공간에서의 성폭력 범죄와 형사법적 규제에 대한 연구 — 정보통신망 이용촉진 및 정보보호 등에 관한 법률 개정방향을 중심으로 —", 형사법의 신동향, 통권 제75호, 21면, 최진호, 앞의 논문, 359면.
17) 류부곤, 앞의 논문, 16면, 최진호, 앞의 논문, 359면.
18) 정 완, 앞의 논문, 158면, 최진호, 앞의 논문, 359면.
19) 김종구, "메타버스 시대 온라인 타인사칭의 형사법적 함의 — 명예훼손과 성범죄를 중심으로 —", 4차 산업혁명 법과 정책, 3권, 2021, 138면, 최진호, 앞의 논문, 359면.
20) 류부곤, 앞의 논문, 17면, 최진호, 앞의 논문, 360면.
21) 대법원, 2016. 3. 24. 선고 2016도10112 판결.

런데 피고인이 고등학교 학생으로 위장하여 온라인에서 만나 미성년자에게 다른 사람임을 가장하여 성관계한 사건에서 위계에 따른 간음죄 성립이 인정된 사례도 있었다.[22] 이러한 판례는 현행법상 온라인 타인사칭죄에 대한 법규 미비로 타인사칭 아니면 신원도용을 통하여 명예훼손, 성범죄, 사기 등 다른 형태의 범죄로 실행된 경우에만 범죄성립이 될 수 있는 것으로 보인다.[23]

하지만 메타버스라는 가상세계에서는 타인사칭, 명예훼손, 모욕 등의 행위들이 자주 일어날 가능성이 상당히 높다. 이는 메타버스가 아닌 지금의 인터넷, 그리고 채팅 등을 이용하여 명예훼손, 모욕 등의 사례들이 이미 발생했거나 발생하고 있기 때문이다. 따라서 메타버스에서 아바타에 현출된 사용자의 명예를 보호할 형사법적 필요성과 실제 새로운 공간으로 발전한 메타버스 내의 특성을 반영한 형사법적 대응책이 검토될 필요가 있다.[24]

(3) 지식재산권 및 NFT 등 재산 분야에 대한 침해

메타버스상에 발생되고 있는 지식재산권 및 NFT 등 금융 분야에 대한 침해행위 또한 문제된다. 이러한 문제들은 NFT 민팅[25]의 과정에서 나타난다. 대표적으로 이중섭, 김환기, 박수근 화백의 작품이 NFT 예술품으로 경매에 나온다는 소식이 있었으나 저작권자, 유족의 허가를 받지 못해 무산된 바 있다. 이는 원작자가 아니더라도 NFT를 발행하고 판매할 수 있다는 허점이 있어 이러한 문제들이 발생한 것으로 보인다. 또한 메타버스를 통해 만들어진 공간은 새로운 경제활동의 장소가 되고 있다. 대표적인 가상부동산 플랫폼

---

22) 대법원, 2020. 8. 27. 선고 2015도9436 판결.
23) 정 완, 앞의 논문, 159면, 최진호, 앞의 논문, 360면.
24) 한국형사·법무정책연구원, 「메타버스 시대의 새로운 매커니즘에 따른 법제도적 대응방안(Ⅰ)」, 2023, 190면.
25) 민팅이란 대체불가능토큰(NFT)에서 블록체인 기술을 활용해 그림, 영상 등 디지털 콘텐츠에 대해 대체불가능한 고유 자산 정보를 부여해 가치를 매기는 작업을 말한다. 원래 민팅이란 동전과 같은 법정화폐를 주조할 때 주조의 뜻을 가진 단어다. 민팅된 디지털 자산은 NFT 플랫폼에서 거래가 이뤄진다. 민팅이 이뤄지고 나면 NFT에 링크 정보, 민팅 일시 등이 기록되고, 그 이후 거래가 발생할 때마다 매도·매수인, 매매 일시, 매매금액 등의 거래 정보가 NFT에 기록된다. 블록체인상 기록된 정보는 위·변조가 불가능하므로 정보의 신뢰성이 높은 것으로 여겨진다; 인터넷 "다음" 백과 검색, 2024. 8. 5, https://100.daum.net/encyclopedia/view/201XXX2207088.

인 어스2는 메타버스 속 가상 토지를 판매하고 있는데 가상 토지는 시간이 지날수록 그 가치가 상승할 것이니 전 세계 주요 장소의 토지를 선점해야 한다고 투자자를 모집하기도 하였다. 하지만 부동산의 특성상 '희소성'을 중시해야 함에도 메타버스 상 가상 토지는 무한한 확장이 가능하다.

따라서 이러한 메타버스 내에서의 무분별한 부동산 투기행위는 메타버스를 이용하는 이용자 입장에서 재산상 손해를 야기할 수 있는 행위로 볼 수 있다.[26] 더 나아가 가상 경제활동에 따른 부작용으로 불법 자금의 세탁 용도로 메타버스가 이용될 수 있다. 현재까지는 메타버스에서 소개된 가상 자산들을 현실로 환금하는 것이 복잡하거나, 조건이 있거나 혹은 불가능하여 아직 정식 자산으로 인정하는 것은 시기상조라는 견해가 있으나 이러한 기술적 한계, 사회적 합의를 이뤄내지 못한 상태에서 메타버스가 대중화되고 가상자산 거래가 성행하게 된다면 경제적 혼란이 가중될 것이다.[27]

이러한 형태의 대표적인 것이 메타버스에서 아이템이 NFT화한 경우인데 좀 더 살펴볼 필요가 있다. 왜냐하면 NFT는 마치 유체물과 같이 고유성과 원본성을 가지고 있어서 단순한 복사 붙여넣기가 수월한 전자정보 그 자체로 가상재화로 취급된다는 것이다.[28] 즉 NFT화한 메타버스 아이템들은 대체 그 자체로 불가능한 고유비트로 인해 인증되고 복사되어 같은 모양의 다른 아이템들과 구별 가능하고(특정성), 해당 아이템들은 블록체인상 공개 데이터베이스에 거래한 내역이 공개되어, 증명된 소유권자만이 타인에게 이전할 수 있기 때문에 이전하면 이전받은 자만이 증명된 소유권자가 된다는 것

---

26) 심민규 외 4인, 앞의 보고서, 77면.

27) 메타버스 내 고액 부동산과 NFT가 범죄자의 자금 세탁 경로가 될 수 있다는 주장이 제기되고 있다. 2021년 11월 법무법인 린은 '기술과 법트렌드'라는 주제로 웨비나를 개최하였다. 해당 웨비나에서 김주은 변호사는 메타버스가 기존의 온라인 게임보다 자금세탁과 관련해 취약점이 있다고 설명했다. 실명 확인 없이 개설되는 NFT 등은 메타버스가 자금 세탁에 악용될 가능성을 높이기 때문이다. 결국 NFT의 자금세탁 방지책과 마찬가지로 현금으로 판매하거나 구매하게 될 경우 본인 확인을 철저히 해야 하며, 일정 금액 이상 거래에 대해서 의무적으로 신고하도록 법제화해야 한다고 주장한다; 자세한 내용은 심민규 외 4인, 앞의 보고서, 79면 이하 참조.

28) 강성용, "메타버스 내 재산적 법익 침해에 대한 형사실체법적 대응의 한계와 제언", 비교형사법연구, 제24권 제1호, 한국비교형사법학회, 2022, 37면, 최진호, 앞의 논문, 362면.

이다(배타성). 이것은 NFT기술과 결합된 가상재화는 유체물이 아닌 무체물이지만 물권의 성격을 가진 소유권과 점유권의 대상인 재물로서 필요한 성질을 충족할 수 있다는 것이다. 따라서 이는 지금의 법률상 재물을 보호하는 것에 준하는 형사법적 대처가 필요하다는 것을 말해준다.[29]

그리고 지식재산권 침해관련 상표분야에 대한 침해행위도 좀 더 살펴볼 필요가 있다. 상표법 제230조는 "상표권 또는 전용사용권의 침해행위를 한 자에 대해 7년 이하의 징역 또는 1억 이하의 벌금에 처한다"고 명시하고 있는데 상표권의 침해 여부를 좀 더 살필 필요가 있다.[30] 메타버스상 여러 형태의 제품들은 디지털 이미지로 되는데 이러한 디지털 이미지가 거래되는 경우 이론상 상표법상의 상품이 가능한지와 검토하여 상표법상의 보호가 가능하다. 하지만 디지털 이미지를 현실 상품과 동일하거나 비슷한 상품으로 볼 수 있는지에 대해서는 검토되어야 하며 메타버스상 디지털 이미지 가짜 상품이 상표법의 적용이 가능지의 여부 또한 살펴볼 필요가 있다.[31]

3. 향후 메타버스에서 발생될 수 있는 법적 침해행위 가능성 논의

(1) 메타버스상의 폭력

익명성이 만들어 내는 사회적 거리는 사이버공간의 한 형태로 볼 수 있는 메타버스 공간에서 인간의 도덕성을 떨어트리는 경향이 있다. 지난 2021년 푸른나무재단에서 전국 초중고 학생 6,000명을 대상으로 실시한 사이버 폭력 실태조사에 따르면 '사이버 폭력 피해 경험이 있다.'라고 응답한 학생이 16.3%로 2019년에 실시한 조사한 내용과 비교하여 3배 이상 증가하였고 주요 피해 현황으로는 언어폭력이 22.5%로 가장 많은 비중을 차지하였다. 정보통신망법 등 관련 법률에 의하면 인터넷상에서 언어폭력, 허위사실, 명예훼손 등을 규제하고 있지만 지속적으로 문제가 되어 왔고, 이 문제는 메타버스로 이어지고 있다. 주로 사용하는 연령층이 10대인 점과, 실물감이 강한

29) 류부곤, 앞의 논문, 19면, 최진호, 앞의 논문, 362면.
30) 이경렬·이준영, 앞의 논문, 76면, 최진호, 앞의 논문, 362면.
31) 이경렬·이준영, 앞의 논문, 78면, 최진호, 앞의 논문, 363면.

메타버스의 특징으로 인해 메타버스에서 폭력 문제는 기술의 발전에 따라 더 많은 이슈가 될 것으로 예상된다.[32]

이러한 기술의 발달로 인해 메타버스가 더욱 발전된다면 미래의 메타버스에서 사람들이 좀 더 현실감을 극대화하기 위한 여러 기술(Haptic 등)들을 통해 다양한 기술들과 결합하게 될 것으로 보인다. 만약 인간이 자신이 통제하는 아바타를 통하여 메타버스 내 다른 아바타에게 폭행을 하는 경우로 인해 상대방 아바타가 폭행을 당하여 상대방 아바타를 조작하는 실제 현실의 사람이 통증 등 피해를 느끼는 경우 현행법상 범죄가 되는지에 대해 살펴볼 필요가 있다.[33] 즉, 이러한 경우 현실의 범죄와 사이버상의 범죄가 합쳐지는 형태로 나타나는 범죄 유형에 대해서는 기존의 형법해석을 통해 다루어지던지 또는 특별법 영역에서 새로운 범죄구성요건을 제시하여 적용할 수도 있을 것이다. 따라서 이러한 경우 현행 형법에서 규율할 수 있는 메타버스에서의 법적 침해형태를 나누는 것에 의의를 두어야 할 것이다.

(2) 그 밖의 메타버스에서 일어날 수 있는 법적 침해행위

다가오는 미래의 메타버스에서 우리가 널리 쓰고 그리고 일상적으로 용이하게 쓰고 있는 '인터넷'과 같이 '다음세대 인터넷'으로 이해하면 메타버스가 현재의 인터넷처럼 훨씬 많은 것에 대하여 설명하는데 도움이 될 것이다. 따라서 메타버스를 구축하는 것은 인터넷을 구축하는 것과 거의 유사할 것으로 보인다.[34] 메타버스의 개념은 우리의 삶, 여가, 노동, 소비, 시간, 행복, 부, 관계의 상당 부분이 점점 더 온라인으로 연결된다는 것을 말하며 구글 검색처럼 그 자체가 온라인에 유지될 것이다. 이는 결국 인터넷으로 얻는 이점이 훨씬 증가할 것이지만 아직 해결되지 않은 거대한 사회 – 기술적 문제를 좋지 않게 만들 가능성 또한 있다.[35]

---

32) 심민규 외 4인, 앞의 보고서, 71면.
33) 강성용, 「안전한 메타버스 사회를 위한 윤리 및 행정규제, 형사법적 접근과 방안」, 경찰대학 치안정책연구소, 2021, 76면, 최진호, 앞의 논문, 363면.
34) Matthew Ball, 앞의 책, 135면; Matthew Ball은 이러한 근거를 통해 메타버스에 필요한 각각의 기반 기술이 매년 향상되고 있다는 점과 꾸준하게 이어지는 세대교체를 들고 있다. 같은 책 417면 이하 참조.

주로 다가오는 메타버스에서 발생할 수 있는 범죄들의 형태로는 도박, 범죄단체조직, 선거조작과 허위정보, 괴롭힘 또는 따돌림, 아바타를 활용한 딥페이크 리벤지 포르노 등의 법적 침해형태가 나타날 수 있다.36) 또한 메타버스상 공공기관 등이 가상으로 운영되면 공무원 직무관련 죄들도 발생할 가능성이 농후하며 그 밖에 기업운영, 의료 등 관련 산업에 대한 법적 이슈 발생 가능성이 크다.

Ⅲ. 메타버스에서의 법적 침해행위에 대한 형사법의 적용 가능성

1. 디지털 성범죄

메타버스 세계에서 발생할 수 있는 디지털 성범죄 유형을 확인해 보고 이에 대해 현실의 법규범을 적용할 수 있는지 구체적으로 검토할 필요가 있다. 이는 특정 아바타를 대상으로 하지 않는 음란정보의 유통과 특정 아바타를 대상으로 한 비접촉 성범죄로 나눌 수 있다. 우선 특정 아바타를 대상으로 하지 않는 음란정보의 유통행위의 경우 종종 메타버스 플랫폼에서 사용자가 자신의 아바타를 이용하여 음란한 표현 또는 문헌을 공개하거나 음향, 영상 등을 공공연하게 전시하는 경우가 있다. 이 경우 메타버스플랫폼도 정보통신망을 통한 서비스라는 점에서 정보통신망법 제44조의7 제1항 제1호의 불법정보의 유통금지위반으로 보아 제74조 제1항 제2호에 따라 처벌이 가능하다.37)38)

---

35) Matthew Ball, 앞의 책, 484면.

36) 미국에서는 2010년대 중반, ISIS로 불리우고 있는 수니과 무장 조직, 그리고 이라크 시리아 등의 이슬람국가들이 소셜 미디어를 이용하여 급진 이념을 전파하며 외국 국적자를 포섭하고 시리아로 훈련을 받을 수 있도록 오게끔 설득하였다고 한다. 이들이 제작한 실시간으로 렌더링한 화려한 3D 메타버스는 급진주의 활동을 좀 더 수월하게 만들고 사람들에게 자국을 떠나지 않고도 적합한 훈련을 받을 기회를 준다고 한다; Matthew Ball, 앞의 책, 484~485면, 최진호, 앞의 논문, 365면.

37) 제74조(벌칙) ① 다음 각 호의 어느 하나에 해당하는 자는 1년 이하의 징역 또는 1천만원 이하의 벌금에 처한다.

다음으로 특정 아바타를 대상으로 한 비접촉 성범죄의 경우 최근 메타버스에서 디지털 성범죄 유형으로 주목받고 있는 경우로 아바타를 대상으로 한 비접촉 성범죄라 할 수 있다. 메타버스 공간에서 아바타를 대상으로 한 성희롱이나 성추행, 유사성행위 등 성범죄에 대한 보고는 이제 특별한 케이스가 아니다. 특정 아바타를 대상으로 성적인 농담이나 음란한 표현을 하는 경우부터 아바타에 대한 유사성행위 등 현실세계의 성범죄가 사실감 있게 구현되고 있는 상황이다. 특히 피해를 경험한 사용자들 중에는 현실세계의 성범죄와 유사한 정신적 고통을 호소하는 경우가 있어 그 대응이 요구되고 있다. 다만 형법이나 성폭력특별법상의 위계간음죄 등의 구성요건은 육체적인 성행위를 전제로 그 성적자유의 침해를 보호법익으로 하는 것으로 메타버스 사례에는 적용할 수 없다. 결국 문제가 되는 것은 삽입을 전제로 한 강간이나 유사강간의 문제보다 강제추행죄의 성립여부라 할 수 있다. 가상세계에서는 외력에 의한 항거불능상태를 상정하기 어렵다는 점, 지금의 아바타가 현실세계의 사람처럼 성기를 비롯한 구강이나 항문을 구현하고 있지 않다는 점, 설사 이를 구현하고 있다 하더라도 성기 및 구강, 항문을 이용한 접촉에 있어 현행 형법체계에서의 구성요건을 적용하기가 어렵다는 점 등을 볼 때 형법이나 형사특별법 등을 통해 일률적으로 규율하는 것은 타당하지 않다. 다만 이러한 제한적인 해석론에도 불구하고 강제추행죄의 성립가능성은 전적으로 배제할 수 없다.[39][40]

---

2. 제44조의7제1항제1호를 위반하여 음란한 부호·문언·음향·화상 또는 영상을 배포·판매·임대하거나 공공연하게 전시한 자

38) 한국형사·법무정책연구원, 앞의 보고서, 198면.

39) 한국형사·법무정책연구원, 앞의 보고서, 201면~202면.

40) 그 밖에 아바타에 대한 성폭력 범죄처벌법 위반행위가 가능한지 여부도 문제될 수 있다. 즉 상대방의 동의 없이 상대방 아바타의 은밀한 부위를 캡처하는 경우 성폭력 범죄처벌법상의 몰카범죄와 동일하게 처벌할 수 있는가. 그리고 상대방 아바타와 유사한 아바타를 생성하여 음란물을 만든 경우 성폭력 범죄처벌법의 위반죄를 인정할 수 있는가 하는 점이다. 더 나아가 상대방 아바타가 다른 아바타의 명확한 거부의사에도 지속적으로 말을 걸거나 시도하는 경우 스토킹으로써 스토킹범죄처벌법으로 규율할 수 있는가 하는 점도 살펴보아야 할 것이다; 한국형사·법무정책연구원, 앞의 보고서, 202면~203면.

2. 온라인 타인사칭 및 적대적 언행

메타버스에서 온라인 타인사칭이 발생할 경우 이에 대한 현행 형사특별법상 규제 관련 검토이다. 우선 온라인 타인사칭의 경우 디지털 기술의 발달에 따라 새로운 범죄유형이 발생되는 가운데 온라인 타인사칭을 활용한 범죄가 지속적으로 발생하고 있지만 이를 규제할 명백한 법률은 현재로서는 없다.[41] 따라서 온라인 타인사칭에 대한 규제입법에 대한 검토는 필요한 상황이다.[42] 왜냐하면 온라인 타인사칭의 2차 피해는 명예훼손, 성범죄,[43] 사기 등의 행태로 나타나기 때문이다. 따라서 온라인 타인사칭에 관한 입법 추진 시 메타버스 공간에 발생할 수 있는 온라인 타인사칭에 대한 규제방안 또한 마련 될 수 있도록 해야 할 것이다. 메타버스에서는 타인을 사칭하는 성범죄가 여러 가지 유형으로 발생할 수 있기 때문에 이러한 신종범죄에 대처할 필요가 있다.[44]

다음으로 메타버스에서 적대적 언행(Hate Speech)이 발생할 경우 이에 대한 현행 형사특별법상 규제 관련 검토이다. 우리나라에서는 적대적 언행을 혐오(嫌惡)라는 말로 통용되고 있지만 적대적 언행에 대한 정의를 어떻게 정의하고 지칭할지에 대해서는 아직 논의 중에 있다.[45] 그런데 메타버스에서는 이러한 적대적 언행과 관련한 사례가 나타나고 있다. 지난 2021년 8월경 로블록스에서는 실제 2019년 이슬람 사원에서 발생한 종교 혐오 총격 사건('크라이스트처치 총격 사건')을 본 딴 게임이 개설되었다. 로블록스 측에서 인

---

41) 정 완, 앞의 논문, 158면.
42) 김종구, "메타버스 시대 온라인 타인사칭의 형사법적 함의 - 명예훼손과 성범죄를 중심으로 -", 4차 산업혁명 법과 정책, 3권, 2021, 142면.
43) 대법원 2020. 8. 27. 선고 2015도9436 전원합의체 판결 참조. 고교생으로 위장한 30대 남성이 온라인상에서 14세의 피해여성과 사귀고 또 다른 제3의 인물임을 가장하여 피해자와 성관계한 사건으로 대법원은 아동청소년성보호에관한법률상 위계에 의한 간음죄 성립을 인정한 사례이다.
44) 정 완, 앞의 논문, 159면.
45) 본 글에서는 '적대적 언행'이라는 표현을 쓰기로 한다; 이희옥, "메타버스 내 적대적 언행(Hate Speech)규제방안에 관한 연구", 경제규제와 법, 제15권 제1호, 2022, 194면, 각주 2)번 참조.

종주의, 차별 발언, 끔찍한 사건과 관련한 콘텐츠에 대한 제재를 선언하면
서, 해당 게임의 삭제와 이용자에 대한 계정 정지 처리가 수행된 사건이 있
었다.[46]

만약 이러한 일들이 메타버스에서 발생한다면 형법상 명예훼손죄 또는 모
욕죄에 해당 할 수도 있다. 다만 개인이 아닌 특정 집단을 구분해 적대적 언
행을 한다면 개인이 아니기 때문에 결과적으로 모욕죄나 명예훼손죄의 구성
요건이 성립되지 않아 규제하기가 어렵게 된다. 물론 온라인상에서의 적대
적 언행은 「정보통신망 이용촉진 및 정보보호 등에 관한 법률」에 의하여 규
제될 수 있지만 정보통신망법 제44조(정보통신망법상의 명예훼손)에 명시되어
있는 "사생활 침해 또는 명예훼손 등 기타 타인의 권리를 침해하는 경우"에
적대적 언행을 포섭하기에는 무리가 있다. 따라서 온라인상 특히 메타버스
에서 일어날 수 있는 적대적 언행에 대하여 정보통신망법을 통해서는 적절
히 대응하기 어렵다고 할 것이다.[47]

3. 지식재산권

가상세계에서도 지식재산권의 보호는 문제가 된다. 대표적으로 상표법 및
부정경쟁방지법에 관한 내용이다. 우선 「상표법」 제230조는 "상표권 또는
전용사용권의 침해행위를 한 자에 대해 7년 이하의 징역 또는 1억 이하의
벌금에 처한다"고 규정하고 있다. 이에 상표권의 침해 여부를 확인하는 일은
메타버스에서 범죄 특성을 이해하는데 의의를 지닐 수 있다.[48] 메타버스상
에서 제품은 디지털 이미지로 나타나는데 이것이 거래의 대상이 된다면 상
표법상의 상품인지를 검토하여 상표법상의 보호가 가능하다. 그러나 상표권
침해는 그 상표가 이미 등록되어진 상표와 동일하거나 비슷한 경우에 인정
되므로 디지털 이미지를 현실세계의 상품과 같거나 비슷한 상품으로 볼 수
있는지 검토되어야 한다.[49] 그러므로 그 원본 대상이 상표법으로 보호받는

---

46) 이희옥, 앞의 논문, 194면.
47) 이희옥, 앞의 논문, 201~202면.
48) 이경렬·이준영, 앞의 논문, 76~77면.

다고 해도 메타버스 내에서 새롭게 재창조된 제품 자체를 지식재산권으로서 보호가능여부에 대해 강구해야 할 것이다.50)

그리고 「부정경쟁방지법」에 관한 내용으로서 만약 실제 건축물을 메타버스에서 똑같이 구현하는 경우 저작권법상 예외사유에 해당하지 않으므로 저작권을 침해하는 것은 아니지만 성과물은 도용한 것이기 때문에 부정경쟁행위로 볼 수 있다. 메타버스 내 상표침해 행위를 규제할 수 있는 해당 규정은 부정경쟁방지법 제2조 제1호 (파)목으로 보인다. 해당 규정은 "그 밖에 타인의 상당한 투자나 노력으로 만들어진 성과 등을 공정한 상거래 관행이나 경쟁질서에 반하는 방법으로 자신의 영업을 위해 무단으로 사용함으로써 타인의 경제적 이익을 침해하는 행위"를 부정경쟁행위로 규정하고 있어 보호대상인 '성과 등'에 대한 특별한 형태의 제한이 나타나지 않기 때문이다.51) 그러나 해당 조항의 경우 벌칙 조항이 없으므로 기존 가벌범위에도 속하지 않는다. 따라서 형사법상으로서 메타버스 속 지식재산권 보호를 실현시키기에는 법적으로 보완이 더 필요하다.

4. 블록체인 기술, 그리고 가상자산 범죄

메타버스의 또 다른 특징 중 하나는 사용자들 간 경제적 교환과 거래 활동이 자유롭게 이루어진다는 점이다. 이러한 이유 때문에 메타버스에는 '메타버스 화폐'가 별도로 거래되며 이는 일종의 가상자산으로 견주어 볼 수 있다. 이에 메타버스에서 거래되는 가상자산과 NFT를 대상으로 한 피싱, 랜섬웨어 등의 공격이 급격히 증가할 가능성이 농후하다. NFT에는 메타버스의 다양한 사용자 창작 콘텐츠에 대하여 희소성과 소유권 부여가 가능하지만 가상세계에서 일어나는 경제활동에서도 현실세계와 유사한 소유권 침해, 혹

---

49) 정 완, 앞의 논문, 161면.
50) 이경렬·이준영, 앞의 논문, 78면.
51) 이중호·하동훈, "메타버스 시대에 있어서 상표권에 관한 법적 쟁점", 문화미디어엔터테인먼트법 제16권, 제1호, 중앙대학교 법학연구원 문화, 미디어, 엔터테인먼트법연구소, 2022, 45면; 이경렬·이준영, 앞의 논문, 79면에서 재인용.

은 가상자산으로 거래가 발생하면서 위험성 또한 나타날 수 있다. 특히 가상 자산의 성격상 추적과 국가기관 등이 통제하기 어렵기 때문에 범죄활동 수 익 혹은 탈세의 방법 등으로 불법 거래가 일어날 수 있는 것이다.[52]

이러한 환경에서 NFT 자산을 가상자산으로 전환하게 되면 사기나 투기 또는 해킹발생의 가능성이 높고, 돈세탁도 가능하기 때문에 메타버스의 각 종 금융 범죄의 통제가 어렵다는 점이다. 이러한 특성으로 인해 일단 금융 범죄가 발생한다 해도 금융 당국이나 사법 기관이 해당 공간에 접근하기가 사실상 불가능한 지점이 존재하며 가상자산과 메타버스의 기술적인 특성상 익명성이 높고 자산 추적 또한 어려움이 있기 때문에 손실을 되돌리는 것도 한계가 있다. 그러므로 법 개정만을 통해 이러한 기술을 형사법 영역으로 완 전히 통제하기에는 쉽지 않다.[53]

물론 2024년 7월 19일부터 시행되는 「가상자산이용자보호법」에는 가상자 산 이용자 자산의 보호와 불공정거래행위규제 등에 관한 사항을 정함으로써 가상자산 이용자의 권익을 보호하고 가상자산시장의 투명하고 건전한 거래 질서 확립을 위해 불공정거래행위 등 금지행위를 위반한 경우에는 벌칙규정 을 두고 있다.[54] 그런데 문제는 불록체인을 기반으로한 메타버스에서 사용

---

52) 이경렬·이준영, 앞의 논문, 84면.

53) 2021년 시행된 「특정 금융거래정보의 보고 및 이용 등에 관한 법률」시행령은 거래소 에서의 불법거래의 산물인 다크코인의 거래 금지를 규정하고 있으나, P2P 플랫폼을 통한 장외거래는 허용되기 때문에 다크코인을 통한 불법콘텐츠, 마약 등을 거래하는 암호 화폐 이용범죄는 처벌하기 어렵다고 한다; 이경렬·이준영, 앞의 논문, 86면.

54) 제1조(목적) 이 법은 가상자산 이용자 자산의 보호와 불공정거래행위 규제 등에 관한 사항을 정함으로써 가상자산 이용자의 권익을 보호하고 가상자산시장의 투명하고 건 전한 거래질서를 확립하는 것을 목적으로 한다.
제19조(벌칙) ① 다음 각 호의 어느 하나에 해당하는 자는 1년 이상의 유기징역 또는 그 위반행위로 얻은 이익 또는 회피한 손실액의 3배 이상 5배 이하에 상당하는 벌금 에 처한다. 다만, 그 위반행위로 얻은 이익 또는 회피한 손실액이 없거나 산정하기 곤 란한 경우 또는 그 위반행위로 얻은 이익 또는 회피한 손실액의 5배에 해당하는 금액 이 5억원 이하인 경우에는 벌금의 상한액을 5억원으로 한다.
  1. 제10조제1항을 위반하여 가상자산과 관련된 미공개중요정보를 해당 가산자산 의 매매, 그 밖의 거래에 이용하거나 타인에게 이용하게 한 자
  2. 제10조제2항을 위반하여 가상자산의 매매에 관하여 그 매매가 성황을 이루고 있는 듯이 잘못 알게 하거나, 그 밖에 타인에게 그릇된 판단을 하게 할 목적으 로 같은 항 각 호의 어느 하나에 해당하는 행위를 한 자

되는 암호화폐는 가상자산이용자보호법상 가상자산과는 다른 특성을 가지고 있으므로 이를 같은 가상자산으로 간주하기에는 상당한 무리가 있다. 메타버스에서는 주로 전자화폐를 이용하기 때문에 「게임산업진흥법」제32조 제1항 제7호에 따른 게임물의 이용을 통해 획득한 유·무형의 결과물은 가상자산이용자보호법에서 보호하는 가상자산의 범죄에서 제외되는 것으로 규정하고 있기 때문이다. 따라서 메타버스 사업이 갖는 경제적 가치 및 특수성을 고려하여 메타버스상 일부 게임물이 포함될 경우, 게임산업진흥법을 적용하지 않는 것으로 가상자산이용자보호법이 개정될 수 있도록 할 필요가 있다.[55]

---

3. 제10조제3항을 위반하여 가상자산의 매매를 유인할 목적으로 매매가 성황을 이루고 있는 듯이 잘못 알게 하거나 그 시세를 변동 또는 고정시키는 매매 또는 그 위탁이나 수탁을 하는 행위를 한 자

4. 가상자산의 매매, 그 밖의 거래와 관련하여 제10조제4항 각 호의 어느 하나에 해당하는 행위를 한 자

② 제10조제5항을 위반하여 자기 또는 특수관계인이 발행한 가상자산의 매매, 그 밖의 거래를 한 자는 10년 이하의 유기징역 또는 그 위반행위로 얻은 이익 또는 회피한 손실액의 3배 이상 5배 이하에 상당하는 벌금에 처한다. 다만, 그 위반행위로 얻은 이익 또는 회피한 손실액이 없거나 산정하기 곤란한 경우 또는 그 위반행위로 얻은 이익 또는 회피한 손실액의 5배에 해당하는 금액이 5억원 이하인 경우에는 벌금의 상한액을 5억원으로 한다.

③ 제1항의 위반행위로 얻은 이익 또는 회피한 손실액이 5억원 이상인 경우에는 제1항의 징역을 다음 각 호의 구분에 따라 가중한다.

1. 이익 또는 회피한 손실액이 50억원 이상인 경우: 무기 또는 5년 이상의 징역
2. 이익 또는 회피한 손실액이 5억원 이상 50억원 미만인 경우: 3년 이상의 유기징역

④ 제2항의 위반행위로 얻은 이익 또는 회피한 손실액이 5억원 이상인 경우에는 제2항의 징역을 다음 각 호의 구분에 따라 가중한다.

1. 이익 또는 회피한 손실액이 50억원 이상인 경우: 3년 이상의 유기징역
2. 이익 또는 회피한 손실액이 5억원 이상 50억원 미만인 경우: 2년 이상의 유기징역

⑤ 제1항부터 제4항까지에 따라 징역에 처하는 경우에는 10년 이하의 자격정지와 벌금을 병과(竝科)할 수 있다.

⑥ 제1항 및 제2항에 따른 위반행위로 얻은 이익(미실현 이익을 포함한다) 또는 회피한 손실액은 그 위반행위를 통하여 이루어진 거래로 발생한 총수입에서 그 거래를 위한 총비용을 공제한 차액을 말한다. 이 경우 각 위반행위의 유형별 구체적인 산정방식은 대통령령으로 정한다.

55) 이경렬·이준영, "메타버스 금융법적 쟁점과 형사법적 대응", 입법학연구, 제21집 제1호, 222~225면.

Ⅳ. 메타버스 형사특별법의 제정가능성

21세기 이전에는 헌법·민법·형법 등 기본적 법률이 우리 사회를 규율했지만, 21세기 이후 지금의 복잡·다변하는 사회에서는 여러 가지의 전문화된 특별법들이 사회를 규율하고 있다. 예를 들어, 정보통신망 이용촉진 및 정보보호에 관한 법률, 전기통신사업법 등은 정보통신체계에 대한 전문적인 특별법 체계를 형성하고 있으며, 지식재산기본법, 저작권법, 상표법, 특허법 등은 지식재산법체계에 대한 전문적인 특별법 체계를 형성하고 있다. 이처럼 우리 사회는 전통적인 형법의 영역과 행정법 영역에서 지속적으로 분화하는 형사특별법 영역이 공존하고 있다.[56]

4차 산업의 발전과 COVID-19의 창궐, 그리고 메타버스의 부흥은 시대의 흐름이 불가역적으로 변하고 있음을 보여준다. 이러한 변화는 새로운 삶의 터전을 마련함과 동시에 새로운 질서를 유지해야 하는 의무를 우리 모두에게 던져주고 있다. 메타버스는 20세기 중반부터 지금과 유사한 메타버스를 꿈꾸기 시작했지만 이제는 그들이 생각하고 있었던 것들이 현실화되고 있다. 따라서 이러한 흐름을 우리 형법이 뒷받침하기에는 쉽지 않아 보인다.

하지만 이러한 메타버스의 질서를 규율하기 위해 우리 사회에 산재되어 있는 여러 전문법 분야들이 나날이 발전하고 있는 메타버스세상을 규율하기에는 여러 가지 보완해야 할 부분이 존재한다는 것을 앞서 살펴보았다. 메타버스 사용자들이 점점 더 늘고 있고 메타버스 공간 내에서 새로운 형태의 재산적 가치물이 등장하고 있으므로, 법익을 침해하는 행위에 대한 도덕적 비난만으로 메타버스 공간 내의 질서를 유지하기 어렵다.[57] 따라서 이러한 문제점들을 보완하기 위해 메타버스 형법 체계의 구축이 필요해 보인다. 메타버스 형법 체계를 구축하는 방법은 크게 두 가지로 볼 수 있다. 하나는 메타버스에서 일어나고 있는 여러 가지 법적 침해행위들에 대해 형사법에서 규율하고 있는 관련 규정들을 개정하는 것이다. 앞서 살펴보았듯이 형법에

---

56) 이원상, 앞의 논문, 196면.
57) 허재은·이경렬, 앞의 논문, 88면.

서는 형법의 적용범위부터 시작하여 범죄와 형벌에 관련된 부분과 각론에서는 재물의 개념 및 행위의 주체로서의 아바타의 인격권 부여 등의 규정 등을 개정하고, 형법에서 규율하지 못하는 온라인 타인사칭·적대적 언행·디지털 성범죄·재산범죄 중 일부 분야에 대해서 관련 형사특별법을 재정하거나 개정하는 방안이 있다. 또 다른 하나는 '기존에 사이버범죄까지 규율하는 메타버스 형사특별법을 만들어 다른 특별법 체계에 속해 있는 범죄들을 통합하는 것이다.[58]

위 두 가지의 방안 중 어느 하나를 선택해야 할 텐데 장·단점을 살펴보면 다음과 같다. 첫 번째 방안은 법적 안정성은 보장될 수 있으나 나날이 발전하고 있는 메타버스기술로 인한 새로운 법적 침해행위들을 대응하기에는 어려움이 있다. 두 번째 방안은 법적 안정성도 보장되고 새로운 법적 침해행위 발생 시 해당 법률만 개정하면 되기 때문에 어느 정도 기술발전으로 인한 부분은 대응할 수 있다. 다만 COVID–19가 지난 현시점에서 판단해 볼 때 메타버스에 대한 관심도가 많이 식은 것이 사실이다. 하지만 관련 비즈니스 업계에서는 추가적인 발전이 거듭되고 있으며, 메타버스 연관 대학원이 생기고 활성화가 되고 있는 작금의 상황으로 본다면 지속적인 관심과 인지가 필요하다고 보는 시점에서는 첫 번째 방안이 좀 더 현실적으로 판단된다.

더욱이 얼마 전부터 시행 중인 가상융합산업 진흥법을 좀 더 살펴보면 제4조에서 우선허용·사후규제 원칙을 천명하고 있다. 제1항에서는 "누구든지 가상융합기술 또는 가상융합서비스 등의 개발 등과 관련된 행위를 할 수 있다. 다만, 국가와 지방자치단체는 가상융합세계를 활용하는 과정에서 공공의 안녕·질서를 현저히 저해할 우려가 있는 경우에는 이를 제한할 수 있다"라고 하여 메타버스 생태계에서 자율규제원칙을 강조하고 있다. 이는 본 법 제27조(자율규제) 제1항에서도 가상융합산업협회 주관으로 이용자를 보호하고 안전하며 신뢰할 수 있는 가상융합기술 또는 가상융합서비스 등의 제공·이

---

58) 정완, "사이버범죄의 주요 쟁점과 대응책에 관한 소고", 홍익법학, 제17권 제3호, 2016, 387면 이하 참조; 또한 이는 역사적으로 형법을 통해 구축되어 온 시민의 자유를 보호하는 메커니즘이 사회를 유지하기 위한 목적으로 정당상을 보장하기 위함이기도 하다; 이원상, 앞의 논문, 196면.

용 환경을 조성하기 위하여 가상융합사업자 행동강령 또는 운영준칙을 정하여 시행하는 등 자율규제를 추진할 수 있도록 하고 있다. 그렇다면 지금의 메타버스산업환경 및 규제기준을 볼 때 메타버스상 법적 침해행위 등에 관한 규율은 형법 또는 개별 형사특별법상의 관련 규정들의 해석론에 맡길 수밖에 없으며 해당 법률들이 규율하지 못하는 부분에 대해서는 부분 개정을 통해 해결해야 할 것이다.

Ⅴ. 결 론

지금까지 메타버스에서의 법적 침해행위에 따른 형사법의 적용가능성에 대해 살펴보았다. 메타버스는 COVID-19의 창궐로 인해 본격적인 논의가 시작된 후 관련 플랫폼이 주목받게 된 것은 사실이다. 하지만 메타버스는 COVID-19 이후 온택트 사회로 다시 환원하면서 메타버스에 대한 관심이 지금에 비해 많이 정체되어 있는 것이 현 실태이다. 그럼에도 불구하고 메타버스는 AI와 융합되어 다시 한 번 약진을 하려는 움직임을 보이고 있다. 이는 올 해 제정된 가상융합산업 진흥법을 통해 메타버스의 생태기반이 자율규제 중심으로 운영됨으로써 개발자와 운영자, 그리고 이용자들이 각자의 필요성에 의해 메타버스가 개발되고 운영될 것이다. 그러므로 본 글에서는 지금의 메타버스, 그리고 앞으로 발전될 메타버스의 이해를 통하여 법적 침해행위에 대한 형사법의 적용가능성을 염두한 정책적 제언을 메타버스 산업 발전에 기여하고자 함에 있다. 따라서 본 글에 대한 내용은 다음 두 가지로 나누어 결론지을 수 있을 것이다.

첫째, 메타버스가 활용됨에 따라 새로운 법적 침해형태가 발생되고 있고 향후에도 발생될 가능성이 있다는 것이다. 메타버스라는 새로운 세상에서 끝없는 수의 사용자가 아바타를 통하여 경제·사회·문화 활동을 추구하면서 기존의 형태로는 해석하기 어려운 매우 독특한 시장이 활성화됨으로써 현재 인터넷 세상과 다르게 아무도 경험하지 못한 생태계가 나타나고 있다. 메타버스에서의 아바타 대상 성적 자율성 침해, 타인사칭, 명예훼손, 모욕적 행위, 지적재산권, 그리고 재산범죄 형태의 법적 침해행위는 이미 나타나고 있으며 앞으로 기술의 발전으로 인하여 폭행, 범죄단체조직, 선거, 도박, 공무원 직무에 관한 법적 침해행위들이 발생할 가능성이 높다.

둘째, 이러한 메타버스에서 나타나고 있거나 앞으로 나타날 수 있는 법적 침해행위들에 대해 우리 형사법이 어느 선까지 적용 가능할지, 그리고 적용이 과연 필요한지에 대한 것이다. 우선 메타버스에서 나타나고 있는 법적 침해행위들의 형태는 주로 성범죄 또는 스토킹, 온라인 타인사칭 및 적대적 언행, 지식재산권보호의 문제, 블록체인 기술 관련 법적 침해 형태들이다. 이러한 형태들의 법적 침해형태들은 주로 형사특별법상에서 규율되는 부분으로서 해당 법률의 적용 및 해석의 한계가 있을 수밖에 없다는 것을 이미 살펴보았다. 그렇다면 지속적인 기술의 발달에 따라 메타버스 또한 진화를 거듭날 것으로 보이는데 이러한 법적 침해에 대한 대응을 과연 특별법의 개정을 통해 해결해야 할지 아니면 메타버스 형법 체계의 구축이 필요할지에 대한 고민을 심도 있게 해야 할 것이다. 물론 지금의 메타버스산업환경 및 규제기준을 볼 때 메타버스상 법적 침해행위 등에 관한 규율은 자율규제를 기반으로 규제하되 필요시 형법 또는 개별 형사특별법상의 관련 규정들의 해석론을 통해 적용 가능성을 살펴보아야 할 것이며 동시에 해당 법률들이 규율하지 못하는 부분에 대해서는 부분 개정을 통해 해결해야 할 것이다.

- 주제어: 메타버스, 법적 침해, 형사법, 형사특별법, 적용가능성

참고문헌

1. 국내문헌
(1) 단행본

김상균,「메타버스 Ⅱ - 10년의 미래를 먼저 보다 -」, 플랜비디자인, 2022.
심민규 외 4인,「메타버스의 윤리적 사례 분석」, 인공지능 윤리연구, 한국인공지능윤리학회, 2023.
이승환,「메타버스 비긴즈 인간×공간×시간의 혁명」, 굿모닝미디어, 2021.
한국형사·법무정책연구원,「메타버스 시대의 새로운 매커니즘에 따른 법제도적 대응방안(Ⅰ)」, 2023.
Matthew Ball,「메타버스 모든 것의 혁명; THE META-VERSE」, 다산북스, 2023.

(2) 논 문

강성용, "메타버스 내 재산적 법익 침해에 대한 형사실체법적 대응의 한계와 제언", 비교형사법 연구, 제24권 제1호, 2022.
_____, "안전한 메타버스 사회를 위한 윤리 및 행정규제", 동북아법연구, 제16권, 제1호, 2022.
권민주·강연아, "SNS 기반 메타버스 플랫폼의 윤리적 문제에 관한 연구", 한국디자인학회, 2022.
김정화·김윤식·차호동, "메타버스 공간에서의 성폭력 범죄와 형사법적 규제에 대한 연구 - 정보통신망 이용촉진 및 정보보호 등에 관한 법률 개정방향을 중심으로 -", 형사법의 신동향, 제75호, 2022.
김종구, "메타버스 시대 온라인 타인사칭의 형사법적 함의 - 명예훼손과 성범죄를 중심으로 -", 4차산업혁명 법과 정책, 2022.
_____, "온라인 성착취 범죄와 사이버 강간에 관한 고찰", 법학논총 제28집 제2호, 2021.
류부곤, "메타버스(metaverse)에서의 형사정책적 과제 - 이른바 '사이버 인격권' 개념과 침해유형의 정립 -", 형사정책 제34권 제2호, 2022.
송혜진, "메타버스 내 범죄발생 유형과 법적 한계에 관한 연구", (사)한국재난정보학회 정기학술대회 논문집, 2021.
이경렬·이준영, "메타버스 공간의 신종범죄와 형사입법대책: 메타버스 범죄 2.0을 중심으로", 형사정책 제34권 제4호, 2023.
_____, "메타버스 금융법적 쟁점과 형사법적 대응", 입법학연구 제21집 제1호, 2024.
이상수, "메타버스에서 성범죄 또는 스토킹에 대한 형법적 규제방안", 인공지능 및 메타버스의 쟁점과 해결방안 모색. (사)한국경영법률학회 하계공동학술대회 자료집, 2023.

이원상, "메타버스에서의 형법의 역할", 법학논총 제42권 제3호, 2022.

_____, "사이버 개념을 통한 사이버 모욕죄의 고찰과 대안", 형사정책, 제20권 제2호, 2008.

이중호·하동훈, "메타버스 시대에 있어서 상표권에 관한 법적 쟁점", 문화미디어엔터테인먼트법 제16권 제1호, 중앙대학교 법학연구원 문화, 미디어, 엔터테인먼트법연구소, 2022.

이희옥, "메타버스 내 적대적 언행(Hate Speech)규제방안에 관한 연구", 경제규제와법, 제15권 제1호, 2022.

정 완, "메타버스의 법적 이슈에 관한 고찰", 경희법학 제57권 제1호, 2022.

_____, "사이버범죄의 주요 쟁점과 대응책에 관한 소고", 홍익법학, 제17권 제3호, 2016.

최진호·김호겸, "메타버스 관련 법적 침해에 따른 형법 및 형사정책 분야 대응방안연구, 비교법연구 제24권 제2호, 2024.

허재은·이경렬, "메타버스 시대 현대형법의 한계와 미래형법의 마련 ― 메타 형법의 제정을 위한 시론 ―", 형사정책 제34권 제3호, 2022.

(3) 법 령
가상융합산업 진흥법 [법률 제20352호]
가상자산 이용자 보호 등에 관한 법률 [법률 제20372호]

(4) 판 례
대법원, 2016. 3. 24. 선고 2016도10112 판결.
대법원, 2020. 8. 27. 선고 2015도9436 판결.

(5) 기 타
인터넷 다음 백과 "민팅" 2024. 8. 5. 검색

[Abstract]

Study on the Application of Criminal Law to Legal Violations in the Metaverse and the Possibility of Enacting a Special Criminal Law

Choi, Jin-Ho*

In this article, we examined to what extent legal violations occurring in the metaverse can be regulated by criminal law. First, in order to understand legal violations related to the metaverse, we identified what the metaverse is and the types of legal violations occurring in the metaverse. We also examined whether these legal violations can be regulated by criminal law and, if so, what laws can be applied. We also examined the main contents of the recently enacted 「Virtual Convergence Industry Promotion Act」 to examine to what extent legal violations in the metaverse can be regulated under the relevant law.

This ultimately means that with the advent of the metaverse era, new forms of legal violations are occurring and will likely occur in the future. In the new world of the metaverse, an infinite number of users are engaging in social, economic, and cultural activities through avatars, opening up a very unique market that cannot be interpreted in conventional ways, creating an ecosystem that no one has experienced before, unlike the current Internet world. In the metaverse, sexual autonomy violations, impersonation of others, defamation and insults, and legal violations in the form of intellectual property rights and property crimes against avatars are already occurring, and in the future, technological advancements are likely to increase the likelihood of assault, organized crime, gambling, election crimes, and crimes related to public official duties.

Therefore, what we need to consider in the future is to what extent our criminal laws can be applied to legal violations that are occurring or may occur in the metaverse, and whether application is necessary. First, the legal violations occurring in the metaverse are mainly sexual crimes or stalking, online impersonation and hostile speech, intellectual property rights protection issues, and legal violations related to

---

* Ph.D in Law / Full Time Researcher, Korea University Legal Research Institute / Adjunct Professor, Department of Police Administration, Daedeck University.

blockchain technology. These types of legal violations are mainly regulated by special criminal laws, so there are bound to be limitations in the application and interpretation of the relevant laws. Then, as technology continues to develop, the metaverse is also expected to evolve, so we need to take an in-depth look at whether we should resolve these legal violations through revisions to special laws or whether we need to establish a metaverse criminal law system. Of course, considering the current metaverse industry environment and regulatory standards, regulations regarding legal violations in the metaverse should be regulated based on self-regulation, but when necessary, the applicability should be examined through the interpretation of relevant provisions of the criminal law or individual criminal special laws. At the same time, the parts that the relevant laws cannot regulate should be resolved through partial revision.

- Key words: Metaverse, Legal Infringement, Criminal Law, Special Criminal Law, Applicability

사단법인 4차산업혁명융합법학회 정관

2018. 12. 21. 제정
2021. 7. 3. 개정

제 1 장 총칙

제 1 조[명칭] 본 법인은 사단법인 4차산업혁명융합법학회(四次産業革命融合法學會 : Fourth Industrial Revolution Convergence Law Association; 약칭 4IRCLA)라고 칭한다.

제 2 조[목적] 본 법인은 4차산업혁명시대의 현상을 기반으로 한 융합법의 연구를 통하여 한국의 정책과 제도 발전에 기여함을 목적으로 한다.

제 3 조[사업] 본 법인은 그 목적을 달성하기 위하여 다음 각 호의 사업을 한다.
  1. 4차산업혁명시대에 맞는 학제적 성격의 융합법 이론과 실무에 관한 연구
  2. 학술연구발표
  3. 학회지 및 도서발간
  4. 본 법인과 목적을 같이 하는 국내 및 해외내외 여러 단체와의 제휴
  5. 기타 본 법인의 목적을 달성함에 필요한 사업 등

제 4 조[주소지] 본 법인은 서울특별시 강남구 테헤란로 92길 7 바른빌딩 법무법인 바른에 그 주소지를 둔다.

제 2 장 회원

제 5 조[회원] ① 본 법인의 회원은 정회원, 단체회원, 준회원으로 나누어진다.
② 정회원은 본 법인의 목적에 동의하는 다음 각 호에 해당하는 자로서 입회신청을 하여 이사회의 승인을 얻어야 한다.
  1. 국내외 대학교수
  2. 국내외 판사, 검사 및 변호사
  3. 박사학위 소지자

4. 학회의 설립 취지와 부합하는 분야의 전문가로서 이사회에서 인정하는 사람
③ 단체회원은 본 법인의 목적에 동의하는 법무법인, 연구기관, 기업법무실, 도서관, 법인 기타 이에 준하는 관련기관으로서 정회원이 추천하여 이사회의 승인을 얻고 회비를 납부한 기관으로 한다.
④ 준회원은 본 법인의 목적에 동의하는 석사학위 소지자 또는 이에 준하는 자로서 정회원이 추천하여 이사회의 승인을 얻어야 한다.

제6조[회원의 권리·의무] ① 회원은 본 법인의 운영과 관련된 의사결정에 참여하며, 본 법인의 각종 사업에 참여할 수 있는 권리를 갖는다.
② 회원은 정관, 시행세칙 및 총회 결정사항을 준수할 의무를 지며 이사회에서 정한 회비를 납부하여야 한다.

제7조[회원의 자격상실] 다음 각 호의 1에 해당하는 회원은 그 자격을 상실한다.
1. 본인의 탈퇴신고
2. 회원의 사망
3. 회원의 제명

제8조[제명] ① 회원이 본 법인의 명예를 심각하게 훼손한 때 또는 본 법인의 목적에 위배되는 행위를 하거나 회원으로서의 의무를 중대하게 위반한 때에는 총회의 의결로 제명할 수 있다.
② 제명에 관한 총회의 의결은 정회원 과반수의 출석과 출석 정회원 과반수의 찬성으로 한다.
③ 회원이 그 자격을 상실하거나 제명을 당하였을 때에는 기존에 납입한 일체의 회비는 그 반환을 청구할 수 없다.

제3장 자산 및 회계

제9조[자산의 구성] 본 법인의 자산은 다음 각 호에 기재한 것으로 구성한다.
1. 회원의 연회비
2. 자산으로 생기는 과실
3. 사업에 따른 수입
4. 학술지원금
5. 기부금 등 기타 수입

제10조[자산의 종류] ① 본 법인의 자산은 기본재산과 보통재산 2종류로 구분한다.
② 기본재산은 다음 각 호에 기재한 것으로 하되 이를 처분하거나 담보로 제공할
수 없다. 다만, 부득이한 사유가 있는 때에는 총회의 의결을 거쳐 주무관청의 허가
를 받아 그 일부를 처분하거나 담보로 제공할 수 있다.
  1. 기본재산으로 하기로 지정하여 출연된 재산
  2. 이사회에서 기본재산으로 하기로 결의한 재산
③ 보통재산은 기본재산의 원본 이외의 재산으로 한다.

제11조[경비지출] ① 본 법인의 자산은 이사회의 의결에 의해 정한 관리방법에 따
라 회장이 관리한다.
② 홈페이지를 통해 연간 기부금 모금액 및 활용실적을 공개한다.

제12조[회원의 출자방법] 회원의 회비 등 출자방법은 이사회의 심의를 거쳐 회장이
각 회원의 직업, 직위 등에 따라 이를 차등 부과할 수 있다.

제13조[자산의 관리] 본 법인의 자산은 이사회의 의결에 의해 정한 관리방법에 따라
회장이 관리한다.

제14조[잉여금의 처분] 회계연도 말에 잉여금이 생긴 때에는 이사회의 결의에 따라
그 전부 또는 일부를 기본재산으로 하거나 다음 회계연도로 이월시킬 수 있다.

제15조[세입·세출 예산] ① 제16조의 규정에 의한 특별회계로부터 생긴 수익 또는
잉여금은 이를 모두 보통재산으로 하여야 한다.
② 본 법인의 수입은 회원의 이익이 아닌 공익을 위하여 사용하고 사업의 직접 수
혜자는불특정 다수가 되도록 한다.
③ 회원은 누구나 기부금 등의 사용과 관련하여 법인의 공익위반사항을 관리·감독
할 수 있는 기관인 국민권익위원회, 국세청 또는 주무관청 등에 홈페이지를 통해 제
보할 수 있다.

제16조[결산] 본회는 매 회계연도 종료 후 2월 이내에 결산서를 작성하여 이사회의
의결을 거쳐 총회의 승인을 얻어야 한다.

제17조[회계연도] 본 법인의 회계연도는 매년 1월 1일에 시작하여 12월 말일까지로
한다.

제18조[회계감사] 감사는 연 1회 이상 회계감사를 하여야 한다.

제19조[임원의 보수] 임원의 보수는 지급하지 아니한다. 다만 실비는 변상할 수 있다.

제4장 임원

제20조[임원의 인원수 및 자격] 본 법인의 임원은 법률상 그 결격사유가 없는 자로서 다음과 같은 임원을 둔다.
  1. 회장 1인
  2. 이사 5인 이상. 이사 중에서 3인 이상의 부회장을 둘 수 있다.
  3. 감사 2인 이상

제21조[임원의 선임] ① 회장은 특별한 사유가 없는 한 수석부회장이 승계한다.
② 부회장(수석부회장 포함)과 감사는 총회에서 선임한다.
③ 이사는 회장이 추천하고 총회의 인준을 받아 선임한다.
④ 이사 중에서 법정이사를 선임하여 법인의 등기업무 등과 관련된 공식 업무를 처리하도록 한다.

제22조[임원의 직무] ① 회장은 본 법인의 업무를 통괄하고 본 법인을 대표한다.
② 부회장은 회장을 보좌하고, 회장 유고시에는 수석부회장이 그 직무를 대행한다.
③ 감사는 본 법인의 업무 및 회계에 관한 감사를 하고 그 결과를 총회에 보고한다.

제23조[임기] ① 임원의 임기는 2년으로 하되 연임할 수 있다.
② 임원이 궐위된 때의 후임자의 임기는 전임자의 남은 임기로 한다.

제24조[고문과 명예회장] ① 본 법인의 발전을 위하여 약간 명의 고문을 둘 수 있다.
② 고문은 이사회의 추천에 의하여 회장이 추대한다.
③ 명예회장은 이사회를 거쳐서 추대할 수 있다.

제5장 총회

제25조[총회] ① 총회는 본 법인의 최고의결기구로서 정회원으로 구성한다.
② 회장은 총회의 의장이 된다.

제26조[총회의 소집] ① 총회는 정기총회와 임시총회로 나누어진다. 정기총회는 년 1회 12월 중에, 임시총회는 회장 또는 이사회가 필요하다고 인정한 경우에 각각 회장이 소집한다.

② 회장은 회의 일시, 장소, 안건을 명기하여 총회 개회 7일 이전에 각 회원에게 통지하여야 한다. 이 통지는 본 법인에 등록된 전자우편주소를 통한 발송으로 갈음할 수 있다.

③ 회장은 필요한 경우 온라인총회를 개최할 수 있다.

제27조[총회의 의사 및 의결 정족수] 총회는 다음 각 호의 요건을 모두 갖춘 정회원 20인 이상의 출석과 출석 정회원 과반수로써 의결한다.

　1. 본 법인에 그 전자우편주소가 등록된 회원. 단 임원은 예외로 한다.

　2. 연회비를 납부한 회원

제28조[서면에 의한 표결 및 표결의 위임] 부득이한 사유로 회의에 출석할 수 없는 회원은 사전에 통지된 사항에 한하여 서면으로 표결할 수 있고, 다른 회원에게 표결권을 위임할 수도 있다.

제29조[총회에 부의할 사항] 총회는 다음에 기재하는 사항을 의결한다.

　1. 정관의 제정 및 개정에 관한 사항

　2. 임원의 인준에 관한 사항

　3. 세입세출의 예산 및 결산의 승인

　4. 법인의 해산

　5. 재산의 처분·매도·증여·기채·담보제공·임대·취득의 승인

　6. 사업계획의 승인

　7. 기타 주요사항으로서 이사회가 총회에 부의하기로 의결한 사항

제6장 이사회

제30조[이사회의 구성] ① 이사회는 회장, 부회장 및 이사로 구성한다.

② 회장, 부회장은 당연직 이사로서, 이사회의 의장은 회장이, 부의장은 수석부회장이 또는 수석부회장이 참석하지 않은 경우에는 연장자인 부회장이 맡는다.

제31조[이사회의 권한] ① 이사회는 다음 각 호의 사항을 심의 의결한다.

　1. 사업계획에 관한 사항

2. 재산의 취득, 관리. 처분에 관한 사항
3. 총회의 소집과 총회에 부의할 의안에 관한 사항
4. 총회가 위임한 사항
5. 기타 회장이 회부한 본 법인의 운영에 관한 중요사항
② 이사회는 그 권한을 상임이사회에 위임할 수 있다.

제32조[이사회의 소집] ① 이사회는 정기 이사회와 임시 이사회로 나누어진다.
② 정기 이사회는 년 1회 이상 회장이 소집한다.
③ 임시 이사회는 회장이 필요하다고 인정하거나 이사 5인 이상 또는 감사 2인의
요구가 있을 때에 회장이 소집한다.
④ 제27조 제2항의 규정은 제2항 및 제3항에 의한 이사회의 소집에 이를 준용한다.

제33조[이사회의 의사 및 의결 정족수] 이사회는 이사 5인 이상의 출석과 출석이사
과반수의 찬성으로 의결한다.

제7장 보칙

제34조[정관의 변경] 본 정관은 총회에서 출석회원 2/3 이상의 동의를 얻고 주무관
청의 허가를 받아 이를 변경할 수 있다.

제35조[해산, 잔여재산의 처분] ① 총 회원 3/4 이상의 출석과 출석회원 2/3 이상의
찬성으로 법인을 해산할 수 있다.
② 본 법인이 해산한 때의 잔여재산은 총회의 결의를 거쳐 국가, 지방자치단체 또는
유사한 목적을 가진 다른 비영리법인에 귀속하도록 한다.

제36조[시행세칙의 제정] 기타 본 정관의 시행에 필요한 사항은 이사회의 의결을 거
쳐 시행세칙으로서 정할 수 있다.

부칙

제1조[시행일] 이 정관은 주무관청의 허가를 받아 법원에 등기를 한 날부터 시행한다.

제2조[경과조치] 이 정관 시행당시 법인설립을 위하여 발기인 등이 행한 행위는 이
정관에 의하여 행한 것으로 본다.

제3조 [설립 당시의 회원 및 임원 등] ① 본 법인의 설립 당시의 4차산업혁명융합법학회 일반회원은 본 법인의 정회원으로 본다.

② 본 법인의 설립 당시 이사 및 감사는 본 정관에 의하여 선출된 것으로 본다.

제4조[설립자의 기명날인] 본회를 설립하기 위하여 이 정관을 작성하고 다음과 같이 설립자 전원이 기명 날인한다.

2021년 7월 3일

사단법인 4차산업혁명융합법학회

설립발기인 한명관 (인)

설립발기인 정웅석 (인)

설립발기인 성봉근 (인)

설립발기인 이준복 (인)

설립발기인 이순자 (인)

4차산업혁명융합법학회 편집위원회의 구성과 운영에 관한 규정

2024. 1. 1. 제정

제1조(목적)

이 규정은 4차산업혁명융합법학회(이하 '본회'라고 칭한다)가 발간하는 학술지 및 기타 간행물의 발간을 위한 편집위원회의 구성 기타 운영에 필요한 사항을 정함을 목적으로 한다.

제2조 [위원회의 구성 및 임기]

① 편집위원회(이하 '위원회'라 한다)는 본회의 정회원 중에서 상임이사회가 선임하는 편집위원 10명 이내로 구성한다.

② 본회의 출판이사가 위원장이 된다.

③ 상임이사회는 본회의 정회원으로 대학 기타 연구기관이나 실무기관에서 10년 이상의 경력을 가진 자로서 법학 분야의 연구실적이나 실무경력에 비추어 편집위원회의 업무수행이 적합하다고 판단되는 자 중에서 편집위원을 선임하여야 한다.

④ 편집위원의 임기는 1년으로 하되, 연임할 수 있다.

제3조 [업무]

위원회의 주요 업무는 다음과 같다.

1. 본회 학술지의 편집 및 출판
2. 본회 학술지 원고의 접수 및 게재여부 심사
3. 기타 간행물의 편집 및 출판
4. 편집위원회의 업무와 관련된 규정의 제정 및 개정
5. 편집위원회의 업무와 관련된 지침의 제정

제4조 [운영]

① 위원회는 위원장이 필요하다고 판단하거나 편집위원 과반수의 요구가 있는 경우에 위원장이 소집한다.

② 위원회의 의결은 편집위원 과반수의 출석과 출석위원 과반수의 찬성에 의한다.

③ 편집위원장은 위원회의 업무를 효율적으로 수행하기 위하여 편집간사를 둘 수 있다.

제5조 [투고원고의 심사]

① 위원회는 본회 학술지 기타 간행물에 투고된 원고를 심사하여 그 게재여부를 의결한다. 다만, 투고원고를 심사함에 있어서는 다음 사항에 유의하여야 한다.

　　1. 본회의 설립 취지에 적합할 것

　　2. 4차산업혁명융합법학회의 발전에 실질적인 도움이 될 수 있는 독창성을 갖출 것

　　3. 기타 위원회에서 정한 심사기준에 부합할 것

② 위원회는 본회 학술지 및 기타 간행물에 투고된 원고의 심사결과에 의하여 그 게재여부를 판단하되, 심사등급은 '게재 가', '수정 후 게재', '수정 후 재심사', '게재 불가'로 나눈다.

③ 수정 및 보완을 요할 경우, 투고자는 이에 응하거나 서면으로 납득할 만한 답변을 해야 한다. 수정 제의에 대한 답변이 없을 경우 위원회는 원고의 게재를 거부할 수 있다.

④ '수정 후 재심사'는 의결된 원고가 수정 투고된 경우 위원회는 그 재심의를 위원장 또는 약간명의 위원에게 위임할 수 있고, 재심의 결정은 '가' 또는 '부'로 한다.

제6조 [본회 학술지의 발행]

① 본회 학술지는 연 2회발간 하며, 매년 6월 30일, 12월 31일로 한다.

② 학술대회 발표논문 기타 학회에서 개최하는 학술발표회에서 발표된 논문은 본회 학술지의 특집호로 발행할 수 있다.

③ 본회 학술지에 게재된 논문은 본회의 홈페이지 기타 본회와 계약이 체결된 법률정보사이트에 전자출판 할 수 있다.

제7조 [규정 제정]

① 위원회는 본회 학술지에 투고된 원고의 심사기준 및 절차에 관한 지침을 제정할 수 있다.

② 위원회는 본회 학술지에 투고되는 원고의 작성 및 문헌인용방법, 투고절차에 관한지침을 제정할 수 있다.

제8조 [규정 개정]

이 규정의 개정은 이사회의 승인을 받아야 한다.

부칙

이 규정은 2024년 1월 1일부터 시행한다.

연구윤리규정

2024. 1. 1. 제정

제1조 [목적]

이 규정은 연구윤리위반행위의 방지 및 건전한 연구윤리의 확보를 위한 기본적인 원칙과 방향을 제시하고, 4차산업혁명융합법학회(이하 '본회'라 함) 회원의 연구윤리위반행위에 대한 조치와 절차 등을 규정함을 목적으로 한다.

제2조 [연구윤리위반행위]

연구윤리위반행위는 다음 각 호의 하나에 해당하는 것을 말한다.

1. "위조" — 존재하지 않는 데이터 또는 연구결과 등을 허위로 만들어 내는 행위
2. "변조" — 연구의 재료·장비·과정 등을 인위적으로 조작하거나 데이터를 임의로 변형·삭제함으로써 연구의 내용 또는 결과를 왜곡하는 행위
3. "표절" — 타인의 아이디어, 연구의 내용 또는 결과 등을 정당한 승인 또는 인용 없이 도용하는 행위
4. "부당한 논문저자 표시" — 연구내용 또는 결과에 대하여 과학적·기술적공헌 또는 기여를 한 사람에게 정당한 이유 없이 논문저자 자격을 부여하지 않거나, 과학적·기술적 공헌 또는 기여를 하지 않은 자에게 감사의 표시 또는 예우 등을 이유로 논문저자 자격을 부여하는 행위
5. "중복게재" — 과거에 공간된 논문 등 저작물을 중복하여 출판하는 행위
6. "조사방해·부정은폐" — 본인 또는 타인의 연구윤리위반행위의 의혹에 대한 조사를 고의로 방해하거나 제보자에게 위해를 가하는 행위

제3조 [연구윤리위원회]

① 연구윤리위반행위의 조사·의결을 위하여 연구윤리위원회(이하 '위원회'라 함)를 둔다.
② 연구윤리위원회는 연구윤리위원장을 포함한 10인 이내의 위원으로 구성한다.
③ 연구윤리위원장(이하 '위원장'이라 함)은 본회의 연구윤리담당 상임이사로 한다.
④ 연구윤리위원(이하 '위원'이라 함)은 본회 회원 중에서 이사회가 선임한다.
⑤ 연구윤리위원의 임기는 1년으로 하며, 연임할 수 있다.

제4조 [연구윤리위원회의 조사]

① 위원장은 다음 각 호의 경우 위원회에 연구윤리위반 여부의 조사를 요청하여야한다.

　　1. 제보 등에 의하여 연구윤리위반행위에 해당한다는 의심이 있는 때

　　2. 본회 회원 10인 이상이 서면으로 연구윤리위반행위에 대한 조사를 요청한 때

② 제보의 접수일로부터 만 5년 이전의 연구윤리위반행위에 대해서는 이를 접수하였더라도 처리하지 않음을 원칙으로 한다. 단, 5년 이전의 연구윤리위반행위라 하더라도 피조사자가 그 결과를 직접 재인용하여 5년 이내에 후속 연구의 기획·수행, 연구결과의 보고 및 발표에 사용하였을 경우와 공공의 복지 또는 안전에 위험이 발생하거나 발생할 우려가 있는 경우에는 이를 처리하여야 한다.

③ 연구윤리위반행위의 사실 여부를 입증할 책임은 위원회에 있다. 단, 피조사자가 위원회에서 요구하는 자료를 고의로 훼손하였거나 제출을 거부하는 경우에 요구자료에 포함되어 있다고 인정되는 내용의 진실성을 입증할 책임은 피조사자에게 있다.

④ 위원회는 제보자와 피조사자에게 의견진술, 이의제기 및 변론의 권리와 기회를 동등하게 보장하여야 하며 관련 절차를 사전에 알려주어야 한다.

제5조 [연구윤리위원회의 의결]

① 위원회의 연구윤리위반결정은 재적위원 과반수의 출석과 출석위원 3분의 2 이상의 찬성으로 의결한다.

② 조사·의결의 공정을 기하기 어려운 사유가 있는 위원은 당해 조사·의결에 관여할 수 없다. 이 경우 당해 위원은 재적위원의 수에 산입하지 아니한다.

제6조 [제보자의 보호]

① 제보자는 연구윤리위반행위를 인지한 사실 또는 관련 증거를 위원회에 알린 자를 말한다.

② 제보자는 구술·서면·전화·전자우편 등 가능한 모든 방법으로 제보할 수 있으며 실명으로 제보함을 원칙으로 한다. 단, 익명의 제보라 하더라도 서면 또는 전자우편으로 논문명, 구체적인 연구윤리위반행위의 내용과 증거를 포함하여 제보한 경우 위원회는 이를 실명 제보에 준하여 처리하여야 한다.

③ 위원회는 제보자가 연구윤리위반행위 신고를 이유로 부당한 압력 또는 위해 등을 받지 않도록 보호해야 할 의무를 지니며 이에 필요한 시책을 마련하여야 한다.

④ 제보자의 신원에 관한 사항은 정보공개의 대상이 되지 않으며, 제보자가 신고를 이유로 제3항의 불이익을 받거나 자신의 의지에 반하여 신원이 노출될 경우 위원회 및 위원은 이에 대한 책임을 진다.

⑤ 제보자는 연구윤리위반행위의 신고 이후 진행되는 조사 절차 및 일정 등을 알려줄 것을 위원회에 요구할 수 있으며, 위원회는 이에 성실히 응하여야 한다.
⑥ 제보 내용이 허위인 줄 알았거나 알 수 있었음에도 불구하고 이를 신고한 제보자는 보호 대상에 포함되지 않는다.

제7조 [피조사자의 보호]
① 피조사자는 제보 또는 위원회의 인지에 의하여 연구윤리위반행위의 조사대상이 된 자 또는 조사 수행 과정에서 연구윤리위반행위에 가담한 것으로 추정되어 조사의 대상이 된 자를 말하며, 조사과정에서의 참고인이나 증인은 이에 포함되지 아니한다.
② 위원회는 검증 과정에서 피조사자의 명예나 권리가 부당하게 침해되지 않도록 주의하여야 한다.
③ 연구윤리위반행위에 대한 의혹은 판정 결과가 확정되기 전까지 외부에 공개되어서는 아니 된다.
④ 피조사자는 연구윤리위반행위의 조사·처리절차 및 처리일정 등을 알려줄 것을 위원회에 요구할 수 있으며, 위원회는 이에 성실히 응하여야 한다.

제8조 [예비조사]
① 예비조사는 연구윤리위반행위의 의혹에 대하여 조사할 필요가 있는지 여부를 결정하기 위한 절차를 말하며, 신고 접수일로부터 30일 이내에 착수하여야 한다.
② 예비조사 결과 피조사자가 연구윤리위반행위 사실을 모두 인정한 경우에는 본조사 절차를 거치지 않고 바로 판정을 내릴 수 있다.
③ 예비조사에서 본조사를 실시하지 않는 것으로 결정할 경우 이에 대한 구체적인 사유를 결정일로부터 10일 이내에 제보자에게 문서 또는 전자우편으로 통보한다. 단, 익명제보의 경우는 그러하지 않다.
④ 제보자는 예비조사 결과에 대해 불복하는 경우 통보를 받은 날로부터 30일 이내에 위원회에 이의를 제기할 수 있다.

제9조 [본조사]
① 본조사는 연구윤리위반행위의 사실 여부를 입증하기 위한 절차를 말하며, 예비조사에서 본조사의 필요성이 인정된 경우 즉시 착수하여야 한다.
② 위원회는 제보자와 피조사자에게 의견진술의 기회를 주어야 하며, 본조사결과를 확정하기 이전에 이의제기 및 변론의 기회를 주어야 한다. 당사자가 이에 응하지 않을 경우에는 이의가 없는 것으로 간주한다.

③ 제보자와 피조사자의 이의제기 또는 변론 내용과 그에 대한 처리결과는 조사결과 보고서에 포함되어야 한다.

제10조 [판정]

① 판정은 본조사결과를 확정하고 이를 제보자와 피조사자에게 문서 또는 전자우편으로 통보하는 절차를 말하며, 본조사에 의하여 연구윤리위반이 인정된 경우 즉시하여야 한다.

② 예비조사 착수 이후 판정에 이르기까지의 모든 조사 일정은 6개월 이내에 종료되어야 한다.

③ 제보자 또는 피조사자가 판정에 불복할 경우에는 통보를 받은 날로부터 30일 이내에 본회 회장에게 이의신청을 할 수 있으며, 본회 회장은 이의신청 내용이 합리적이고 타당하다고 판단할 경우 이사회의 결정으로 임시조사위원회를 구성하여 재조사를 실시하여야 한다.

제11조 [위원회의 권한과 의무]

① 위원회는 조사과정에서 제보자·피조사자·증인 및 참고인에 대하여 진술을 위한 출석을 요구할 수 있고 피조사자에게 자료의 제출을 요구할 수 있으며, 이 경우 피조사자는 반드시 이에 응하여야 한다.

② 위원회 및 위원은 제보자의 신원 등 위원회의 직무와 관련하여 알게 된 사항에 대하여 비밀을 유지하여야 한다.

제12조 [조사의 기록과 정보의 공개]

① 위원회는 조사 과정의 모든 기록을 음성, 영상, 또는 문서의 형태로 5년 이상 보관하여야 한다.

② 조사결과 보고서는 판정이 끝난 이후 공개할 수 있다. 단, 증인·참고인·자문에 참여한 자의 명단 등은 당사자에게 불이익을 줄 가능성이 있을 경우 공개하지 않을 수 있다.

제13조 [연구윤리위반행위에 대한 조치]

위원회가 연구윤리위반행위로 결정한 때에는 다음 각 호의 조치를 취하여야 한다.

1. 투고원고를 '4차산업혁명 법과 정책' 논문목록에서 삭제
2. 투고자에 대하여 3년 이상 '4차산업혁명 법과 정책'에 논문투고 금지
3. 위반사항을 4차산업혁명융합법학회 홈페이지에 1년간 공고
4. 한국연구재단에 위반내용에 대한 세부적인 사항 통보

제14조 [연구윤리에 대한 교육]

위원회는 본회 회원의 연구윤리의식을 고취시키기 위하여 연구수행과정에서 준수해야 할 연구윤리 규범, 부정행위의 범위, 부정행위에 대한 대응방법 및 검증절차 등에 관한 교육을 실시하여야 한다.

제15조 [규정의 개정]

이 규정의 개정은 이사회의 의결에 의한다.

부칙

이 규정은 2024년 1월 1일부터 시행한다.

4차산업혁명 법과 정책 학회지 심사지침

2024. 1. 1. 제정

제1조 [목적]

본 지침은 4차산업혁명융합법학회 학술지 4차산업혁명 법과 정책 편집위원회의 구성과 운영에 관한 규정(이하 편집위원회 규정이라고 한다)에 따라 본회 학술지에 게재할 논문의 심사절차와 기준을 정함을 목적으로 한다.

제2조 [원고모집의 공고]

① 편집위원장은 발간예정일 2개월 전(4월 말, 10월 말)에 각 회원에게 전자우편으로 본회 학술지의 원고를 모집하는 공문을 발송하고, 본회의 홈페이지를 통하여 원고모집에 관한 사항을 게시한다.

② 원고모집을 공고함에 있어서는 투고절차, 논문작성 및 문헌인용방법, 심사기준 및 절차에 관한 기본적인 사항을 고지하여야 한다.

제3조 [원고의 접수]

① 편집간사는 원고를 접수하고, 논문투고자에게 전화 또는 전자우편으로 접수결과를 통보한다.

② 편집간사는 투고자의 인적 사항, 논문제목, 접수일자, 분량 등을 기재한 접수결과표를 작성하여 투고원고를 편집위원장에게 송부한다.

③ 편집위원장은 투고원고가 편집위원회가 정한 투고지침에 현저히 위배된다고 판단하는 경우에는 투고자에게 수정을 요구할 수 있다.

제4조 [심사위원의 선정 및 심사원고 송부]

① 편집위원장은 각 투고원고에 대해 3인의 심사위원을 선정하고, 각 심사위원에게 심사원고를 송부한다.

② 심사위원을 선정함에 있어서는 해당 분야에 대한 심사위원의 전문성을 고려하고 심사의 공정성을 기할 수 있도록 유의한다.

③ 심사원고에 투고자의 인적사항에 기재되어서는 안 되며, 이미 기재되어 있는 경우에는 이를 삭제한다.

④ 심사위원에게는 소정의 심사료를 지급할 수 있다.

제5조 [투고원고에 대한 심사]

① 심사위원은 투고원고를 심사하고 심사평가서를 작성하여 편집위원장에게 송부한다.

② 일반논문의 경우, 심사위원은 다음과 같은 기준에 의하여 심사를 한다.

1. 논문체제와 내용의 적합성
2. 연구내용의 독창성
3. 연구방법과 결과의 명확성
4. 참고문헌 인용의 적절성
5. 연구결과의 기여도
6. 각주와 참고문헌의 형식 및 초록의 내용의 적절성

③ 번역논문의 경우, 심사위원은 다음과 같은 기준에 의하여 심사를 한다.

1. 번역의 필요성
2. 번역의 정확성
3. 학문적 기여도

④ 투고원고에 대한 게재여부의 심사평가는 다음의 기준에 의한다.

1. 수정이 필요 없을 때: '게재가'
2. 간단한 수정이 필요할 때 : '수정 후 게재'
3. 대폭적 수정이 필요할 때 : '수정 후 재심사'
4. 전면적 수정·보완이 필요할 때 : '게재 불가'

제6조 [투고원고에 대한 게재여부의 결정]

① 편집위원장은 심사위원의 심사평가가 완료된 후 투고원고에 대한 게재여부의 결정을 위한 편집회의를 개최한다.

② 편집위원장은 심사결과표를 작성하여 편집회의에 보고하고, 편집회의에서는 이를 토대로 게재여부를 결정한다. 다만 투고원고의 게재여부에 대한 최종결정이 있을 때까지 투고자 및 심사위원의 인적사항이 공개되지 않도록 유의하여야 한다.

③ 편집회의에서의 투고원고 여부의 결정은 다음의 기준에 의한다.

1. "수정 후 게재"는 원칙적으로 "게재 가"에 해당하며, 다만 심사위원의 수정의견을 투고자에게 권고한다.
2. 3인의 심사위원 모두 "게재 가"나 "수정 후 게재" 의견을 내거나, 2인의 심사위원이 "게재 가" 나 "수정 후 게재"의견을 내고 나머지 1인이 "수정 후 재심사" 의견을 낸 때에는 "게재 가"로 결정한다. 다만 후자의 경우 수정을 조건으로 할 수 있다.
3. 1인의 심사위원이 "제재 가"나 "수정 후 게재" 의견을 내고 2인이 "수정 후 재심사"의견을 내거나 3인의 심사위원이 모두 "수정 후 재심사" 의견을 낸 때

에는 "수정 후 재심사" 결정을 한다.

    4. 투고원고에 대한 심사결과 심사위원 중 1인 이상이 "게재 불가" 의견을 낸 경우에는 게재하지 아니한다. 다만 2인이 "게재 가"나 "수정 후 게재" 의견을 내고 나머지 1인이 "게재 불가" 의견을 낸 때에는 "수정 후 재심사" 결정을 할 수 있다.

④ 수정원고에 대한 심사는 편집위원회의 규정 제5조 제4항에 따라 편집위원장이 직접 또는 약간의 심사위원에게 위임하여 게재 '가' 또는 '부"'로 결정한다. 다만 "수정 후 재심사" 결정된 원고에 대하여 투고자가 수정을 거부한 경우에는 '부' 로 결정한다.

⑤ 편집위원장은 게재결정이 내려진 투고원고가 타인의 원고를 표절한 것이거나 이미 다른 학술지에 게재한 사실이 있는 것으로 밝혀진 때에는 게재결정을 취소한다.

제7조 [심사결과의 통보 및 이의신청]

① 편집위원장은 편집회의 후 즉시 각 투고자에게 판정결과 및 이유 그리고 사후절차를 통보한다.

② 게재 '부' 판정을 받은 투고자는 편집위원장에게 이의신청을 할 수 있으며, 편집위원장은 이의신청에 대해서 인용 또는 기각여부를 결정한다.

③ 편집위원장이 이의신청에 대해 인용결정을 한 때에는 심사위원을 다시 선정하고 심사를 의뢰하여 그 결과에 따라 '가' 또는 '부' 결정을 한다.

제8조 [최종원고의 제출, 교정 및 편집]

① 게재 '가'의 결정을 통보받은 투고자는 정해진 기간 내에 최종원고를 작성하여 편집간사에게 제출한다.

② 최종원고에 대한 교정 및 편집에 관한 사항은 편집위원장이 결정하며, 필요한 때에는 교정쇄를 투고자에게 송부하여 교정을 하게 할 수 있다.

제9조 [논문게재예정증명서의 발급]

편집위원장은 본회 학술지의 발행 이전에 최종적으로 게재가 결정된 원고에 대하여 투고자의 신청이 있는 경우에는 '논문게재예정증명서'를 발급한다.

제10조 [게재논문의 전자출판]

본회 학술지에 게재된 논문의 전자출판과 관련도니 사항은 편집위원회에서 결정된 바에 따른다.

제11조 [비밀유지의무]

논문 등의 심사에 관여하는 자 또는 관여했던 자는 논문 등의 제출자 및 심사위원의 인적사항 및 심사결과 등에 관하여 비밀을 유지하여야 한다.

4차산업혁명 법과 정책(2024)

발행일   2025년 2월 28일

지은이   4차산업혁명융합법학회
펴낸이   안종만·안상준

펴낸곳   (주) **박영사**
           서울특별시 금천구 가산디지털2로 53, 210호(가산동, 한라시그마밸리)
           등록 1959. 3. 11. 제300-1959-1호(倫)

전 화   02)733-6771
f a x   02)736-4818
e-mail   pys@pybook.co.kr
homepage   www.pybook.co.kr
ISSN   2734-0619 06

copyright©4차산업혁명융합법학회, 2025, Printed in Korea

정 가   22,000원